十五年戦争下の登山

——研究ノート

西本武志

Nishimoto Takeshi

本の泉社

十五年戦争下の登山

――研究ノート

西本武志
Takeshi NISHIMOTO

本の泉社

自序

日本の近代登山（アルピニズム）は、一〇〇年を超える歴史を有しています。しかし、日本登山界は、日中戦争から太平洋戦争〝終結〟までの一五年もの間、世界の登山史上にもおよそ例をみることのない苦難の道を歩みました。

本来、自由とヒューマニズム、フェアーな精神を生命とする平和的なスポーツである登山が、そして、その発展の担い手であるべき登山団体が、軍部・官僚・一部岳界指導層の支配下に置かれ、無謀な侵略戦争推進の具に貶められてしまったからです。

本書は、登山と登山団体が二度と戦争の具に利用されるようなことがないように、なんの恨みも辛《つら》みもない世界中の登山者同士が、再び戦場で銃口を向けあい殺しあうような、愚かな立場に追い込まれることがないように、さらにはこの国の登山者が世界の平和に貢献しうるような力強い存在になってほしい——という、切なる願いをこめてつづったものです。

そのために、本書が少しでも役立つことを念じつつ。

六五回目の八月一五日を前に

西本武志

目次

第一章　戦時下の登山の実相と敗戦後の登山

戦時下の登山の実相と敗戦後の登山

日本勤労者山岳連盟第一四回登山研究集会／基調講演

「空白」の戦時下の登山史が意味するもの

わたしに与えられたのは「戦時下の登山の実相と敗戦後の登山」というテーマですが、参考にしたくても一五年戦争下の登山と登山運動の実相を体系的にまとめた文献は一つもないんです。

たとえば、山崎安治の『新稿・日本登山史』（白水社　一九八六年）――。登山（攀）記録の記述は、詳細をきわめるものの戦時下の登山にはまったく触れていないし、安川茂雄の『増補・近代日本登山史』（四季書館一九七六年）には、「戦時体制下の山と人」「戦争と山と岳人たち」の章と項があるけれども、部分的、断片的です。高橋定昌の『日本岳連史――山岳集団50年の歩み』（出版科学総合研究所　一九八二年）は、岳連運動の通史を知るうえでは「最良」の参考書といえそうですが、その名のとおり岳連運動中心で、戦時下の登山と登山運動の全体像を掴むにはやや難があります。しかも、戦中の岳連が侵略戦争に協力・加担させられていった事実への「痛み」とか「怒り」というものはほとんど読みとれない。「反省」や「総括」といった視点が欠落しているんですね。

沼井鉄太郎の『日本山岳会50年史』（『山岳』第五十一年　日本山岳会　一九五七年）にいたっては、「大戦終局前には、当時の国情に応じて団体登山、行軍鍛錬歩行及び登行が改めて検討され、純粋登山から離れての行き過ぎは確かにあつたが、一面図らずも次期新時代の国民体育的集団登山への先駆となつたことも強ち否定できないであろう」なんて、書いてあるだけですから、驚いてしまいます。

日本は明治以来、侵略戦争に明け暮れてきた。つまり、日本の近・現代史は戦争の歴史です。もし、戦争を抜きにした「近・現代史」の本や教科書があったとしたら、だれも相手にしないと思います。いわゆる満州事変から日中全面戦争、そして太平洋戦争敗戦にいたる一五年間だけをとっても、日本軍国主義はアジア・太平洋地域で二〇〇〇万とも三〇〇〇万ともいわれる人々を殺し、日本国民もあの戦争で三一〇万人も死んでいるんです。そういう事実がスッポリと抜け落ちた歴史書があるとしたら、その名に値しないんではないでしょうか。

登山史でも同じことがいえると思います。戦争と深くかかわった事実を欠落させた登山史は、やはり登山史としては、重大な欠陥があると思うんです。ですから、わたしは、登山史研究者はもちろんのこと、実践者としての登山者が一五年戦争下の登山の実相の解明を怠ってきたことは、問題だと思っています。同じ誤りを犯さないためにも、解明が待たれるところです。

敗戦前後の登山者の感懐 〝日本的登山精神〟の変容をみる

まず、話の糸口に敗戦前後、登山者はどんな感懐を抱いたのかをみておきたいと思います。

「宣戦の大詔《たいしょう》を拝し帝国はけつ然非道極まる米英に対し、自存自衛の剣をとつて以来二年有余、こゝに三度新春を迎える。大東亜戦争第三年への進発に当り、われわれ一億国民一人残らず丹田《たんでん》に無限の力をこめて奮然とけつ起した開戦当時のあの感激、この忿怒《ふんぬ》をさらに新たにしなければならぬ。緒戦のかく〳〵たる戦果に引続いて戦は次第に可烈、敵の反攻はいよいよ強靭の度を加えんとし、更に一段の凄愴なる闘争が要請されんとしている時、われ等山岳人は暴戻《ぼうれい》米英の野望粉砕の決意をますます固め、すべてを戦争遂行への一点に結集せねばならぬ。われ等登山する者、深く時局を凝視し、戦闘に必要なる体力・気力・能力を獲得し、戦力増強に必要なる一切を具備し、以て日本的登山精神を最高度に発揮すべきである。そこにわが勝利への活路は豁然《かつぜん》と開かれる。ここに必勝の信念をもつて新しき年を迎へる」（原文のママ・ふりがな＝西本）。

これは、東京野歩路会の『山嶺』（60周年記念号　一九八二年一〇月）に収録されている一九四四（昭和一九）年一月の「年頭の辞」（二〇八頁）です。ところが、敗戦翌年（一九四六年）の四月に出た同会の会報『山嶺』（昭和二一年第一号）には「懐かしき岳友よ！　戦争は終わつた。我々は再び山頂で、尾根で、渓谷で、諸君の一人一人にまみえる時が来た。それは岳人への、輝かしい現実のひと、きである。今や山への思想力と行動力とは、あらゆる角度に於いて大きな恩恵と展開が啓示されたのである。岳友も起つた秋、新日本再建への一役をになうであろう」（巻頭「再発刊の言葉」）という〝決意〟が載っているんです。

どちらも正直な感情でしょうが、その変わりぶりには驚いてしまいます。

日本山岳会の会報『山』にも同様のことが載っています。

「もう全く無意味な呪はしい戦は悲しむべき結果をもつて終了した。二度と再び『戦技スキー』『行軍登山』『何々錬成』等の文字に悩まされることもないであらう」（板倉黎子「岳人の春」／一三三号　四六年四月）

「もう空々しい神がかり的説教に聴く耳を、人々は持たなくなつた。私共としても、一意専心に、心に染まぬ雑役を強制されずに、山へと向かつて、真ッしぐらに進むことが容易になつて来てゐる」（小島烏水「山へ帰らう――日本山岳会の復興と再生」／一三五号　四六年六月）

「戦時中には登山と云ふものは戦争を遂行する為に山に登り、山に鍛へるのを指したのであつて、それが即ち皇国登山道なりと強調されてゐた。随《したが》つて団体で登る、隊伍を組んで登る。而《そ》して、軍隊式に鍛錬する。個人で山登りをする者は直ちに異端者と目され、自由主義者として指弾されてゐた。（中略）やがて、山岳界も一陽来復の曙光を見、本来の道を辿り得るに至る。誠に感慨深きものを私は痛感する」（冠松次郎「歪められた登山思想」／同　ふりがな＝西本）。

こういう声もあります。

「長い戦いが終わつて久しく待ちわびてゐた平和が復《かえ》つてきた。しかし平和はみじめな姿で復つてきた。昨日までは個人の登山の自由までを圧迫して行軍錬成を呼号しては敵愾心《てきがいしん》をあふつてゐた人達が、今日は、まるで掌を返へしたやうに登山の再出発をとなへ、進駐軍との交歓登山などを計画する節操信念の無いことなども復つてきたみじめな平和の姿である。私達が戦争の前までは尊敬もし崇拝もしてゐた人達の、この有様は、あさましいことでもあり、情け無いことでもある」（山田奈良雄「敗戦後の私の登山」／同）。

変わり身のはやさを嘆いているわけですね。変わり身のはやさでいえば、山岳雑誌なども同じで、きのうまでは「鬼畜米英撃滅」を叫び立てていたのに、敗戦となるとたんにアメリカの登山史などを載せたりして、「進駐軍」（米軍）に媚を売るようになっちゃうんですね（たとえば『山と渓谷』八五号・一九四六年一月、同八六号・同二月など）。

一五年戦争下の登山と登山運動

では、十五年戦争下の登山と登山運動の実相とは、いったいどんなものだったんでしょうか――。

仮に「満州事変」から太平洋戦争直前までの期間（一九三〇年代～三九年）を第一期、そして、太平洋戦争開戦から敗戦まで（三九年～四五年）を第二期として、登山の実相をながめてみたいと思います。

第一期は政府が登山・ハイキング、スキーなどの野外活動に介入を始める時期です。そして、同時に登山界が変質を始める時期に当たります。

スポーツ登山の黎明期

日本でスポーツ的な登山が勃興するのは、一九〇〇年代初頭です（江戸期の「講登山」を「登山」としてあつかう人もいますが、わたしは、「登山のための登山」、つまり、われわれがいうところの「登山」とは趣を異にするものだと思っています）。

明治期（一八〇〇年代末期）には、五〇〇〇人もの外国人（主にお雇い外国人）が滞日していた（梅渓昇『お雇外国人　①概説』　鹿島研究所出版会　一九六八年）んですが、そのなかの山好きが技術、装備を含めたアルプス風の登山を持ち込むわけです。アーネスト・サトウ、ウイリアム・ガウランド、ウォルター・ウェストンといった人たちですね。一九〇五年に日本山岳会が生まれたのも彼らの登山の影響とウェストンの助言・援助によってです。

以後、一九二〇年代から一九三〇年代にかけて、日本のスポーツ登山は長足の成長を遂げます。大学、高校、中学の山岳部や町の山岳会が雨後のタケノコのように生まれ、登山の質のうえでも、量のうえでも大きく発展するわけです（詳しくは、山崎『新稿・日本登山史』、安川『増補・近代日本登山史』をみて下さい）。

日本的登山道の鼓吹

ところが、日本登山界は「満州事変」（一九三一年九月）前後からおかしな方向に向かいはじめるんです。それまでは登山のよろこびを高らかに謳っていたのに、軍靴の音が響きだすと、にわかに「お国のために」とか、「国民の体力を鍛えて聖戦に勝利しなければならない」といった議論がどんどん広まってゆくわけです。「日本的登山道」なんていい方が現れるのもそのころです。

「登山道」といったって、登る道じゃなくて、茶道や柔道の「道」ですよ。私の知るかぎりでは、「日本的登山道」ということばをはじめてつかったのは、登歩渓流会の志馬寛です。同会の会報『登歩渓流』第九号（三五年四月）に「日本国民登山精神の確立」という彼の長い論文が載っているんですが、そのなかで「唯物的小乗的欧米アルピニズムを粉砕し、仏教、修験道、儒教、道教などのもつあらゆる形而上の思想に裏打ちされた日本的登山を」などとわけのわからない論陣を張っているんです（二一頁）。

藤木九三などもこういう議論に迎合しちゃうんですよ。アルピニズムに対する造詣の深さ、ロッククライミングへの情熱の高さという点では藤木の右にでる人はいないといっていいと思います。日本登山界初のロッククライミングクラブ（R・C・C）を創立（一九二四年六月）したり、これまたわが国初のクライミング技術書『岩登り術』を出版（私家版・一九二五年）したりしたんですが、それだけでなく、彼の日中戦争前の様々な著作はなかなかいいんです。それが「満州事変」以後、登山の変質の担い手、「行軍登山」推進の一方の旗頭になっちゃうんです。ある意味ではそのチャンピオンといっても過言ではないかもしれません。藤木は戦後ずいぶんたってから自分の文章について《……初期の著述は稚拙であり、後期のそれは甚だ右翼じみている……》などと書き、つづいて《省みると登山界に対する功罪あいなかばして、自ら忸怩たるものがある》などと〝自省〟めいたことを記していますけれども、彼の戦時中の言動とその害毒は、そんな言い訳みたいな軽い〝つぶやき〟で帳消しになるほど小さいものじゃなかったんですがねぇ。

両刃の剣の登山・ハイキング推進キャンペーン

1936年、東京鉄道局が一般から懸賞募集した東京近郊の日帰り、1～2泊程度のハイキングの当選コースをまとめた小冊子の表紙（東京鉄道局1937年）

さて、政府機関で最初に登山・ハイキング・スキーなどの野外活動に目をつけたのは鉄道省でした。鉄道はずっと大赤字を抱えていたんですが、その対策の一つとして大正末期から登山やハイキングの「普及」に手を染めていきます。が、「満州事変」（一九三一年）を契機にして、力のいれようが変わってきます。その主要

日中戦争下、鉄道省や私鉄もハイキングやスキーなどの野外活動を戦意高揚に利用した。1937年～39年頃発行された東京鉄道局のパンフレットには、“鍛えよ銃後の秋”“山野跋渉”“体位向上　銃後の備え”“春光を浴びて野外へ”のスローガンとともに時の近衛内閣が唱えた「国民精神総動員」「挙国一致」「盡忠報国」「堅忍持久」の標語が刷り込まれている。

な動機の柱の一本は、むろん、赤字解消ですが、もう一本は国民の戦争への思想動員と体力増強です。

これはいわば「両刃の剣」といっていいんですが、その手法は①登山・ハイキング・スキー列車の特設と割引切符の発売②史跡・皇陵巡りなどの行事の開催③ハイキングコースの選定や懸賞募集④ハイキングの歌の懸賞募集⑤パンフレットやポスターによる大宣伝、といったものです。東鉄（東京鉄道局）などがだした当時のパンフレットをみると「健康報国」とか「鍛錬で銃後の守りを」とか「国民精神総動員」といった標語が刷り込まれているんですね。鉄道は全国に張りめぐらした網の目の路線という最高・最大の武器を駆使して国民動員の主導的役割を果たしたわけです。

文部省や厚生省（三八年一月新設）も「聖戦完遂」のための「国民の体位向上」「健兵健民」策を打ち出し、登山・ハイキングを「奨励」するようになります。

ついでにいえば「ハイキング」という言葉を最初に日本に持ち込み実践したのは、ボーイスカウト（少年団日

本連盟）だといわれています。正確な時期はわかりませんが、大正時代だったことはほぼ間違いなさそうです。

わたしの手元にある『山は誘惑する――放送山の講座』（清水書店　一九二一年七月）という本によりますと、ＮＨＫの前身であるＪＯＡＫが大正九（一九二〇）年かその翌年に、登山の普及のための「放送講座」をやるんですが、そのなかに「キャンピングとハイキング」の課目があるんです。内容はごく簡単なものですが、ハイキングの起源や方法が述べられています。ハイキングにかんする文献としては、私の知るかぎりこれが一番古いように思います。しゃべったのは、東京鉄道局旅客課の茂木愼雄という人です。

次いで古いのが一九二六年六月に出た鉄道省編の「キャンピングの仕方と其場所」（実業之日本社　日本旅行文化協会）で、そのなかにハイキングの語源ややり方の解説が載っています。これでこのころから鉄道省がハイキングに目をつけていたことがわかります。

日本には従来から「低山趣味」というのがあって――ハイキングという言葉はつかっていない――根強い愛好者が存在していたんですが、その低山趣味グループとは別に、鉄道省や厚生省の政策と宣伝、さらには商業山岳雑誌の創刊ラッシュで組織された、あらたな登山・ハイキング愛好者が急増してゆきます。

主な商業山岳雑誌を創刊順に並べるとこんな具合です。

・一九二一年『キャンピング』（ジャパン・キャンプクラブ）二四年一〇月の八五号から『山と旅』に改題

・一九三〇年五月　『山と渓谷』（山と渓谷社）
・一九三一年一月　『アルピニズム』（アルピニズム社）　三二年二月の六号から『登山とスキー』に改題
・一九三一年一月　『山小屋』（朋文堂）
・一九三二年四月　『ハイキング』（ハイキング社）
・一九三三年六月　『ケルン』（朋文社）
・一九三四年一月　『山』（梓書房）
・一九三五年八月　『登山とはいきんぐ』（大村書店）
・一九三六年七月　『関西山小屋』（朋文堂）
・一九三九年四月　『山と高原』（朋文堂）
・一九三九年一〇月　『徒歩旅行』（日本徒歩旅行社）

野外活動の荒廃

しかし、日中全面戦争（三七年七月）突入後の「上海事変」（同年八月）から一年ぐらいは、登山者もハイカーも激減します。〝この戦争のさなかに登山やハイキングなんかにうつつをぬかしているやつは、ろくなもんじゃない〟というような世論が高まったからです。当時の山岳雑誌には各地の入山者数の推移が記録されている（『登山とスキー』一九三七年一〇月号）んですが、なかには、駅頭でスキーヤーがよっぱらいに殴られちゃったなんていう記事もみられます（『山と渓谷』五三号　一九三九年一月）。

ところが、その後、鉄道省や政府機関がさらに宣伝を強めたことで、登山者・ハイカーがまた増えだし、ブームを呼ぶわけです。が、こんどは遭難続出です。『登山とスキー』一九三五年一月号によると、三〇年一九件三〇人、三一年一七件二〇人、三二年一一件一五人、三三年二〇件二四人、三四年三一件四〇人、という具合に山の遭難で登山者が死んでいます。あわてた文部省が「冬山の遭難防止に就いて」という長文の通達をだしたりする騒ぎでした（『登山とスキー』三五年四月号参照）。

時期はずれますが、四〇、四一年になると、群馬県と富山県が、谷川岳一ノ倉沢や劔岳周辺の積雪期登山禁止を打ち出したり、長野県が遭難防止通牒をだしています（『山小屋』四〇年一二月号、『登山とスキー』四一年三月号、『山と渓谷』四一年五月号、『ハイキング』四一年七月号など参照）。これも少し時期はずれますが、四一年には四六件六一人が遭難死しています（吉沢一郎『北の山・南の山』所収「若き登山者への警告」三省堂一九四二年参照）。

おまけに戦争の長期ドロ沼化で、明日をも知れぬ社会不安が増大して人心の荒廃がすすみ、それが登山者、ハイカー、スキーヤーにもおよびます。列車内で大酒をくらって高歌放吟したり、われ先の座席占領なんて朝飯前。〝きせる乗車〟は横行するし、ゴミはポイ捨てするは、山小屋の布団皮や泊りあわせた他人の登山靴を失敬してしまうは、山の帰りがけの駄賃に農作物を盗んでくるは、スキー場では人さまの板を担いできてしまうは、というような「事件」があちこちで発生するんです。こういう事実も当時の山岳雑誌に記録されています（『山と渓谷』五五号一九三九年五月など）。

「国家総動員法」下の登山

ところがそういう現象への世論の批判を逆手にとった形で「野外活動の浄化・統制」の動きが登山界内外から起こってくるんですね。「岳連をつくって登山者・ハイカーを指導統制せよ」となるんです。

三七年九月、第一次近衛内閣が打ち出した、「国民精神総動員運動」（略称＝精動）——国民を戦争に動員する教化運動。「挙国一致」「尽忠報国《じんちゅうほうこく》」「堅忍持久《けんにんじきゅう》」の三標語をかかげた——が登山ハイキングの世界にも持ち込まれたわけです（ふりがな＝西本）。このころの山岳雑誌、ハイキング雑誌をみると、「傷痍軍人慰問ハイク」「武運長久祈願ハイク」「国策摘み草ハイク」「国策ハイク」「新体制ハイク」なんていう珍妙なのが大真面目に取り上げられているんですが、その「精動運動」に呼応するものです（『登山とスキー』一九三九年六月号など参照）。

三八年五月には「国家総動員法」が施行され、「戦争目的遂行のための人的・物的資源の〔すべて〕を統制運用する」体制が確立し、登山・ハイキング、スキーにも甚大なハネ返りがおよびます。たとえば、ザイル用の麻やスキーワックスの輸入制限、あるいは禁止、ピッケル、アイゼン、カラビナの製造禁止、登山靴用の皮革、テント、ザック用のシート地の使用制限、さらには、「小売り税」導入による用具類への課税、スキー列車の削減といった具合です（たとえば『山と渓谷』五二号　一九三八年一一月参照）。

また、「軍機保護法」「要塞地帯法」「軍用資源秘密保護法」などの軍機関連法令による登山、撮影禁止区域の設定や地図の販売制限、気象統制などもおこなわれるようになり、登山・ハイキングへの締めつけが強まります。「登山・ハイキングの食糧は『代用食』にしよう」とか「服装は古物の再利用を」などという提案が大真面目で取り上げられたり、物不足に便乗した用具価格のつり上げなどの悪徳商法が横行したのもこのころで、それに対する登山者の不満の声が当時の山岳雑誌に載っています（『山と高原』三〇号一九四一年一〇月など）。

しかし、この時点では、登山者・ハイカーは増えこそすれ、減ることはなかったようです。これは「戦争のお役に立つ登山・ハイキング」「銃後の体力づくり」という大義名分をかざして「趣味・娯楽登山」への批判、圧迫を巧みにかわしつつ山を楽しんでいた大衆が多数存在していた事実を物語っています（『登山とスキー』一九三九年一一月号、『山と渓谷』六二号一九四〇年七月など参照）。

日本山岳聯盟結成の〝仕掛け人〟井上司朗

こういう状況のもとで、登場してくるのが井上司朗という男です。ペンネームを「逗子八郎」といい、アルピニズム排撃、「皇国史観」にたった「日本的登山道」の強力な推進者であると同時に、軍部・官僚と登山界との橋渡し役を担って、登山と登山団体の軍事化をはかった中心人物でもあります。

当時、彼は内閣情報部の情報官だったんですが、じつは、井上こそ「日本山岳聯盟」結成（四一年一月）の仕掛け人なんです。井上は「皇国史観」の権化みたいな男で、いろんな山岳雑誌にしばしば登場して、アルピニズムを「欧米の個人主義に毒されたもの」として徹底的に排撃し皇国史観にたった、「日本的登山道」推進の論陣を張るんですが、当時の登山界の動向は井上の顔色しだいという状況にあった気配がありありです。

「皇国史観」というのは、「国家神道にもとづき、日本を万世一系の現人神（あらひとがみ）である天皇が永遠に君臨する万邦無比の神国の歴史としてとらえる歴史観」（『広辞苑』）なんですが、これが戦前の侵略戦争と日本の暗黒支配の中心的思想だったわけです。「大日本帝国憲法」（明治憲法）の第一条には「大日本帝国ハ萬世一系ノ天皇之ヲ統治ス」とあり、第三条には「天皇ハ神聖ニシテ侵スヘカラス」とうたわれているんですが、日本国民は明治以来、この思想でマインドコントロールされちゃったんです。

井上などは「天皇のための、お国のための、戦争に勝利するための登山をやれ」「アルピニズムを排撃することは欧米思想とのたたかい、思想戦だ」とまでいっています（『山と高原』四五号四三年一月所載「大東亜戦争と日本登山道」）。

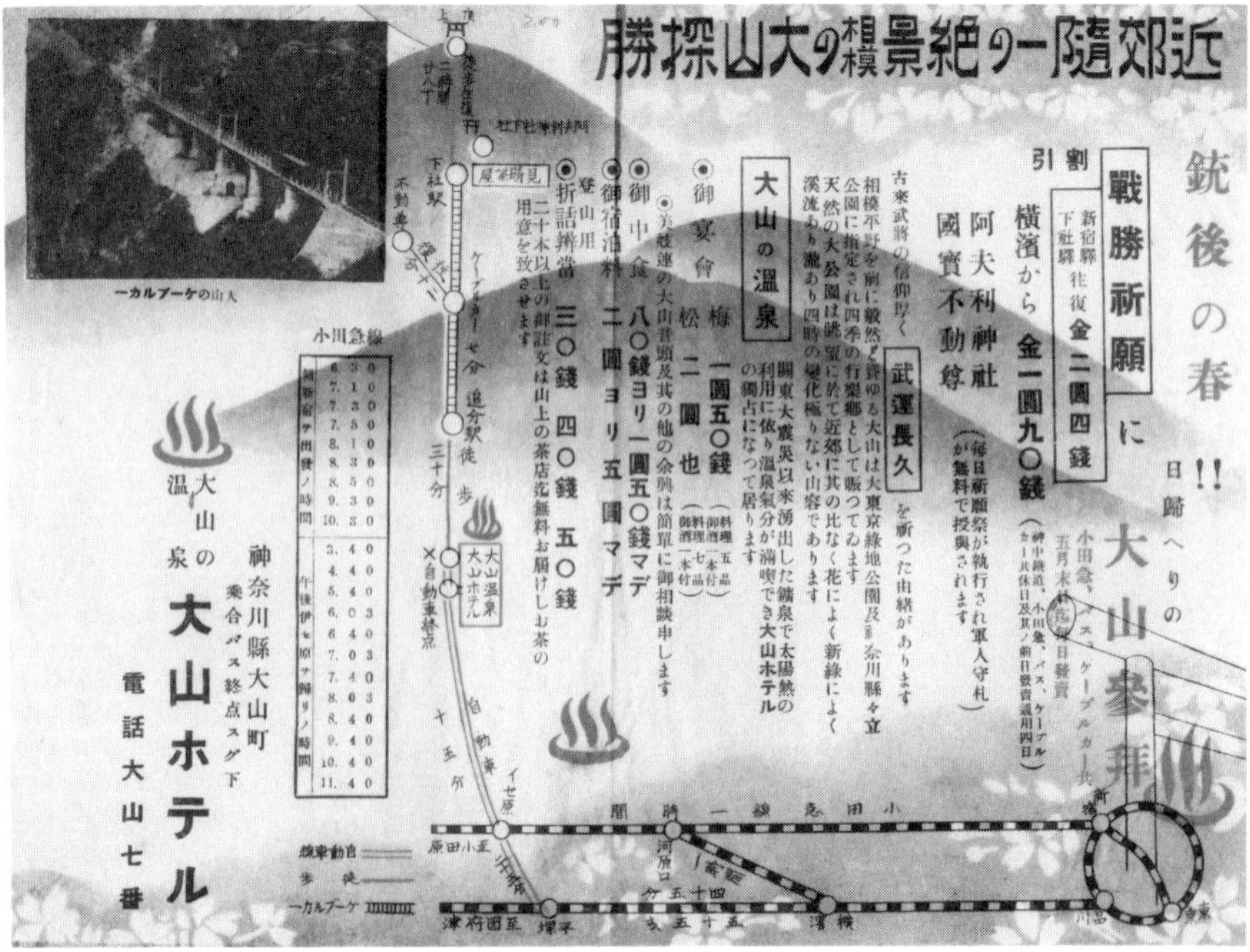

一九三九年一二月、井上は情報部主催のある「懇談会」をお膳立てします。場所は東京・永田町の首相官邸。出席者は陸軍軍人、鉄道省の官僚、それに東京都下の有力山岳会幹部四〇数人です。山岳会の幹部が首相官邸に集められるなんてことは、これが最初で最後の異例事なんですが、「懇談」の中身はなんとアルピニズムにたいする徹底攻撃、そして、「国民精神総動員」にもとづく「日本的登山道」の推進、「登山者の指導・統制」、「山岳聯盟づくり」の要求だったんです。井上は後にそう記しています（前掲「大東亜戦争と日本登山道」）。

日本登山界の悲劇、アルピニズム受難時代はこの「懇談会」を契機に幕を開けます。

アルピニズム受難時代のはじまり

内閣情報部主催の「懇談会」で井上司朗に叱咤された東京都下の山岳会幹部は、どうしたでしょうか。まず、日本山岳会の小島烏水《うすい》らを突き上げて、協力を取りつけ、四〇年六月、京浜山岳団体聯合会（京浜岳聯）を結成します。そして、関西岳界もこれに呼応する形で今西錦司、四谷龍胤、水野祥太郎その他の著名な日本山岳会会員が中心になって、同年一二月、「西日本登山聯盟」（西聯）を結成します。「我等ハ国策ニ翼賛《よくさん》シ、登山ヲ通ジテ精神鍛錬ト綜合的体位ノ向上ニ資シ、以《もっ》テ真ノ日本登山道ヲ振興シ、高度国防国家ノ中核タル可《べ》キ皇国民ノ錬成ヲ期ス」。これが「西聯」の「綱領」でした（『山と高原』二二号　四一年二月参照）。

権力のお膝下の「京浜岳聯」の「規約」（「総則」）が、「本会ハ山岳団体相互ノ連絡親睦ヲ計リ併セテ斯界《しかい》ノ向上発展ヲ期スルタメノ共同事業ヲ行フヲ目的トス」とうたっているのにくらべて、ひどく激越な調子です。井上のいわんとしたこと、要求したことを関西勢が先取りしちゃったかっこうですね（『山小屋』一〇二号　四〇年七月参照)。

こういう動きを背景に、翌四一年一月二八日、「日本山岳聯盟」(日本岳聯)が結成されます。ここからが第二期、本格的な「アルピニズム受難時代」の始まりです。

日本山岳聯盟の発足と日本山岳会の役割

「日本岳聯」結成で見逃すことができないのが、日本山岳会の果たした役割です。日本山岳会は、軍事用の電力確保を主目的とした尾瀬の水力発電所建設に一貫して反対し、その貴重な自然を守ろうと、大キャンペーンを張る(たとえば『会報』五〇号 三五年一〇月など参照)など、リベラルなところももっていたんですが、反面、エリート意識が強くて、いわゆる町の山岳会や社会人登山者(当時は実業登山者といっていました)とは一線を画して交わらないという体質があらわでした。

ところが、京浜地区の有力山岳団体の突き上げはある、「京浜岳聯」や「西聯」も結成される、日本山岳会内部の〝タカ派〟からのプレッシャーも加わる、そして、情報部や軍までが岳聯づくりに関心を示しはじめるという、きびしい状況に直面し、とうとう、重い腰を上げ、「日本岳聯」結成の産婆役に転じちゃうんです。結成準備委員(世話役)は引き受ける、会合のお膳立てはする、費用は全部もつといった具合でした。

このあたりの経緯は、当時の日本山岳会の『会報』にはっきり記録されています。興味のある向きは、冠松次郎「登山と報国」（三七年一二月・七一号）、吉沢一郎「時局と登山」（三八年八月・七九号）冠松次郎「支那事変と登山限界」（三九年一月・八三号）、橋本三八「八幡製鉄所に於ける集団登山」（同号）、中村謙「登山大衆と其の指導」（四〇年一二月・一〇〇号）、富田健一「日本山岳会の行方」（同号）、冠松次郎「日本山岳聯盟の結成を前にして」（同号）、それに「会報」各号の「日本岳聯」結成にかんする経過報告などをみていただきたいと思います。高橋定昌の『日本岳連史』（前掲）も参考になりますから、当たってみてください。

日本山岳聯盟への体制側の期待

「日本岳聯」の発起人には男女合わせて二三八人が名を連ねました（別掲・資料②―3参照）。なかには、立場上、いやいやでも、名前をださなければならなかった人もいたんでしょうが、小島久太（烏水）、木暮理太郎、槇有恒、藤木九三、冠《かんむり》松次郎、今西錦司、松方三郎といったいずれも錚々たる顔ぶれです。

準備委員長に冠がおされ、結成までの段取りをすることになるんですが、彼は、これで「日本岳聯」理事長の経歴と合わせて黒部の開拓者としての輝かしい経歴に、拭い難い汚点を残すことになっちゃうわけです。気の毒といえば気の毒なんですが、「日本岳聯」結成で彼が演じた役割の重さ、その過熱ぶりからいえば、まあ、〝身から出た錆〟といえなくもないわけです。

さきほども申しあげたように、「日本岳聯」は四一年一月二八日に発足するんですが、当日は厚生、文部、鉄道の各大臣、情報局（一九四〇年一二月、部から昇格）総裁が出席して祝辞を述べます。たかが山岳団体の結成式にこれだけの閣僚が顔をそろえるなんてことは、いまではとうてい考えられません。それだけ体制の側の期待が大きかったといえるんでしょうが、ちょっと、首を傾げたくもなります。けれども、「日本岳聯」の「綱領」や「規約」をみれば、〝なるほど〟となるはずです。

「吾等《われら》ハ日本登山精神ノ作興《さっこう》ヲ図リ以テ肇国《ちょうこく》ノ理想ニ邁進センコトヲ期ス」(綱領)

「本聯盟ハ登山者ノ一致団結ニヨリ健全ナル登山道ノ確立ヲ図リ国土ノ認識ヲ深ムルト共ニ国民体力ノ向上ニ努メ以テ高度国防国家建設ノ一翼タランコトヲ期ス」(規約第二条)

これが山岳団体のかかげる「綱領」と「規約」ですから、二の句がつげませんよね(別掲・資料②―1参照)。吉澤一郎(日本岳聯情報部長)によると、「日本的登山精神」とは、「……端的にいへば、忠孝の道に徹したる登山精神の謂いであって、誤れる個人主義、自由主義乃至《ないし》は英雄主義を脱却して崇高なる国体観念を基調とした国家主義的登山精神」(四一年一二月『山小屋』一一九号所載「登山と行軍」ふりがな＝西本)なんだそうです。これまた恐れ入るほかありません。

ナチズムやファシズムに協力したドイツ、イタリアの登山者はいましたけれども、こんな「翼賛政治団体」まがいの「綱領」や「規約」、吉沢のいうような「精神」をかかげ、組織を挙げて侵略戦争に加担・協力するような山岳団体がつくられたのは、世界でもおそらく日本だけではないでしょうか。しかも、六万とも一〇万ともいわれる組織された登山者がすべて手前持ち(年会費一二銭)、手弁当で馳せ参じてくるんですから、体制側にとってこんな有り難い話はないわけです。いろんな大臣が期待を込めて祝辞を述べにきたって、ちっとも不思議じゃないんですね。

しかし、登山・アルピニズムの観点からこういう動きをみると、登山そのものの発展と登山者への便宜供与を存立の本旨とする山岳団体が、その役割を投げ捨てただけでなく、登山・アルピニズムのもつヒューマンで平和の精神や、本来登山者個人に属する登山の自由までも真っ向から否定しさる自殺行為といえるわけです。いわば、アルピニズムとの決別を宣言したことになるんですね。むろん、絶対的権力をもった天皇制のもとにあった、当時の日本の歴史風土や政治状況、ほとんどの国民が「東亜解放・大東亜共栄圏建設の聖戦への協力は天皇の臣民たる国民の義務である」という〝マインドコントロール〟にかけられていた異常な時期、といった諸々の要素を考慮しなければならないんですが。

「抹殺」されたハイキング

「日本岳聯」の初代役員は次のような顔触れでした（『登山とスキー』四一年三月号参照）。

理事長・冠松次郎

常任理事・小野崎良三（企画部第一部長）、井上司朗（同第二部長）、小笠原勇八（指導部第一部長）、出口林次郎（同第二部長）、志馬寛（事業部第一部長）、尾關廣（同第二部長）、角田吉夫（組織第一部長）、中村謙（同第二部長）、吉澤一郎（情報文化部長）、中司文夫（財政部長）、藤木九三（無任所部長）、四谷龍胤《りょうすけ》（同）、津田周二（同）

理事・今西錦司、黒田正夫、加藤誠平ほか一一人

仕掛け人・井上司朗はちゃんと、企画第二部長の席に座ってにらみを利かせています。

では「日本岳聯」はなにをしたのでしょうか。鳴りもの入りで発足はしたものの、実は、半年の間というもの

出口林次郎編『関東地方・體錬歩行路圖（健脚向）』（日本統制地圖　1942年）

は、運動をめぐる役員間の意見の対立や主導権争いに明け暮れて、ほとんど、なにもやらずじまいだったんです。しいてあげれば、会長に時の内務大臣・産業報国会理事長湯沢三千男、副会長に日本山岳会会長木暮理太郎を決めたことと、ほかの団体との共催による講習会くらいで、事実上「半身不随だった」のです（『登山とスキー』四一年一一月号所載・吉澤一郎「日本山岳聯盟改組拡充の辞」参照）。しかし、見落とせないのは、四一年五月の理事会でハイキングという言葉を「抹殺」することをきめちゃったことです。

『登山とスキー』（四一年七月号）や『山と渓谷』（同、六八号）をみると、「ハイキングなる文字に就《つい》て、岳聯関係者は今後此の言葉を使用せざることに決定」したとか「ハイキングは抹殺する件——ハイキングなる渡来語は現状の世相には軽薄であるので、今後岳聯関係者は一切使用を禁止し、全国的にこの運動を起す」なんて書いてあるんです。藤木九三などは、さっそく、これに飛びついて「ハイキング」は「敵性語」だから「排撃するのは当然である」として、ハイキングを「遠足」と呼ぶべし、なんていってるんですよ（四三年一二月　山と渓谷社刊『登拝頌《とうはいしょう》』所収「野外行動の理念」参照）。ここまで狂うとなにやら滑稽な感じさえします。

登山用語には英語もたくさんあるし、まして、日常語化した英語は当時だって掃いて捨てるほどあったはずなのに、ハイキングだけを目の仇にする。今から思えばとんだお笑いですけれども、その影響は深刻でした。商業山岳雑誌「徒歩旅行」が四三年八月号から『錬成旅行』と改題したり、同じ年の一二月には『ハイキング』が一二〇号を最後に、廃刊に追い込まれてしまったりしたんですから。

アルピニストの悲しみと怒り

こうした「岳聯」の動き、登山界の状況を登山者はどう見、どう捉えていたのでしょうか。こころある登山者は相当に批判的でした。たとえば、名画文集『霧の山稜』を残した加藤泰三（四四年六月、西部ニューギニアで戦死）は『山と高原』三一号（四一年一一月）の「アンケート」（「戦時下登山の目標と登山者の心得」）の回答で行軍登山推進派に痛烈な批判をあびせていますし、戦後、勤労者山岳会（労山）創立の発起人の一人になった袋一平は『山と渓谷』五六号（三九年七月）に書いた「山登りで勲章を貰《もら》ふ話」という一文のなかで、「登山＝国民の権利」論を展開したほか、日本山岳会機関誌『山岳』第三七年第一号（四三年九月）に発表した「登山再編成論」で「日本的登山道」なるものに徹底的に反駁しています。

桑原武夫も『山と高原』三四号（四二年二月号）に寄稿した「戦時下の登山」で「登山は元来趣味行為」なのに、「行軍力養成を登山団体の第一目的にかゝげる」のはおかしいし「登山は必ずしも戦争に役立つわけではない」と批判しているんですね。桑原の一文は、翌月号の『山と高原』（三五号）で、逗子八郎こと井上司朗に噛みつかれ（逗子「山登り随想」）、桑原は、以後、沈黙しちゃうんですが、ほぼ同時期に発表した「登山の文化史」（四三年一月　朋文堂刊『山岳研究講座』1所収）とあわせて読むと、桑原の山への思いと静かな怒りが伝わってきます。

また、数年前まで日本山岳会の副会長を務めた故織内信彦が、『山小屋』一一九号（四一年一二月）に寄せた「登山と時代」にはこんな意味のことが書いてあります。

「登山はあくまで登山。平地行軍と混同するな。少しばかり外国の影響を受けた登山を、今更輸入物扱ひし自由主義呼わりするのは、元をただせばポルトガルから来た天麩羅《てんぷら》を外来料理だとして排斥することと同じではないか」

「アルピニズム＝欧米渡りの敵の思想」という単純な図式に冷静に反論しているわけですが、〝登山界発狂時代〟にあっては、非常に勇気ある主張だったといっていいんじゃないでしょうか。

しかし、こういう真面目な批判はまったく無視されて、顧みられることはありませんでした。それどころか、「岳聯」はいっそう、狂気じみた方向へすすんじゃうんです。

半軍事組織化した日本岳聯

「岳聯」は、四一年六月の理事会で、突如、「改組・拡充」をきめます。発足後半年ちかくも役員間の主導権争いばかりやっていて、なにもしなかったことは、さきほど申し上げたとおりですが、そんな体たらくに業を煮やした情報局あたりから〝なにをもたもたしてる！〟と叱正されて、「改組・拡充」となるわけです。

つづく八月の理事会では、冠理事長の首を切り、後任にタカ派学者の岸田日出刀（東工大教授）を据え、無任所部長に井上司朗が座り、理事には藤木九三ら著名登山者をあてるんですが、参与・参事のポストのすべてを陸軍の軍人と官僚が占めちゃうんです。しかも、それだけでなく厚生省（岳聯主務官庁）、情報局、陸海軍、鉄道、文部、農林、商工、宮内の各省庁のほか、大政翼賛会、大日本産業報国会、大日本青少年団、東亜旅行社といった団体まで岳聯運動に関与するようになるんです。

吉澤岳聯情報部長は、改組の事情をこう説明しています（前掲・「日本山岳聯盟改組拡充の辞」）。

「（改組の）情勢を急激に促進せしめたものはかの六月二二日に勃発した『独ソ開戦』であつた。肇国《ちょうこく》以来の真の超非常時局に直面するに至つた日本は其の総力を挙げて臨戦態勢を急速に整備せねばならぬ必要に迫られた。国内の軍事、政治、経済、体育、芸術等凡《あら》ゆる力は急激に国防の一点に集中せざるを得ぬ状勢にまで立ち到《いた》つたのである。茲《ここ》に於《おい》てか『日本山岳聯盟』は益々自らの責任の大なるを痛感し、指導理念の強化堅持を誓ひ、現在登山者の再教育に留まらず、全国民の『行軍力の錬成』運動を急速に展開し、此の『国民皆《かい》行軍』の基礎の上に『国民皆錬成登山』を建設し、此の錬成を通じて国民の『死生観』を確握《かくあく》せしめ、予備兵力の大増強を図り、国民皆兵、国民皆労の聖旨《せいし》（天皇の〝思し召し〟の意＝西本）に副《そ》ひ奉《たてまつ》らん事を決意した。」（ふりがな＝西本）

また、改組後の具体的方針として一〇項目を挙げています。そのうちのいくつかを抜き出してみますと、

①「日本精神」「錬成の本義」の一貫理念に依り国民を錬成指導する軍、官、民一致の体制を以て、国民鍛錬の一部門を担当する

②国民運動展開のために指導者養成に全力を注ぐ。指導者の資格は中央の軍、官、民構成の

昭和17年毎日新聞7月7日

御在所岳での武装登山訓練（中京山岳会50年史『山と谷』1982年から）

「指導者審議委員会」に於てなす。指導者網を強化し、全国的一元指導と一元組織（化）を展開する

③本部、支局（大阪）に於いて「行軍力鍛錬」を取り入れた「指導者養成会」を開く

となります。

さらに、この「方針」の説明部でこうもいっています。

「（日本岳聯はこれまで）登山運動の一元統合機関に止《とど》まつていたが、今回の改組を契機として、真に国防国家の主柱たるべき全国民の精神並びに体力に亘《わた》る国家的規模の錬成運動にまで飛躍したのである。従つて第一の対象は勿論……組織ある登山者に置いている」が、「約三〇〇万を算《さん》する全国の講中《こうちゅう》その他未組織登山大衆を始め全国民を野外山地に於ける広範囲の錬成運動に導き、国民全般の日本精神昂揚、行軍力の強化、団体訓練の生活化並びに予備兵力の増強を図り、以て全国民均《ひと》しく満身汗してこそ建設し得べき高度国防国家体制の完成に資すると共に大政翼賛運動の強力なる一翼たらん事を期す事となつたのである。」

何度もいうようですが、〝これが山岳団体か〟と、嘆息を禁じ得ません。山岳団体というよりも、陸軍下請けの「半軍事組織」と呼ぶほうが、よりふさわしいんじゃないでしょうか。

行軍登山・国防スキーの展開

「改組」後の「岳聯」は、八月二六日から五日間にわたって開かれた「第一回国民行軍力錬成指導者講習会」（東京日日新聞社主催、陸軍戸山学校、岳聯後援）を皮切りに陸軍戸山学校（陸軍の体育学校）との「連係」を強めながら、さまざまな形で「軍事訓練」もどきの「集団行軍力養成登山」（鉄砲担いだ集団歩け歩け運動）の道を、

ひたすら歩きつづけてゆくことになります。一一月一日の「第一二回明治神宮国民錬成大会」（国体の前身）では、一千人の登山者が神奈川県丹沢山塊の大山から神宮外苑競技場までの七〇キロを「日の丸」を先頭に「大行軍」した後、グラウンド中央で小銃を担いだ「早駆け」や「匍匐前進《ほふくぜんしん》」の「演錬」をやってみせたりするんですが、当時の山岳雑誌の表紙に使われている写真などをみると、みな、戦闘帽と国民服、巻き脚絆（ゲートル）に草鞋《わらじ》がけ姿。なんともいえない、異様な感じをうけます（『ハイキング』一一八号　四三年一月参照）。

　さて、そうこうしているうちに、日本軍国主義は無謀にも四一年一二月八日、太平洋戦争に突入しちゃうんですが、これに対して「日本岳聯」は翌年一月、湯沢三千男会長名で「誓明《せいめい》書」（別掲・資料④参照）を発表し、「聖戦完遂に挺身《ていしん》する」誓いと「聯盟三原則」なるものを明らかにします。「誓明書」の全文は『登山とスキー』四二年二月号などに載っているんですが、そのさわりの部分を引いてみますと、こんなふうでした。

「昭和十六年十二月八日黎明畏《かしこ》クモ対米英戦宣布告ノ大詔《たいしょう》ハ渙発《かんぱつ》セラレ今ヤ忍苦百年ノ歴史ハ一擲《いってき》セラル。暴戻《ぼうれい》ナル米英ニ対スル膺懲《ようちょう》ノ鉄槌《てっつい》ハ茲《ここ》ニ断乎《だんこ》トシテ打チ下サレ、我忠勇ナル陸海軍将兵ノ勇戦奮闘ニヨリ緒戦《しょせん》既ニ全世界ヲ驚倒《きょうとう》セシムル大戦果ハ挙リ一億国民ハタダ深キ感銘ニ心震《ふる》フ許《ばか》リナリ。（中略）我カ山岳聯盟ハ山地並ビニ野外ニ於ケル広汎ノ実践

1944年、四阿山で行われた戦技スキー訓練（『山と渓谷』84号　1944年3月から）

錬成ヲ通ジテ日本精神ノ昂揚ト国民体力ノ増強トヲ期シ以テ聖戦完遂ニ挺身シ来レルモノナリ。（中略）吾等ノ登山ヲ以テ単ニ一身ノ趣味乃至娯楽トノミ追究セズ真ニ皇国ニ伝統スル日本登山道ノ本義ニ則《のっと》リ皇民《みたみ》ワレノ登山、スキー。日本ノ為ノ登山、スキー。大東亜共栄圏確立ノ原動力タル登山、スキー。トシテ把握シ、忍苦ノ実践ヲ積ミ来リキ。（中略）全国ノ岳人達ヨ、今ゾ奮起セヨ、イザ殉忠《じゅんちゅう》ノ精神ト強靭ナル体力トノ育成ヲ目指シ、錬成登山、国防スキーニ邁進セヨ。斯《か》クテ錬成シタル心身ヲ挙ゲテ長期建設戦ニ打チ込ミ、炸裂《さくれつ》セシメヨ。是《これ》、日本山岳聯盟ノ指導精神ナルト共ニ戦時体育行政ヲ貫ク根本方針ナリト信ズ。」（ふりがな＝西本）

「聯盟三原則」とは
①終始一貫登山報国の信念を堅持すること
②個人主義的、享楽的登山を排し、皇国民たる精神並びに肉体の錬成を目的とする登山、特に協同精神の養成を主眼とする集団錬成登山を励行すること
③輸送関係に協力し規律統制ある集団旅行の真髄を発揮すること

というものでした。なお、「日本岳聯」に先駆けて、福岡岳聯傘下の北九州のいくつかの山岳会が共同で「我等ハ宣戦ノ大詔ヲ奉ジ新タナル決意ノ下ニ登山報国ニ邁進センコトヲ期ス」と声明したという記録も残っています（『山と渓谷』四三年三月　参照）。

戦争に動員される体育・スポーツ　――日本陸上競技聯盟は陸上戦技部会に

四二年四月八日、この国のスポーツ界、登山界をとりまく状況は一変します。なんの前触れもなく、東条英機

首相・陸相の強権発動によって「大日本体育協会」（一九一一年七月創立）が解散に追い込まれ、あらたに「大日本体育会」（会長・東条）がつくられたからです。厚生省の「肝煎り」だとされているんですが、体育関係者にとっては、まさに〝青天の霹靂〟、〝寝耳に水〟の出来事だったはずです。

それまで、「体協」傘下にあって独自の活動をしていた運動競技団体のすべてを強制的に「解消」し、「大日本体育会」の「部会」に再編しちゃうんです。これは体育・スポーツの国家支配の完了を意味するんですが、その狙いはいうまでもなく、体育・スポーツを戦意高揚の具に変え、体育・スポーツを根こそぎ戦争に動員することにありました。

たとえば、「日本陸上競技聯盟」は「陸上戦技部会」と名称を変えさせられ、いろんな種目も「国防競技」や「戦技」、つまり、戦争に役立つ体力づくりと精神鍛錬を主眼としたものにしちゃうんです。〝手榴弾投げ〟、〝短棒なげ〟、〝運搬競争〟、〝懸垂〟などといった、おかしな〝競技〟までデッチ上げる始末だったんです。

敵性語の追放、ゴルフは「打球」と呼ぶべし

むろん、ほかのスポーツも同様でした。しかも、英語の名称を冠したスポーツは、すべて日本語呼びに変えさせられてしまいます。

テニスは「庭球」に、サッカーは「蹴球」に、バスケットボールは「籠球」に、ラグビーは「闘球」に、バレーボールは「排球」に、ホッケーは「杖球《じょうきゅう》」に、アメリカンフットボールは「鎧球《がいきゅう》」に、ゴルフは「打球」に、ヨットは「帆艇《はんてい》」に、ボクシング（拳闘）とレスリングを一つにして「重技」に、といったようにです。

米・英渡りのカタカナの呼称をつかっていては、敵である米英にたいする憎しみのこころ（敵愾心）が失われてしまうから、というんですね。いわゆる「敵性語」の追放です。「日本岳聯」のハイキング〝抹殺運動〟などは、さしずめその先駆けだったといっていいと思います。

そのうえ、戦争に役立たないスポーツや競技（たとえばテニス）は冷たく扱われるようになったり、禁止されてしまうんです（たとえば、重量挙げ、卓球、フェンシング、ゴルフなど）。

野球用語のストライクが〝よし〟とか〝本球〟に、ボールが〝だめ〟とか〝外球〟に、デッドボールが〝触体《しょくたい》〟に、スチール（盗塁）が〝占塁《せんるい》〟に、バッテリーが〝対打機関〟といった珍妙ないい方にされちゃたり、〝隠し球〟は、武士道に反する卑怯な行為だからと禁止になったのもこのころです。有名な話ですからご存じだと思います。

スキーの場合は、すったもんだのすえ、すでに〝日本語化している〟というんで、かろうじてそのまま残されることになったんですが、それでも、やれ「雪艇《せってい》」にしろ、いや「雪滑り」がいい、いやいやあたらしく「䨮」（スキーと読む）という文字をつくるべきだ、なんていう議論はあったんです。岡茂雄の『炉辺山話』（実業の日本社　一九七五年）という本にそのへんのいきさつが詳しく書いてあります。

しかし、以後〝スキーは兵器なり〟なんていういい方が、大真面目にまかりとおるようになり、スポーツ、娯楽のスキーはひっそくし、「国防スキー」、「戦技スキー」が主流となっていきます。

わざわざ「雪艇」なんていういい方をするものがふえていったのも、そうした時代の産物でした。

話は前後しますが、体協傘下の競技団体の呼称が日本語表記されたことに呼応して、山岳雑誌に登山用語の見直し論や、日本アルプス改称論が登場します。真面目な意見と時局便乗的な意見が混在していてなかなか面白いんですが、論議はあまり深まらないまま〝線香花火〟よろしく儚く終息してしまったようです（『山と高原』

二五号　四二年六月、『ハイキング』一〇五号　同年七月、『登山とスキー』同年七月号など参照）。『山と高原』三六号（四二年四月）の「執筆者へ（の）お願ひ」には「外来語はなるべく使わずに」などという注文が載っていますけど……。

とにかく「大日本体育協会」の解散と陸軍の支配する「大日本体育会」の〝発足〟は、「スポーツに対する死刑の宣告」だったという人もいるくらいで（川本信正「スポーツと権力」一九七六年　集英社『図説日本の歴史』17所収参照）、まともなスポーツは姿を消しちゃうんです。いわばスポーツ〝暗黒時代〟の到来ですね。

軍部に「接収」された日本岳聯

――半軍事組織の行軍山岳部会に改編

では、登山の場合はどうだったでしょうか。実は、それまで「日本山岳聯盟」（日本岳聯）は、体協未加盟だったんです。ところが、その年の一二月八日、東条の一片の通達で「岳聯」も「大日本体育会」の一部会にされてしまうんです。わざわざ「発足」の日を一二月八日としたのは、日本軍国主義が前年（四一年）の一二月八日に太平洋戦争に突入した、その日を「記念」してのことだというんですね。

まあ、それはともかく、高橋定昌は『日本岳連史』（前掲）に「陸軍が運営する大日本体育会に接収され……自主的な運動を展開していた日本岳聯は消滅してしまった」と書いています。「接収」などというとなんだか聞こえがいいんですが、「乗っ取られた」といった方が、ピッタリしているように思います。こうしたやり方は、スポーツ団体最大の組織勢力をもつ「岳聯」の運動を「行軍力の源泉」として、それまで以上に利用しようとする、なりふりかまわぬ軍部の姿勢の露骨なあらわれであると同時に、思うにまかせぬ戦局へのあせりの反映でもあったわけです。

「接収」された「岳聯」は「大日本体育会行軍山岳部会」と改称、役員も陸軍の軍人が完全に握ってしまいます。部会長・陸軍中将鈴木春松、副部会長・同少将大野宣明――。「岳聯」の半軍事組織化の完了といっていいと思います。登山界からは志馬寛、藤木九三、鈴木勇、中村謙らが理事の椅子に座り、行軍登山・戦技登山推進に一役買うことになります。井上司朗が理事におさまったのはいうまでもありません。

「行軍山岳部会」の指導方針

――我等ハ行軍登山ヲ通シテ戦力ノ増強ヲ図リ以テ肇国ノ理想ニ邁進センコトヲ期ス――

「朝日新聞」四二年一二月一二日付記事によると、一一日に「行軍山岳部会」具体化のための初の会合が開かれ、「皇道精神に立脚した指導方針の具体的推進策を協議した」とあります。

出席者は正副部会長のほかに陸軍軍人、陸軍省官僚、井上司朗情報局第五部第三課長ら三〇数人の準備委員。顔ぶれをみただけで、中身が割れてしまいますが、その後決まった「行軍山岳部会」の「綱領」と「部則」は、「部会」が半軍事組織であることを見事にいい表わしています。

どういうわけか、この「綱領」も「部則」も、「日本岳聯」のそれと同様、どんな登山の歴史書にも載っていませんから、参考のために主要部分を採録しておきます（鈴木勇「新発足の行軍山岳部について」『山と高原』四七号・一九四三年三月、竹田高俊「生産工場に於ける行軍山岳部の組織と経過」同五五号・同年一一月所載・全文別掲資料③参照）。

「大日本体育会行軍山岳部会綱領・部則」（原文は旧漢字）

綱　領

我等ハ行軍登山ヲ通シテ戦力ノ増強ヲ図リ以テ肇国ノ理想ニ邁進センコトヲ期ス

部　則

総　則　本部会ハ財団法人大日本体育会行軍山岳部会ト称シ本部会長ノ指揮監督ヲ受ケ本会事業中歩行行軍登山ニ関スル部門ヲ実施ス

目的及事業

第二条　本部会ハ行軍登山道ノ普及徹底ヲ期シ皇国民ノ錬成、戦力ノ増強ヲ図ルヲ以テ目的トス　本部会ハ随時他ノ部会ト提携シ綜合訓練ヲ実施ス

第三条　本部会ハ前条ノ目的ヲ達成スル為左ノ事業ヲ行フ

一、敬神思想ノ昂揚

二、行軍登山ノ奨励並ニ指導錬成

三、雪艇（スキーのこと＝筆者）行軍登山ノ指導普及

四、嶮難沼沢地突破ノ指導錬成

五、行軍登山並ニ探検ニ関スル科学的研究

六、探検調査隊ノ派遣

行軍登山を特集した大日本育会機関誌『體育日本』
1943年8月号

七、 指導者ノ養成及検定
八、 国民体力章行軍検定ノ実施
九、 登山界ノ指導（以下略）

地域、職場での行軍山岳部会

中央で「行軍山岳部会」がつくられた結果、地方でもこれに呼応した動きがはじまります。六〇年、七〇年という長い歴史をもつ山岳会の記念誌には、当時の様子がいろいろな形で記録されているんですが、たとえば、北海道・旭川山岳会の「創立五〇周年記念誌」（八五年一〇月刊）には、こうあります。

「戦局が進むにつれて、大日本体育会北海道旭川支部が昭和一八年一一月に設立される機運となり山岳会も、日体旭川支部の行軍山岳部に包含されるようになった。昭和一九年に財団法人大日本体育会北海道旭川支部が正式に設立となり、支部長に旭川市長足立富、副支部長に旭川市助役田中鉐雄、理事長に厚生課長小林将敏、山岳関係では審議員に行軍山岳部より藤井敬三、部長に大瀬戸政良がなり、戦技スキー指導員制度もできて、山岳戦技と共に隆盛を極め、旭川師範の学生が全国大会で戦技スキーで優勝することもあった。しかし、一般社会人は、召集、徴用等で居なくなり、活動自体が衰微していき終戦を迎えたわけである。」

職域山岳会もそれぞれの職場の「産業報国会」と連携して「行軍山岳部」あるいは、「行軍山岳班」に衣替えするようになります。竹田高俊（行軍山岳部会幹事）の一文「生産工場に於ける行軍山岳部の組織と経過」（『山と高原』五五号・四三年一一月、五六号・同一二月）に、その〝経験〟が載っています。こんな調子です。

「現在の生産会社で産業報国会に入会して国策に協力していない会社は一つもないと申しても過言ではない。その産業報国会の全会員から二十五歳以下の青年を以て組織する青年隊がその会社に必ず存在してゐるのも、現代ほど強く、深く青年に期待するところ多きを証左するにほかならないのである。そして物事に感動し易い青年期に於ける純真な情熱の善導ほど戦力に及ぼす影響もまた甚大と見るべきである。」

「左に青年隊の信条を掲げてみよう。

信　条

一、我等ハ皇国青年ナリ至誠尽忠以テ国防ノ第一線ニ挺身セン
一、我等ハ産業青年ナリ粉骨砕身以テ産業報国ノ実践ニ邁進セン
一、我等ハ興亜ノ青年ナリ協心戮力《りくりょく》以テ大東亜ノ建設ニ突進セン

誓　詞

一、私達は常に聖恩の厚きに感謝し奉り必勝の信念を持つて産業報国の誠を尽くします。
一、私達は身体を鍛錬し剛健な精神を涵養振作します。
一、私達は命令に服従し和衷協力聖業の完遂に邁進します。

以上が青年隊の進むべき道なのである。私が産業報国会の青年隊のことに就いて、斯くも紙面を費したことも、行軍山岳部と骨肉の関係を有し、尚且、青年隊の活動に俟《ま》つところ多きが故であり、行軍山岳部自体の組織もこの青年が中核であるからである。泪を流して語り合ひ得るは青年の純情な心情であり、社会から国家干城《かんじょう》として送り出すこの青年こそ戦力増強の原動力たる一分子であるばかりか、国家のお役に立ちうる青年を送り出すことは、我々指導者を以て任ずる者の義務であらねばならない。私はこの中核隊を基礎として二十五

歳以上の青壮年を以て行軍山岳部会を工場内に設立したのである。その組織体は、山岳登山に経験を有する者、そして、行軍登山が戦う日本に絶対必要であることをすくなくとも認識しうる者を選出したのである。そして、一切は挙げて大日本体育会行軍山岳部会の理想の実践にあり、その組織は大国民運動の一環である。」

「我等山岳人に課せられた使命と義務（敢えて義務といふ）とは、行軍登山を通して戦力の増強を図ることであらねばならない。行軍登山即戦力増強である。個人単位の登山に於ても、この精神を把握することによつてのみ真の登山道が開眼されるのではなからうか。個人の登行を否定するものではない。が、尠《すくな》くとも多数の山岳人を会員として（勿論、千差万別であらうが）有する山岳会にあつては、戦時下たるの認識を深めて、興味本位の例会はこの際、無視し、真に錬成たる例会を企画して実施し、山岳人総結集の強力なる一大国民運動を興すべきである。それは山岳人の質の向上を計ることは勿論であり、その進展は山岳部隊といふ特殊部隊の結成にまで組織化されねばならない。」（以上五五五号）

ながい引用になってしまったのは、当時の「登山」がどれだけ歪められてしまったかを、知ってほしかったからです。

大日本学徒体育振興会山岳部はどのようにつくられたか？

つづいて学生登山界が、この時期、どういう状況に追い込まれていったかをみておきましょう。

ご存じのように、当時、学校の体育行政を所管していたのは、文部省でした（現在もそうです）。

一九四一年暮れも押し詰った一二月二四日――。文部省は、全国の学生の「体位向上と錬成の徹底」を目的に

「大日本学徒体育振興会」（体振・会長＝橋田邦彦文相）を発足させます。

これよりさき、文部省は、体育課を体育局に昇格し、「体育運動」・「訓練」・「衛生」の三つの課を新設（同年一月）するなど、学校体育の面からの「聖戦」目的徹底策を押しすすめていたんですが、急きょ「体振」をつくったこと と、日本軍国主義が一二月八日に太平洋戦争に突入したこととの間には、深い関連があるとみてさしつかえないと思います。

が、しかし、学生登山が「体振」傘下に包含されるのは、あとからふれるように、そのほぼ一年後の四二年一一月。「大日本学徒体育振興会山岳部」という名称がつけられるんですが、そこにいたる経緯とその後の経過がなかなか面白いんです。

学生登山界が戦前のわが国の登山・アルピニズムの前進と発展の原動力の役割を果たしてきたことはまぎれもない事実です（各種の登山史年表や登山の歴史書をみてください）が、「日本岳聯」とは無関係、つまり、「岳聯」結成の際、その構成の対象から除外されていたんです。

社会人の登山団体である「日本岳聯」の主務官庁は厚生省、学生の体育行政を所管するのは文部省という、たて割り行政のなせるわざですが、同時に、官庁間の縄張り意識が作用していたこともたしかでしょう。まあ、そのほうが学生登山者にとっては、かえってさいわいだったといえなくもないんですが。

大向こうをうならせた文部省運動課長の学校山岳部指導方針

さて、「体振山岳部」発足にいたる面白い経緯と経過とは、こうです。

四二年四月二八日、文部省は時の体育局運動課長・北沢清の名で、東京都下の学校山岳部の部長と山岳部学生幹事を招集します。「学生登山のあり方についての文部省方針の徹底」というのがその目的でした。

席上、北沢課長が文部省の「方針」を述べるんですが、これが大向こうをうならせる「傑作」なんですね。

この会合に出席した一高旅行部の中村徳郎（竹山道雄の小説『ビルマの竪琴』の主人公・水島上等兵のモデルとされる。一九四四年一〇月、フィリピン・レイテ島で戦死。『きけ　わだつみのこえ』に彼の「手記」が収録されていますが、北沢の発言要旨を日本山岳会の『会報』一一八号（四二年七・八月号）に書き残してくれているんです。それによれば北沢は、⑴学徒と登山　⑵海外遠征のこと　⑶学校山岳部に関して　⑷行政的な問題　⑸学業と登山　⑹資材について　⑺関東高校山岳聯盟　⑻日本山岳聯盟について――の八点にわたって文部省の見解と方針を明らかにしています。

相当の長文なので、とても全部を紹介できませんから主要な点を要約して抜いてみます（原文・旧漢字）。

⑴　学徒登山――文部官僚のアルピニズム論

「我々は何故山に登るか。山が好きなるが故に山に登るのである。実際に山への行き方も各人各様に異なるであらう。（中略）山に登ることそれ自体が純正な登山の目的である。（中略）しかるに曰く。教養を高めよ、卒業を早くせよ、卒業したら直ちに軍教育を受けよ、それが為には強健な身体を鍛へておけ云々と。一方学用品は不自由であり、運動するにも道具が無く、運動すれば飯が足らぬといふ障害が起り勝ちである。（だが）それ等の事の為に畏縮するやうであつてはならぬ。単に登山の効果的方面にのみ（に）ついて考えても、登山と探検に対する理解や知識なくしては今後大東亜共栄圏の指導などは絶対に出来ないことは明瞭である。山へ行くことはその者にとつては全生活そのものである。実際に山に登る時だけではなく、平生に於いても精神的に肉体的に山に登る為の心構へを持ち、又実際山に登る為のあらゆる準備を怠つてはならぬ。現在の日本は一人でも多くの教養ある人物を必要としてゐる際に、遭難者を出すことは絶対に防止したい。万全を期して山へ行くべきである。然る上にも不可抗力の遭難があつたなら之は已む得ない。其人は誠に気の毒である。綿密に研究して後に資することを忘れてはならない。尻込みしたり懼れをなす如きだらしないことではならぬ。勇敢に積極的に進んで貰ひたいと思ふ。」

――登山・アルピニズムの本質を衝いた、なかなか含蓄のある内容ではありませんか。アルピニズム排撃、「日本的登山道推進」が登山界を支配した時期に、よく軍部あたりからクレームがつかなかったものだと思います。学生の登山を〝激励〟しているところも注目すべきでしょう。

(2) 海外遠征――若き登山者エリートへの期待

「(前略)我々日本人の手によって亜細亜の高山を極めたいといふ熱烈な希望が、その可能性と而も必要性とを伴つて実現に迄至らんとしてゐる。(中略)然らばか丶る遠征行は一朝一夕に行ひ得るであらうか。否、それには先づその情熱と積極的な不断の山への訓練と研究と、年期と、加ふるに出来るだけ早期より、即ち若き時代からのさう云つた準備が絶対に必要である。而も之を担当すべき者は、全国民の中の選ばれたる人々、即ち限りない山への情熱を持ち的確に十分な準備と訓練とを経た諸君自身を措いて他に誰があらう。(後略)」

――侵略者の論理が下敷きになってはいますが、これも、当時の学生登山者への激励となったことは確かでしょう。

(3) 学校山岳部――山岳部の役割は真の山岳思想・山岳精神の鼓吹にあり

「単なるハイキングとアルピニズムとは根本的に相異なるものと信ずる。そこでハイキング的な事は――それはそれで別な意味で又大いに発達普及させねばならない事だが――各校報国団の一般運動に委すべきであつて、山岳部は自ら其の第一とする目標を誤ることがあつてはならない。但し山岳部員たる者は必然的にハイキング的な事に関しても、其の技術や知識について他の者より経験があるし先達である。従つてそれについての援助や指導を惜しむ事なく寧ろ進んで真の山岳思想・登山精神の鼓吹に努力して貰ひたい。尚又従来日本山岳界が学生山岳層によつてその最高の水準を維持発展せしめられたといふ歴史的事実に鑑み、その栄誉ある歴史を忘れずに益々張り切つて貰ひたい。（中略）従来各山岳部は夫々自主的に各々の道を歩んで来た。之は大いに結構なことである。山といふもの丶特殊な性質から云つて正にさう在つて結構であつた。今後とも各々其伝統と個性を生かして一層綿密周列（ママ、周到の誤記）な計画の下に其自主性を発揮して貰ひたい。唯考えねばならぬことはそれが為に分立割拠的に陥ることで、之れはいざといふ場合に学生山岳界そのもの丶為に自ら不利を招く他の何ものでもない。（中略）各々連絡をとるといふことは絶対必要なことである。一般に他の運動に於ては大概各校の各部を横に連絡する聯盟が組織されてゐるが、残念乍ら現在山岳部関係には之が見られない。文部省としても近い中に之れを設立すべく研究中である。勿論その中には学生諸君の委員が参加すべきである。」

――ハイキングとアルピニズムの違いを強調し、アルピニズムの推進者が学生登山者だったことに誇りをもて、といっているわけですが、ここでも彼らへの〝激励〟が目につきます。

(4) 行政の問題

――ここで、「学徒体育振興会」が組織されたことを述べ、その一部門として、登山の専門家が参画する山岳委員会を設けるという方向を明らかにしています。

(5) 学業と登山――本当の山登りは立派に学業に準ずべきものである

「云ふまでもなく学徒は学業に励むことこそ本分であり、従つて学校の学課を休まないといふ事が原則的建前である（中略）。一方大いに山へ行かねばならぬといふ。然るに本当に山へ行くには休暇の日だけを利用してゐたのでは到底何も碌な事はできない。（中略）本当の山登りといふものは普通のスポーツと異なつて正に『文ヲ修メ武ヲ練ル』ことなのである。故にはつきり断言するが真の山登りは立派に学業に準ずべきものである。（後略）」

——なかなか太っ腹じゃありませんか。

⑹　資材——登山用具は学用品、学校当局で揃えるよう指導する

「（前略）靴がない天幕がない、燃料装備食糧が悉く無いといふ。而も諸君の志は枉《ま》げてはならないのである。殊にかゝる障害が若し諸君の山登りを畏縮せしめる様な結果に致すことありとせば、洵《まこと》に憂慮に堪へない。（中略）山の資材は全部が之軍需資材であつて、総て物資動員計画によつて動かす以外どうにもならぬものばかりである（が）（中略）真の登山に用ひる登山用具は立派に学用品であると信ずる。（中略）ザイルだけは最も喫緊の事と思ふ故、殊に麻が有望となつた今日是非何とか早速入手出来る様に取計ひたい。又器具に関連してであるが、山岳部員の経済的自己負担が他の部員に比して甚大であらうと思ふ。従つて出来るだけ公共品の如きは学校の手で揃えるべく学校当局に督促するつもりである。（中略）学校が有している山小屋の問題であるが、これも総ての学校について施設の問題として当局に於ても十分考慮して見たい」

——当時の深刻な資材不足の状況を反映した発言ですが、登山用品は立派な学用品であるといってみたり、ザイルだけはなんとか確保したいというあたりは、〝感動〟ものです。

⑺　略

⑻　日本山岳聯盟との関係——学生山岳部は文部省と学校当局に管理されるもの

「所謂岳聯は一般社会人を対象にしてゐるものである。其の中には諸君の先輩である著名な山岳人も居るが、岳聯そのものは無組織な一般の登山者を目標とするものである。岳聯が学生山岳人に対して何の拘束力も指導力も有すものではなく、又有すべきものでもないといふ事を明確に認識しなければならぬ。学徒の山は飽く迄も学校当局と文部省及その外郭団体とが緊密有効な連絡を保つて、どこまでも学徒らしい山の生き方に終始しなければならないといふ事を強調する次第である。」

――学生登山は文部省の所管だ、ほかからの口出しは許さないと牽制しているんですね。こうした発言を持ち上げるつもりはありませんが、「行軍登山」の〝こ〟の字も出てこないばかりか〝アルピニズムを追求せよ〟といっているんですから、〝ニッポン発狂時代〟にあって、よくここまでいいきったものだというのが、正直な印象です。

学生登山をめぐる紙上論争

「学徒体育振興会山岳部」の発足――新方針は峻しき高山へ挑戦せよ

さきほどもふれたように、「学徒体育振興会山岳部」は、一九四二年一一月六日、橋田体振会長（文相）が、槙有恒委員長以下つぎのような委員を指名し、正式に発足します。

渡辺八郎、西堀栄三郎、本郷常幸、堀田弥一、織内信彦、初見一雄、伊藤秀五郎、中屋健弌、今西錦司。

いずれも、学生登山界出身の大物です。

一一月七日付「朝日新聞」は、「学徒山岳界へ新指針――文部省体振の役員が決る」というタイトルで「学徒体振山岳部」のスタートをこう報じています。

「学徒はすべからく峻しき高山へ挑戦せよ……文部省大日本学徒体育振興会山岳部は六日委員長槙有恒氏以下の九名の委員を決定し、低山趣味のハイキング型に惰しつゝある学徒登山界へ新しき指導方針を示した、橋田会長よりの指名で生まれた山岳部会はアイガー東山稜をはじめカナディアン・ロッキーを極めた槙有恒氏を委員長とし、委員としては曾《かつ》て秩父宮殿下に供奉《ぐぶ》して端西アルプスを踏破した渡辺八郎氏、ナンダコットに足跡を印した堀田弥一氏ら錚々たる…顔触を揃へてゐる」

「学生登山界に対する新方針」は、すでにみたとおりです。ところが、これがちょっとした〝論争〟をまきおこす火種になります。

当時の「朝日新聞」の夕刊には、「鉄箒」（てっそう）という投書欄があったんですが、〝論争〟は、その「鉄箒」欄を舞台にくりひろげられるんです。

朝日・紙上論争の火付け役、投書①「登山理念」
——「お国のために山に登れ、学校山岳部は解散せよ」

〝論争〟のきっかけをつくったのは加藤千里なる人物。「登山理念」と銘打って文部省と「学徒体振山岳部」幹部に噛みつき、強い調子で不満をぶっつけます（一一月一八日付）。

「学徒体育振興会の山岳部役員が決つたさうであるが、その事実を伝えた本紙によれば、ハイキングに惰した低山趣味を振り捨て、学徒はすべからく峻《けわ》しき高山へ挑戦せねばならぬ、と説いてゐる。この記事を読んで学徒錬成の元締たる文部省当局、特に体振山岳部関係者の時局認識の低調さに一驚した。低山趣味から高山趣味への転換をもつて、大東亜戦下の指導方針だとする体振山岳部の幹部は、親から旅費をせびつては、趣味的な自己満足を第三者に誇示する以外、何ら意味のない冒険に学生を走らせることをもつて、学徒錬成と心得てゐるらしい。今日、わが国の山岳界に痛切に要望されることは、登山のために登山するといふやうな、自由主義的登山理念を一擲《いってき》して、国家に登山の使命を活かせといふことである。体振が学徒錬成を目的とするならば、何を措《お》いても、先づ第一に学生の登山を国家目的と結びつける、すなはち、国のために山に登るといふ理念を確立し、指導方法をこの理念に合致せしめ、さらに登山による基礎的行軍力の強化と、大規模な集団登山技術の研究錬磨とをもつて、直接に軍の方針に呼応し、銃後に新鋭武力を蓄積するといふところへ、その方針を向けなければならないはずである。従つて、登山を道楽とする一部学生を集めた学校山岳部といふやうな団体は、徹底的に解消されるべきで、むしろ登山を、学校の軍事教錬の中に包含せしめる必要がある。過去の自由主義時代のジャーナリズムに踊つた人々を狩り集めて、初歩山岳旅行者（あえて旅行者と呼ぶ）の観光意欲、冒険の競争心をかきたてるやうな、時代錯誤の方針を天下に表明してゐる体振の指導下では、恐らく学生たちは、今後といへども、現下の超非常時に関係なく、国家的には全く無用な山歩きをさせられることであらう。文部省当局の一考を煩わしたい。」

――「加藤」という投書者がいかなる人物なのか、寡聞にして知りませんが、加藤のような考え方が当時の登山界の大勢を占めていたことは、これまでくりかえし述べたとおりです。けれども、山岳雑誌などでも「登山を道楽とする一部の学生を集めた学校山岳部のやうな団体」は「徹底的に解消」し「登山を学校の軍事教錬」化せよ、などという主張にはお目にかかることができませんし、さすがの軍部でさえいわなかったことですから「加藤」なる人物の狂いようの度し難さがうかがわれようというものです。

学生登山者の反論、投書②「学生登山」

――真の学生登山は、……単純に、純粋に山に精進してゐる。

……吾々が高きを求めるあの純粋な心を失つたら、真の登山はお終ひだ。

この「加藤」の投書に「一学生」が反論を寄せます。タイトルは「学生登山」――（一一月二二日付）。

「一八日附本欄『登山理念』に対して一言したい。吾々は道楽に山を登るのでもなく、スリルを味ふために登るのでもない。たゞ精魂を傾けても尾根を登る所に戦闘的スポーツ的登山を見出すのである。スポーツは自分の好みに従つて、登山なら登山を志ざし、その中においてしごかれる間に人間陶冶《とうや》としての道を自覚し、人間観を作るのである。道はいろいろあり、唯、吾々はそれを登山にとつたのだ。真の学生登山は、少しの妥協をも挟む余地のないほど単純に、純粋に山に精進してゐるのである。そして、精進の尊さを知り、そこに得たものは山だけに通用するやうな小さなものではなく、社会の大道を闊歩する真の日本人に仕上げてくれるのだ。我々としては、都会の生活を山に帰一《きいつ》してこそ、学生登山の真面目《しんめんぼく》があると思ふ。……吾々は自己の正しいと信ずるものへあくまで精進する道を山にとつたのだ。その過程で体も鍛へられ、科学的研究もなされる。加藤千里氏のいはれるのは登山の形式である。（中略）形式的登山ほど危険なものはないと吾々は考へてゐる。（中略）吾々は課せられた学問とともに山に全てを打ちこんでこそ国家の高い目的と一致することと固く信じてゐる。吾々が高きを求めるあの純粋な心を失つたら、真の登山はお終ひだ。あくまで学生登山を自覚して真直ぐに進まう。大戦下に強く正しく山に精進したものこそ、やがて日本を背負い、また世界の最高の山にも力強い足跡を残すのだ。」

――多分に情緒的なものをふくんだ反論ではありますが、「高きを求める心を失つたらお終ひだ。みずから信ずる道をゆこう」、と叫んでいるあたりは、なかなか泣かせるではありませんか。

では、この「一学生」とはだれか？――。わたくしは、慶応義塾大学山岳部員かそのＯＢだとにらんでいます。むろん、氏名まではわかりません。しかし、〝しごかれる〟とか〝山に精進する〟というようないい回しは、慶応義塾大学山岳部独特のもの。同大学山岳部の部報『登高行』には、随所にそんな表現がちりばめられているんです。ほかの大学山岳部の部報にはこういういい回しは、全然、みあたらない。そこで、この「学生」は慶応関係者ではないか、と推測したというわけです。まあ、いまとなってはたしかめようもありませんが。

＊後日、この「一学生」は、慶応大学山岳部の加藤喜一郎であることが判明した。『登高会会報』第三二号（慶應登高会一九八八年一一月・加藤喜一郎追悼特集）に載った谷口現吉の一文「喜一の時代と私と」に、次のように記されている。《……朝日新聞の鉄箒欄での論争に彼（加藤喜一郎のこと）が加わったのである。当時時流便乗的な「行軍登山論」と云う論が横行していた。私も一緒に憤慨していたのだが、とうとう喜一は我慢がならず、「一学生寄」として反対を表明して投書した。喜一が憤慨したのは「登山理念」と云う低俗な時代迎合的所論に対してであった。》

割って入った冠松次郎、投書③「登山と鍛錬」

――鍛錬にいそしむ人たちでも真に山を愛する人ならば、その合間に単独行をもつて自己を忘れないであらう。……それが即ち全人の陶冶であり錬成であると私はいひたい。

「加藤」ＶＳ「一学生」の〝論争〟は、それ以上発展しませんでした。両者ともいいっぱなしのままに沈黙してしまったからです。お互いにいいたいことをいったから、もういいと考えたのか、あるいは、「加藤千里」が再反論を投書したけれども、「朝日」が採用しなかったのか、そのへんのところはさだかではありません。

ところが、この〝論争〟に思わぬ人物が割ってはいります。かの冠松次郎です。そして、その冠のあとに「皇国登山道」の提唱者である志馬寛が、「加藤」、「一学生」、冠の〝論争〟をまとめて撫で切りにするという展開をみせ、〝幕〟となるんです。

冠の投書は「登山と鍛錬」と題するもの（一二月一日付）で、その中身はこんな調子です。

「山に鍛へる。行軍力を養ふ。登高力を強める。登山によつて精神的にも肉体的にも国民の精力を昂揚して、この大切な時局下に御国のために尽さうとする。これは何をおいても先ず実現すべき喫緊事《きっきんじ》である。これに対しては誰か異論があらう。もし反対するものがあれば、それは非国民といはれても返す言葉があるまい。（中略）しかし、これだけが登山の凡《すべ》てゞあるといふことは出来ない。登山するといふことは私たちの生活の内容となつてゐる。山なる哉《かな》、といふわたしたちの気持ちは宇宙の根底に続いてゐるのだ。祖先以来私たちの心の奥に血となり、エネルギーとなつて深く根ざしてゐるのである。それが実に愛郷心、愛国心と深い根底において脈絡してゐるではないか。国土の美に親しむ、神代ながらの面影に接する。それはむしろたつた一人で大自然の懐に潜入する所からもつとも深い感銘を得るのである。鍛練にいそしむ人たちでも真に山を愛する人ならば、その合間に単独行をもつて自己を山に燃焼させることを忘れないであらう。この時局下といへども、それは一向に差支へないばかりでなく、それがすなわち全人の陶冶であり錬成であると私はいひたい。これこそ永続性を持つた底の流れであると思ふ。必ずしも御国のためのみとは限らず、私たち相携えて自他の錬成に傾倒し、この非常時局に国土を護ると同時に、より雄大な自然美に接して自己を昂揚する。これは二つながら相俟つて大国民の気象を培ふものと確信する。どちらでも片方だけでは全体を為さない。従つて、一方を貶《けな》し他方を挙げることは正しい議論とはいへぬ。(後略)」

「日本岳聯」の理事長職を追われた(四一年六月)冠独特の登山観が滲んでいます。が、前二者の〝論争〟には、噛み合っているとはいいがたいのではないでしょうか。

最後に撫で切る志馬寛、投書④『皇国登山道』

──悪質な自由主義、個人主義思想の論者に、個人が先か国家が主なのかはつきり承りたい。

……登山と行軍とを一体とし把握することが日本臣民の悲願である。

志馬寛はどうでしょうか──。志馬は登歩渓流会の重鎮。強烈な〝皇国史観・日本的登山道〟のイデオローグのひとりなんです。この〝論争〟でもその主張をつらぬいています。かれの投書のタイトルは「皇国登山道」(一二月一一日付)。

「低山主義対高山主義、単独登山対集団登山の論が最近本欄を賑《にぎ》はせた。事の起りは、文部省学徒体育振興会の山岳部が『学徒の低山主義を排撃』し『学徒は須《すべか》らく高峻山岳に挑戦、征服すべし』といふ誤解を招き易い新聞声明を発表したのに基づく。これに対し、低山主義者、実業山岳人、一部国粋論者等から猛烈な反駁があり、またこれに対し高峻登山賛成論者側からも種々擁護論が出た訳である。が、これは必ずしもさう気にするには及ばない問題で、学振山岳部がいくら間違つてゐても、やがて厚生省大日本体育会の『行軍山岳部会』の中の技術委員会の一部に吸収される予定であるから、日本岳聯健在なる限り皇国の登山道は微動だにするものではないのだ。

たゞ寒心にたへないのは高峻登山に賛成して来た側の投書が悪質な自由主義、個人主義思想に根差し、しかもそれを巧みに隠蔽してゐたことである。例へば、彼は、情操のための登山を主張したり、また山に精進してゐれば結局お国のためになるといふ。なるほどそれも結構だが、私は思想戦の見地から、一体この情操登山、単独登山を登山の大道なりと主張する論者は、個人が先か国家が主なのかはつきり承りたいと思ふ。登山をやつてゐれば、いつか国家のお役に立つといふ考え方は、無定見、無方針といふよりも、むしろ悪質の個人主義だ。われわれにとつては高い山も低い山もない。凡てこれ皇国のお山である。低い山はもとより、高い山へも常に敢然として登る。それは征服といふやうな米英自然観や技術が目的なのではなく、あくまでも山霊に参ずるためであり、皇国の山をもつて日本精神の結晶と観ずるのである。こゝに登山と行軍とを一体とし把握し実践することが日本臣民の悲願として自ら要求されるのだ。」

――皇国史観の〝権化〟、志馬の面目躍如というところでしょうか。

志馬が「学徒体振山岳部がやがて行軍山岳部会の技術委員会に吸収される」云々と記している点は、登山史上、重要な意味をもつものと思われるんですが、いまのところ、それが実行されたのか否か、データ不足で未確認のままです。

山を奪われた〝岳徒〟たち

寝耳に水の夏山合宿中止命令――文部省の離京禁止措置

ここで、少し話を戻しましょう。

一九四一年七月、文部省は突然、在京の学生の離京禁止と、大学山岳部の夏山合宿の中止を命令します。明確な理由も示さないままにです。準備万端ととのえて、出発の日を待つばかりという状態にあった大学山岳部にとっては、まさに、寝耳に水だったに違いありません。かれらは、どう対応したでしょうか。慶応大学山岳部のケースをみてみましょう。

同大学山岳部の中心メンバーのひとりであった辰沼広吉は、部報『登高行』第一四号（奥付には四五年二月発行とあるが、戦況が悪化したために発行が困難となり、五〇年一一月ようやく日の目をみた）に生々しい証言を残しています。

「吾々が……夏山を行ふべく凡《あら》ゆる準備を行ひ……出発となつた時、文部省当局の命に依り、夏山登山計画も全面的に中止せざるを得なくなつた。……全く残念であつたが当局の意向に従ひここに夏山計画及び個人の山登りも一切中止したのである」

「我々は夏山計画を例年の如く文部省に提出した所容易に其の許可が下りず遂に出発当夜になるも何の通知も無く止むなく出発を中止するに至つた。翌日学校に対して学生の東京を離るゝ事及び合宿に類するものは全部中止する様にとの書状により夏山計画は全部取り止める事に決定した次第である。当日は先輩の応召も数名に及び時代の歩みの身に迫るを覚えた」

かれらの無念の思い、切歯扼腕《せっしやくわん》ぶりがつたわってきます。

文部省が学生の体育スポーツ行政の元締めだったことは、まえに触れたとおりです。けれども、この時点で大学生に対する禁足令ともいえる離京禁止措置を発動したことや、山岳部（だけではないが）の合宿の官許制、つまり、〝生殺与奪《せいさつよだつ》の権〟まで文部省が握っていた事実についてはわたくしも、ついぞ、知りませんでした。辰沼のこの証言に出合わなかったら、永久に見過ごしていたと思います。

慶応大学山岳部の場合

辰沼が「当日は先輩の応召も数名に及び時代の歩みの身に迫るを覚えた」と記したくだりに関連していえば、あの一五年戦争における慶応大学山岳部関係者の戦死者（戦病死もふくむ）は、大学山岳部はもとより、全国の山岳団体中最大、じつに二五人にものぼるんです（慶応「登高会名簿」一九八八年版参照）。戦争のむごたらしさを思わないわけにはゆきません。

同じ『登高行』一四号に、梶原博が書いたこんなくだりもみえます。

「七月十三日、突如として文部省の通達に依る夏山中止の報が入つた。それに依り我々が如何に考え如何に対処したか。（中略）こゝには唯その間の我々の動静を簡単に記すに止《とど》めやう。

1. 山岳部計画の登山の一切之《これ》を中止す。
2. 個人的登山（日帰り程度のもの）亦然《また》り。
3. 体育錬成の意味に於けるハイキング程度のものは差し支えなし。但し多数ならざるべし。
4. 部員は休暇中常に居所を明らかにすべし。
5. 登山計画に代《か》えて左記の事項を実施す。

イ、毎週一回の木曜会開催。

ロ、数個のグループを構成し登山全般にわたる研究をなす。題材はグループに一任す。

ハ、グループの指導には上層部員之に当る。
ニ、（略）
ホ、トレーニングを実施す。
ヘ、先輩と部員間の親睦を図る。
ト、昨年度記録の整理をなす。」

これが、文部省命令への彼らの「対処」方針なんです。なんとも無残ではありませんか。禁足を食ったうえに、山まで取り上げられてしまったのですから、〝陸《おか》に上がったカッパ〟、〝水を奪われた魚〟というたとえがピッタリです。

「こゝには、……唯我々の動静を簡単に記すに止めやう」——行間に梶原の悔しい想いが込められています。中止に追い込まれた慶大山岳部の「夏山計画」とは、つぎのようなものでした。

第一次縦走隊
第一隊　槍ケ岳——黒部五郎岳——薬師岳
第二隊　笠ケ岳——立山
第三隊　槍ケ岳——黒岳——立山
第四隊　鹿島槍ケ岳——白馬岳
第五隊　塩見岳——白峯三山——駒ケ岳
第二次剱沢生活
各隊終了後旧部員のみにて真砂沢出合附近に露営、登攀を行ふ。

各隊のメンバーその他、計画の詳細は、明らかにされていないんですが、相当な規模だったとみてまちがいなさそうです。

しのびよる学徒動員・出陣の影――禁足令の真の意味

では、なぜこの時期に文部省が在京大学生の〝禁足令〟を出し「合宿に類するもの」を「全部中止」させたのか――。『登高行』一四号の辰沼の証言には、「文部省の書状が極めて簡単にして意味の判断に苦しんだ」すえ、「次の三つの意味に解釈した」とあります。

〝禁足〟と「合宿を中止せよ云々」の通達には、冒頭に触れたように、その理由は明示されていなかったんですね。その頃の権力が、いかに、横暴であったかを物語る好例でしょう。

辰沼によれば、かれらの「解釈」とは――

「第一は学生に対して所謂《いわゆる》スポーツなるものを全く認めず、勤労奉仕或《あ》ひは報国団と言ふ類の組織を以て之に代へると言ふ場合。第二はスポーツは認むるも現在学生は直接銃を手にしなければならぬ状態であると言ふ場合。第三は他の何らかの事情により一時的に学生の禁足をしたと考へる場合」

の三点。

そして、それぞれにたいするかれらの長い「見解」を述べたうえで「不安」「不可」を表明し「……何《いず》れにしても我々が執《と》る行動が意志的にせよ感情的にせよ、所謂《いわゆる》お山での生活それ自身を失はぬ様に其の具体案を求むべきである」とむすんでいます。

けれども、かれらの「解釈」だけでは、「なぜ?」の疑問はスッキリとは解けないんです。三つの「解釈」の一つひとつはどれも的をついてはいるけれども、そのどれかひとつではなく、むしろ、三つがミックスしたものとみるべきではないかと思うんです。が、それでも〝隔靴掻痒《かっかそうよう》〟の感はぬぐえません。もっと具体的な、なにかがあるんじゃないか……と。

そこで、いろんな「年表」類、たとえば岩波の『近代日本総合年表』第二版(八四年)や、大修館の『近代体育スポーツ年表』(七三年)にあたってみたんですが、四一年七月の項には、文部省が大学生の〝禁足令〟を発した事実はみあたらないんです。『朝日年鑑』昭和一七年版(四一年)や毎日新聞社刊の『昭和史全記録』(八九年)も同様でした。

しかし、ヒントらしきものはみつかりました。四一年八月八日に文部省が「学校報国隊本部」を設置したのがそれです。

「文部省では戦時下における学徒の修錬を重視してその実践鍛錬につとめ、昭和一五年秋以来各大学、高専校に学徒報国団を結成し相当な成果を上げてゐたが、内外の諸情勢が緊迫した臨戦態勢下にあつては学徒の修錬も一段の積極果敢の態勢を必要とするにいたつたので学校報国団の組織を再編成し、指導系統の確立と全校編隊組織を確立、隊の総力を結集して適時出動要務に服するの体制をとらしめることになり、昭和一六年八月八日全国地方長官、直轄学校、公私立大学、高専校長に対し……訓令を発し、学校報国組織強化のための統括連絡機関として文部省に学校報国隊本部を設置、さらに東京をはじめ各地方に地方部を設けることになつた」(『朝日年鑑』一七年版)

「文部省では省内に学校報国隊本部を設けて全国の中等学校、高専校、大学に軍隊式の隊組織を作り、命令一下直ちに各種の国防事業や勤労奉仕に動員出来る準備を進めていたが、新学期の開始と同時に各学校とも一カ月の学業を廃して之を正課として実践運動に当てることに決定、既に地方長官、直轄学校長に通牒《つうちょう》を発した。この実践活動を普及徹底させ学生皆労の実を挙げる要望に備える」（毎日新聞社・『昭和史全記録』一九四一年八月の項）

学生を根こそぎ動員する、いわゆる「学徒動員」体制を敷いたわけです。

慶大山岳部が夏山の計画を提出し、許可を求めた時期は、この「学校報国隊本部」なるものを、設置するための準備の真っ最中、しかもその趣旨を徹底しようとする直前の時期と重なっていたんですね。となれば夏合宿など、〝もってのほか〟となるのは当然で、足止めと合宿中止を命じた。わたくしは、そう推測したんです。当たらずとも遠からず、ではないでしょうか。

揺れ動き、あるいはお山に精進した〝岳徒〟たち

それはともかく、〝禁足令〟はそう長くはつづきませんでした。『登高行』一四号には、翌四二年にとりくまれた各種の山行が記録されています。夏の合宿も、出陣学徒の増大や、新入部員の減少といった、大きな困難とたたかいながら、剱岳―槍ヶ岳の縦走隊をはじめ、五パーティーをだしています。が、前年の合宿禁止がよほどこたえたらしく、加藤喜一郎は「何といっても昨年の夏山禁止は学生生活の短縮された今日益々大きなハンディキャップであった」と記しています。

ご存じのとおり、加藤は、戦後、日本山岳会が派遣したマナスル登山隊の一次隊（五三年）、二次隊（五四年）、三次隊（五六年）に連続参加して活躍。初登頂に成功した三次隊では、早大山岳部出の日下田実とともに二次ア

タックをかけ、頂きをものにしています。

その加藤は、太平洋戦争下という最悪の状況の下で、登山にうちこむんですが、当時の様子をつぎのように回想しています。

「（前略）世は大戦の真ッただ中で、安閑と山にばかり登つてはいられなかつた。いろいろ外部から圧迫も加わり、学生山岳部のあり方は、いよいよ困難になった。部員の精神的動揺も烈《はげ》しくなった。山登りはもちろん、卒業すら投げうって戦場に駆けつけようとするものもいた。そのころ逗子八郎などという人たちが提唱する行軍登山というばけもの（傍点＝西本）が、僕たちの山登りを圧迫して来た。（中略）世間の登山（もちろん、ほかのスポーツもそうだったが）に対する偏見、無理解には耳をかすことなく、いな、積極的にこれを啓蒙する責任を感じて、ますます精進した」（加藤『山に憑かれた男』文芸春秋新社・一九五七年参照）。

「逗子八郎」とは、いうまでもなく、これまで幾度となく登場した、あの井上司朗です。かれの流した行軍登山の害毒が学生登山にもひろくおよんでいたことが、加藤の回想でもわかります。それにしても、「行軍登山＝ばけもの」とは、いいえて妙ではありませんか。

岳徒散る――部室から戦地へ

四二年四月、文部省体育局が学生登山のあり方を示し、〝激励〟した事実、そして、同年一一月、「大日本学徒体育振興会山岳部」をつくったことについては、すでにみてきたとおりです。一時的にせよ、〝禁足令〟を発動し、合宿を禁止させるという暴挙にでた文部省が、その後、いくらもたたないうちに学生登山を〝激励〟したり、体振山岳部をつくって「学徒はすべからく峻嶮に挑め！」となるんですから、奇妙な話ではあります。

しかし、時すでに遅し。四一年一二月八日の太平洋戦争突入に前後して多くの学生登山者が戦地に狩り出され、登山自体、そして、山岳部を維持すること自体困難になっていたんですから。

慶大山岳部長・厨川文夫は、『登高行』一四号の巻頭に「所感」（四四年九月一六日付）を寄せ、そのなかでこう記しました。

「（前略）私が部長となつてから、まる二年あまり、その間にわれわれのルームでは前代未聞の変化が起りつゝあつた。次々とルームを去つて戦線へ赴く人が出た。ほかの人々は教室から機械の唸る工場へ、黄金の穂の波うつ農村へと出動した。学業と出動と教練との合間を狙つては、不自由な物資を背負つて、『お山』へ出かけた。『お山』から帰るとまた出動する。その人々の中にも、ルームを去つて戦場へ馳せ参じる人が少なくない。遂に三田のルームは閉鎖され、テントもザイルも文献類も、日吉の体育館の建物の一角にあつた予科の方のルームにすべて移されてしまつた。（中略）私は想像する。戦いの終わつた後、再びルームに荷物を運び込んで、テントを出し、ザイルを出し、地図を展《ひろ》げて、ルームに雄大な計画を練るヴエテラン達を。彼らが、新たに入部した多数の紅顔の新人を率ゐて、まるで何事もなかつたやうな顔をして『お山』へ出掛けてゆく姿を。あゝその日の来らむことを！」

厨川は、断腸の思いでこの一文を綴ったにちがいありません。厨川が切望した「その日」は、ほぼ一年後にやってきます。しかし、多くの愛弟子たちは、再びかれの前に姿を現すことはなかったんです。

東京帝大スキー山岳部の場合

つづきに入るまえに、前回お話しした文部省による大学山岳部の夏山合宿禁止問題についての補足をしておきたいと思います。

前回は、資料不足、勉強不足で慶応大学山岳部のケースにだけしかふれられませんでした。が、その後、ふと思いついて、わが家の書棚の奥に居眠りしていた東京帝国大学（現在の東大）スキー山岳部の部報『部内雑誌』（二六〇三／一九四四年三月発行・謄写版刷り）を引っ張り出してみたところ、さらに、詳しい事実が記録されていることがわかったんです。

なお、これは余計なことですが、この『部内雑誌』に付された〝二六〇三〟という数字は、号数ではありません。〝皇紀〟二六〇三年をさすんです。若い人たちには耳なれないことばでしょうが、〝皇紀〟というのは、日本の紀元を『日本書紀』に記された神武天皇即位の年（西暦紀元前六六〇年）を元年として起算したもので、一八七二（明治五）年に制定されたんです。神武即位の年からかぞえて二六〇三年にあたるというわけです。二六〇三年は、昭和でいえば一八年です。学問的には、なんら根拠のないインチキな代物。例によって例の如し。皇国史観にたった御用学者あたりが、ひねりだした歴史の偽造品なんです。当時は、こんなものまでおしつけられていたんですよ。

まあ、それはともかく、さっそく『部内雑誌』二六〇三をのぞいてみましょう。

「新しき門出を一挙に破壊」した文部次官通牒

一九四三年九月卒業の鳥居鉄也（戦後、四度にわたって南極観測隊に参加した）は、文部省が発した〝禁足令〟と合宿禁止命令について以下のように回想しています（「回顧と展望」）一九四一～一九四三。ふりがな＝西本）。

「支那事変勃発《ぼっぱつ》以来次第に窮屈さを感じつゝ一応過去のシステムを大なり小なりの山行に於て履《ふ》み行つて来た我々も、この時代に至つては全く動きが取れなくなつた様である。無意識の中に時代の嵐に流されて行つた時代と見なされるであらう。（中略）我々が昨冬なした厳冬季燕槍縦走も又この時代に立案されたものであつて、たくましい実行力によつて殆ど為《な》されんとして思ひがけなくも外的条件の急変により中止のやむなきに至つた」。

「外的条件の急変」とは、むろん文部省の発動した〝禁足令〟と合宿禁止令のことです。鳥居は、つづいて、こう書き記しています。

「丁度《ちょうど》十六年六月頃例会により冬季燕槍縦走案が立てられ先づ之《これ》が完璧なる偵察と部員の体力錬成を目的として八月一日より約二週間の合宿を計画した。然るに突如発表された七月十一日の文部次官通諜《つうちょう》（ママ・通牒の誤記。以下同じ＝西本）に依り我々の新しき門出は一挙に破壊され打続く大学卒業の半年繰上は全く冬山のプランを実行不可能にならしめた。そもそも十二月と云ふ臨時学年切換――これも〝外的条件の急変〟のひとつ――は卒業生は勿論、我々当時一、二年の者ですら殆ど冬の大計画遂行の不可能を当然視せざるを得なかった。そしてやつと実行出来たのは文部省の許可を得て行つた新設乗鞍寮に於ける最初のスキー合宿位のものであった」

ここまでの鳥居の記述で明らかになった点は――

①文部省通牒のために夏の合宿のみならず冬季の燕～槍の縦走計画も中止に追い込まれたこと

②夏の合宿を冬山計画の下調べと体力づくりと位置づけていたこと

③文部省の通牒は四一年七月一一日、次官名で出されたこと

④そして、それに追い討ちをかけたのが、卒業時期の半年繰上げ措置。これがメインの冬山計画そのものに「破壊」的なダメージをあたえたこと――

です。

鳥居の叙述のなかで、とくに印象深いのは「……文部次官通諜に依り我々の新しき門出は一挙に破壊され（た）」と、いっているくだりです。かれらのうけた打撃の大きさが目に浮かぶようではありませんか。内務省や情報局、特高警察などによる言論統制のきびしい時代――当時は、大学山岳部や町の山岳会の部報・会報類にまで当局の検閲の手がのびていたんです。くわしくは『山と仲間』一二八号～一三〇号（一九八〇年八月～一〇月）所載・拙文『山の発禁本研究ノート』を参照してください――に、よくもここまでいいきったものだと思います。

※本書収録の「山の発禁本覚書」もあわせて参照してください。

面従腹背――通牒を無視して入山

では、問題の「文部次官通牒」とは、どんな中身だったんでしょうか――。鳥居によれば、こうです。

「時局の緊迫に鑑み学徒の運動試合合宿遠征等を一切中止して待機の姿勢をとるべし、との内容」。お気づきのように「とるべし」のあとに「との内容」という四文字がついています。鳥居の記録した次官通牒は、残念ながらその要旨、あるいは意訳なんですね。が、いずれにしても、木で鼻をくったような文面だったとみて間違いないでしょう。こんな一片の「通牒」で「禁足・合宿中止!」ときては、たまったものではありませんよね。

慶大山岳部の辰沼広吉が部報『登高行』第一四号に寄せた四一年の記録（夏山報告）に「文部省の書状が極めて簡単にして意味の判断に苦しんだ」と書いたことはすでに紹介したとおりですが、戦局の推移、それにたいする軍部や政府の動き、対米関係の悪化を中心とする国際情勢の激動ぶり、そして、刻々と迫る〝入営〟（徴兵）への不安……といった点については、かれらなりに洞察し、認識していたに違いないんです。

しかし、それにしても、なんら具体的な説明もせず、ただ「時局の緊迫」を鳴らし「離京はまかりならん、合宿も禁止だ」では、その真意をはかりかね、理解に苦しむのも無理のない話です。

鳥居はさらにつづけます。

「当時の情況を少し回顧するに、我々としては訓令に余りにも馬鹿正直であつた。七月の通牒に依り当時殆ど上高地方面に出掛けてゐた部員を松本に急遽召集（ママ・招集の誤記）し、時局の要望に率先応ずる為、春より計画し準備した合宿を部員各位の真剣な討議により中止し七月二十五日帰京して同月二十五日より開始された消防訓練に参加した」

これが東京帝大スキー山岳部のとった文部次官通牒への「処置」でした。

ところが、鳥居によれば「休暇後のことで……相当この通諜を無視して入山してゐたものも見受けられた」というんですね。次官通牒をめぐって「真剣な討議」をやった末に「合宿」の「中止」をきめ「七月二十五日帰京」、その足で同日から始まる「消防訓練に参加」することにしたはずなのに、です。部の方針はむろんのこと、文部次官通牒までも、「無視」し、〝知らぬ顔の半兵衛〟をきめこんで山に入っちゃった勇気ある部員が「相当」いたというんですから、痛快じゃありませんか。

鳥居は、こうもいっています。

「夏季合宿中止の為部員相互の親睦をはかる意味に於て八月十三日には全部員乗鞍寮に集合。一夜を快適に送り、松本にて大コンパを行った事はせめてもの気休めとは云ふものの、思はざる外的事情に依る計画の中断は学年短縮による学業の多忙と共に其後《そのご》十七年十月迄は山行も分散形式に終始し何等総力が発揮されずして多数の有能な先輩を送りだした次第である」

松本での〝大コンパ〟で、痛飲し、合宿中止の鬱憤をはらした気配がありありですが、それも一時の「気休め」。翌四二年一〇月までは、部としての登山活動は、ろくすっぽできなかったんですね。ここにも彼らのやり場のない忿懣が刻みこまれています。

鳥居らが送り出した先輩のなかには、松本高校から東京帝大に進んだ山崎次夫がいます。彼は、松高時代に北ア・前穂高岳北尾根四峰正面壁の「松高ルート」を開いた（一九三八年一〇月）優秀なクライマーでしたが、四二年九月、学年短縮で繰り上げ卒業後、海軍予備学生として召集され、四五年五月三一日、千葉県房総半島布良沖で対潜訓練中、乗り組んでいた駆潜艇がB29の攻撃をうけて撃沈され、戦死しちゃうんです（東大山の会50周年記念誌編集委員会編『山と友』／一九八二年一〇月刊参照。）登山界にとって、まことに、惜しい人材を失ったものだと思います。

これが補足の一点目です。

軍事輸送優先策徹底のための交通制限の影響

二点目は、前回、文部省の〝禁足令〟と合宿禁止命令の背景には「学校報国隊」の編成とその徹底のための方針があったと述べたことについてです　はずかしい話ですが――学校報国隊の編成との関連がまるでないわけではないけれども――それだけの説明では、マトの中心を衝いたことにはならなかった、つまり、問題の核心である重要な史実――一九四一年七月以降、神宮大会（現在の国民体育大会の前身）を除く全国的な競技大会が中止されたこと――を見落としちゃったんです。

神宮大会以外の全国的な競技大会中止が発表されたのは七月一三日。これまた、なんの前触れもなく、突然にです。理由は、軍事輸送優先策徹底のための交通制限の開始です。

この事実は、文部次官通牒に「……学徒の運動試合合宿遠征等を一切中止」せよ、とあるのと符合します。そして、慶大山岳部の梶原博が「七月十三日、突如として文部省の通達に依る夏山中止の報が入つた」と記している（『登高行』一四号）こととも合致します。

交通制限が敷かれ、神宮大会以外の全国規模の競技大会や遠征試合が禁止されれば、学生の山登りや合宿もダメ！　となるのは当然の成り行きでしょう。文部省体育局運動課長・北沢清が「学生登山」についての「文部省方針」を説明した話は先ほど紹介しましたが、実は北沢はその中で、学生に対する〝禁足令〟と　合宿禁止通牒（次官通牒）に触れているんです。

「……昨年の夏突如として諸君を脅した行事中止の指令は、諸君に対して重大な影響を及ぼしたもの、如くである。その結果ともすれば文部省当局は旅行・登山を閉塞させる方針であるかの如く早合点をしたり、又諸君自身も畏縮した様な気配が見えるのは、全く文部当局の本意とする所に反するものであつて遺憾千萬である。当局の事情は止むを得ずかの処置をとらしめたが、今年度以後は希望を持つて大いに積極化して戴きたい。」

「止むを得ない事情による処置」といいながら、その「止むを得ない」事情の中身には口をつぐんでいるあたり、説得力に欠ける感じがしなくもありませんが、「今年度以後は大いにやりなさい」と言い切ったんですから、学校山岳部と学生登山者は北沢の前後の発言とあわせて、文部当局の〝お墨付き〟をいただいたようなもの。ほっと胸をなでおろしたんじゃないでしょうか。

そして、全国規模の競技大会や遠征試合の制限は、同年九月二九日の文部省通牒で緩和されることになるんですが、アメリカの在米日本資産の凍結（七月二五日）や日本向け石油輸出の全面停止（八月一日）といった事実が物語るように「時局の緊迫」化は、学徒の運動試合、合宿・遠征禁止を命じた文部次官通牒以降、急速にすすんだんですから、二か月そこそこで、制限を緩和しちゃうとは、おかしな話です。まさか、次官通牒を発した後、時局の緊張がとけたと考えるほど、文部省の役人が能天気だったとも思えませんが、あまり、あれもダメ、これもダメでは学生の士気を削いでしまうと判断してのことだったのかもしれません。

大学を覆う軍部支配の影——軍事教練と現役将校の配属

補足の三点目は、八月二二日、文部省が学徒の臨戦態勢づくりのために、一か月以内の学業を廃して、軍事教練を実施してもいい旨を通達したことと、同月三〇日には大学の各学部に、後々まで悪名を残した軍事教練担当の現役将校を配属した事実です。直後から彼らによる権力的・暴力的な大学支配が大手をふってまかりとおるような結果をまねきます。その存在は多くの学生にとって、恐怖と嫌悪と怨嗟のマトになってゆくんですね。

こうした一連の動きは、ペン（学問）より銃を優先させるやり方、〝聖戦完遂〟に役立つ学生の思想動員と、体力づくりを第一とする方向が、ますます露骨になってゆく時代の到来を告げるものだったんです。

ですから、こういう〝政策〟の開始を目前にしては、これもまた、軍部や世論の手前、夏山合宿をふくむ学生の「運動試合・遠征・合宿は中止し、待機の姿勢をとれ」の根拠になったんですね。

山岳戦技研究会

学生登山界の情況に深入りしすぎました。ここで、また話を「大日本体育会行軍山岳部会」の〝戦技登山〟に戻しましょう。「大日本体育会行軍山岳部会」は、〝発足〟——一九四二年一二月八日——後、陸軍戸山学校（陸軍の体育学校）との〝連携〟をつよめ、行軍力養成と戦力増強を目的とした様々な講習会や演習を展開するようになります（詳しくは前掲・高橋定昌『日本岳連史』を参照してください）。

初冬の穂高で山岳戦訓練

なかでも、一九四三（昭和一八）年一〇月三一日から五日間にわたって、北ア・奥穂高岳周辺でおこなわれた「山岳戦技研究会」は、その象徴的な動きといっていいと思います。同年九月から一〇月にかけて、日本山岳会関西支部が新村正一、山口季次郎、西岡一雄、跡部昌三、諏訪多栄藏、前田光雄、島田真之介らを中心メンバー（主査）に、机上での「山岳兵研究会」なるものを開いた例はあります（日本山岳会「会報」一二八号・一九四三年一二月参照）が、実際の山を舞台とした山岳戦の実地〝研究〟（訓練）は、これがはじめてだったんです。

それまでの経過をみれば、ごく、当然の成り行きではあるけれども、当時の第一線級の登山者が軍部とあいたずさえて、こういう「研究会」を開いた事実をつきつけられると、〝ああ、とうとう、いきつくところまでいってしまったか！〟の感を、あらためて抱かざるをえなくなっちゃうんですね。このときの模様は『山と渓谷』

八三号（一九四四年一月号）に写真入りで報じられています（鈴木勇「新雪の穂高演錬行」参照）。陸軍少将大野宣明（統監）、陸軍戸山学校将校らとともに、藤木九三、小笠原勇八、鈴木勇、星野重、高橋照、簑口治信、新村正一、井上好三郎、前田光雄、井上奨といった錚々たる面々が「重火器、小銃、縄梯子」などの「兵器」を動員して山岳軍事訓練にとりくんだ姿が、なまなましく記録されているんですが、こういう人たちが、戦後も登山界に重要な位置を占めつづけた事実とかさねあわせてみると、あんまりいい気持ちはしません。

アルピニズムの神様の回顧

彼らはどんな気持ちでこれに参加したのでしょうか。登山者側のリーダーとしてくわわった藤木九三――。彼は「研究会」の後、『山岳戦技詩稿』なる、ながったらしい〝詩〟をものして、この山岳軍事訓練を自画自賛しているんです（『山と渓谷』八四号・四四年三月）。まるで、遠足気分を楽しむかのように嬉々《きき》として――。以下、その〝さわり〟の部分を引いてみます。

時々さつと／時雨《しぐれ》がその儘雲になつて降
りかかる晩秋の朝／島々谷は雑木紅葉の真
さかりだつたが／上高地では尺余の積雪を
踏むといふ／慌ただしい（冬）の襲来も／
戦技登山をためす山入りにうつてつけだ

1943年10月、北ア・奥穂高岳で行われた行軍山岳会の“山岳戦技研究会”（『山と渓谷』83号1944年1月から）

荷物はそれぞれ軽量負担で／八貫目内外のルックを背負つてゐたが／馴れた山路で苦にならないまでも／〝山を通じて祖国のために……〟の合言葉が／いよいよ試験台に上るのだとなると／さすがに山の古剛者《ふるつはもの》も／新兵のやうに初心で／張り切つてゐるのも頼母しかつた

機銃を背負子に取りつけたのが風情があるといつて／背負ひ手の志願者が続出したのも／時にとつて愛嬌だつたが／今度の山行を最後に／山を下ると間もなく出陣する三人の同志がゐて／皆で「三銃士」と呼び合ひ／いつも武装して先頭に立たせたのも／山岳戦技行の異彩であり、誇りでもあつた

藤木は冒頭に少し触れたように、戦後みずからの著作を振り返って「……初期の著述は稚拙であり、後期のそれは甚だ右翼じみている」と述懐し、同時に「わたしは昨年春（西本註＝一九六七年）山と渓谷社から、近代アルピニズムと本邦登山界に寄与したということで、〝山岳賞〟とトロフィーを貰ったが、省みると登山界に対する功罪あいなかばして、自ら忸怩たるものがある。これがいつわらざる近頃の感慨である」とも、いっています（日本文芸社・一九七〇年、「日本岳人全集」第八巻『屋上登攀者』の「あとがき」参照）。

これが、みずからの戦中の主張と行動への藤木の唯一の〝反省〟めいた告白です。まあ、「右翼じみた」著作や、

「功罪あいなかば」する主張と行動のうちの「罪」のほうにいくばくかのうしろめたさ、「忸怩《じくじ》たる」思いは抱いたかもしれませんが、本質的なところでの自己点検は、あえて避けてとおっている、べつのいい方をすれば、自己の負うべき重大な責任に頬っ被りしてるから、この程度ですましちゃうんですね。むろん、そんな藤木を天までもちあげ、神様扱いした戦後登山界にも、責任の一端なしとしないんですが。

権力迎合と無反省

高橋照（あきら・山岳巡礼倶楽部会員）と新村正一（関西登高会会員）のふたりも、戦後、「岳人」編集長・高須茂との「放談」で、このときの様子を面白おかしく回想して、こう語っています（『岳人』五七号・一九五八年一月所載「新春放談」参照）。

——アッツ島玉砕についてあれこれ、しゃべりあったあと——

高橋　それからなんだよ、軍が冬季訓練に重点をおくようになったのは。それで穂高へ行くことになったんだが、ここでも戸山学校と張りあうことになったんだ。（笑声）

新村　十八年の十一月だったな。

高須　十一月とは悪い時を選んだね。

高橋　悪い場所を悪いときにというんでやったんだ。（笑声）メン

奥穂高岳山頂で機関銃を構える新村正一
（『関西登高会 40 年史』 1987 年から）

バーは口も八丁、手も八丁というのを集めろっていうんで、前田光雄だの井上篤（西本註＝井上奨の誤り？）さんだの、六、七人集った。

新村　奥又を登って四峯の壁をやろうっていうんだ。機関銃を背負って。（笑声）

高橋　涸沢小屋の出来た年だと思うがね、本隊は横尾をまわって涸沢へ入る。われわれは尖兵で、尖兵中尉は奥又から未明に涸沢小屋を急襲するという想定のもとに行動したわけなんだが、ところが、馬鹿雪が降ってね、松高ルンゼの中程で、何しろ胸までもぐってしまう始末で、とても駄目だといって引き返したわけさ。その足で横尾へまわったんだ。

新村　本隊の後を追ったわけなんだがね。連中は地図をみて、涸沢まで傾斜角度何度なんて測って、四十分かかるっていってるんだ。僕も照さんも四時間以上かかるだろうっていってたら、案の定五時間近くかかったな。

高橋　新村さんがね、戸山学校と張りあって、ばりばり登るんだ。こっちは冬山の七つ道具一切、食糧から、そのうえ機関銃まで背負っている。むこうは将校だから、荷物は一切なしなんだ。それだけハンディキャップはつくんだが負けちゃいられない。零下十六度の中で汗びっしょり、頭の汗が蒸発して頭髪が真白に結氷するという頑張り方だった。（笑声）

新村　あの時はひどかったな。

高橋　あの時面白かったのは、彼等の方はグレンヘルの布に兎の毛皮の裏うちをしたアノラックを作って着ている。こっちは暑くてそれどころじゃない。（笑声）ただ彼等の靴は軍靴でね、第一装のいいものを持ってきていたが、雪が入って冷たいと昼日中からいってるから、日が暮れたら危ないなと思っていたら、案の定、凍傷にやられたな、僕らの装備の方がよかったんだ。

高須　穂高はドコをやったの？
新村　翌日奥穂へ行って。
高須　スキーは使わなかったんだね。
新村　輪っぱとアイゼンでね。
高橋　いろんなテストをやったんだ。特殊の眼鏡、暗眼鏡というのをかけてさ、月夜というのをかけると自分の周囲一間四方くらいが見えるんだ。星夜というのは、まるで何も見えない。そんな眼鏡をかけて岩を登ったんだが、状態としては真夜中と同じなんだ。それでいろいろな場合の係数などを出したんだが、大変プラスになったといっていた。
高須　そりゃ、大いになったろう。
新村　その揚句、中支に、山岳部隊を創設することになって、技術指導に行けという命令がきた。山西へ行く予定だったんだね。そこで軍刀まで用意してたんだが、たまたまそこへ敵が出て、作戦が変わったりしたものだから、中止になっちゃった。

――戦後十二年もたったあとの回想談だというのに、面白がるばかりで、登山の軍事化と山岳団体の戦争動員、さらには、それに加担・協力したことへの痛みや恥じらい、反省、教訓といった点にふれた部分はカケラほどもない。これが、戦争をくぐりぬけ、生き残った大半の戦中派登山者の意識、そしてそういう意識を抱えたままの人たちが、そっくりそのまま居残った戦後登山界の内実なんだ、といってしまえばそれまででしょう。が、それにしても、こういう人たちが残した悪しき伝統――権力迎合、〝無反省主義〟とでもいうべきもの――が受け継がれ、いまも登山の世界のどこかに息づいているとしたら……と考えると、なにやら〝うそ寒さ〟を覚えずにはいられません。

トラの威をかる退廃を見た小山義治さん

ところで、たまたま穂高に出かけていて、この「山岳戦技研究会」にでくわし、いやな思いをしたのが戦後、独力で北穂小屋をひらいた小山義治さんです。小山さんはこんなふうに記しています（『穂高を愛して二十年』新潮社・一九六一年参照）。

「（奥穂から）夕方小屋（西本註＝涸沢小屋のこと）へもどると、戦技登山隊というのが来ていた。大野某少将を隊長に、戸山学校の将校、下士官、それに登山界で著名な日本山岳会の藤木九三氏を始め、当代の名登山家諸氏が七、八名、新聞記者なども加わって、凡そ二十名近いものだった。私が小屋へ帰った時は、徳沢から奥又白を廻って来るはずの、別働隊というのが未着で大騒ぎの最中だった。それで、支援隊が出動したのは、もう暮れかかっていた。何でも支援隊は、北尾根五峯、六峯間の雪渓を登る途中で別働隊と会ったとかで、七時過ぎに帰ってきた。炊事の手伝いをしながら聴いていると、名登山家の一人が凍傷らしいということだった。たかが十一月初旬、晴天の日に凍傷とは情けないが、それより私の胸にぐっときたのは、『せっかく雪の穂高へ山岳戦の訓練に来たのに先に歩いた奴があるんだ、くそ面白くもない、この非常時に山へ遊びに来る馬鹿者がまだいたのか』

とうそぶいた某氏の言葉だった。山登りこそ私に許されたたった一つの自由と思っていたのに、虎の威をかる暴言に、私はかっとなって炊事場を飛び出そうとしたら、平林さんが引きとめて、『小山さん、がまんしましょ、相手は兵隊さんだじ』

私は口惜しかったがこらえた。そして、奥穂高や、北尾根で、小銃や機関銃をぶっ放すという計画を聞いて、その翌日徳本峠を越えて下山してしまった。」

一般の登山者を〝この非常時に山に遊びに来る馬鹿者〟とののしってはばからなかった某氏がだれかは、わかりません。しかし、それはどうでもいいことです。小山さんがその場に垣間見たものは、軍という強大な〝虎の威〟を借り、大きな顔をして、山の世界を伸し歩く狐の群れ、もっといえば登山者のこころを投げ捨て、軍の走狗になりさがった連中の支配する退廃と荒廃に満ちた登山界の姿だったはずですから。

山岳戦技研究会をめぐって

もうすこし、穂高での「山岳戦技研究会」をめぐる動向をみておきましょう。

鈴木勇（研究会本部付き・早大山岳部ＯＢ）は、「研究会」がひらかれた背景を「外には日増に悽愴苛烈《せいそうかれつ》の様相を加へつゝある大東亜戦争の現状、殊に緬支印緬《めんしいんめん》国境のヒマラヤ前衛の高峻山岳、ニューギニア脊稜山脈等に於ける激烈なる山岳戦が行軍と登山の連繫に決定的な解答を与へ、又、内にあつては陸軍戸山学校の山地訓練に参加せる体験などにより、行軍訓練の厚生、体育的錬成のみにては慊《あきた》らぬ熱意が、国防的錬成に切実なる目標を求めて鬱然《うつぜん》と盛り上り、戦技登山に集結した」ことにあったと説明し、つづいて「直接戦闘に役立つ山地行軍」を「戦技登山と解釈してゐる」と述べています。

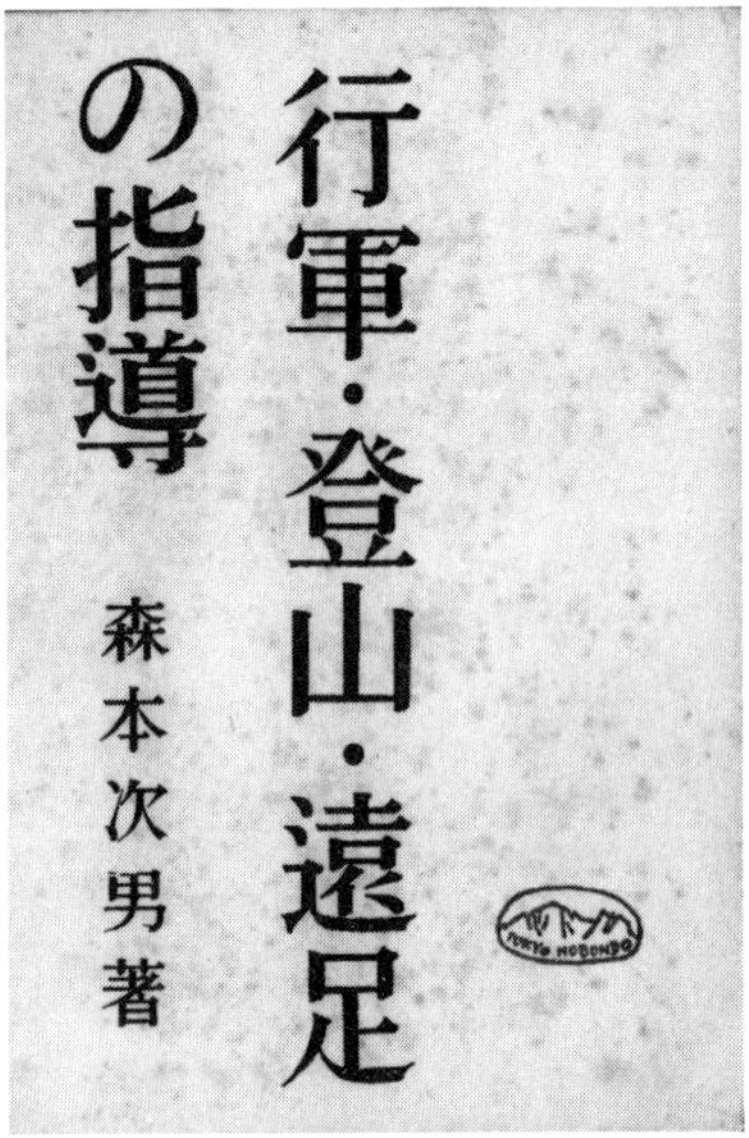

■15年戦争下に発行された技術書
森本次男『行軍・登山・遠足の指導』
（朋文堂　1943年）

また、「戦技登山」なるものは、「戦力増強」「戦争に勝たんがための山岳訓練といふ一点に焦点」をしぼったものであり、「頂きに立つことを窮極《きゅうきょく》の目的とする所謂《いわゆる》純粋登山とは大いに異なる」などともいっています（『山と渓谷』八三号・四四年一月所載「新雪の穂高演錬行」参照。ふりがな＝西本）。

これが、なにを意味するのか、解説の必要もないでしょう。

大砲を担い岩壁を攀ぢ……

藤木九三は、こう記しています。「かねて軍関係においては、将来の山岳戦に資する目的を以て木曽駒ヶ岳で諸兵連合の踏破演習を行ひ、中御所谷の峻嶮を選んで馬疋《ばひつ》を逐《お》ひあげ、大砲を担ひ、食糧を運び、この間岩壁を攀《よ》ぢ、叢林《そうりん》を伐り拓いて三千米の頂稜を突破して多大の成果を収めた。しかもこの計画に当たつては山岳人の助言を求め、またこれに先立ち、戸山学校が単独で実施した八ヶ岳の登攀に際しては、全国から多数岳人の参加を慫慂《しょうよう》したごとき、軍民一体の実を示し、山岳人の寄与を期待したものとして、均《ひと》しく感銘すべき壮挙であつた。その他四千米の雲表を凌ぐ富士山の頂上に輜重馬《しちょうば》の登攀、あるひは雪の金精峠突破など、近時山岳戦ないしは寒地作戦に資する諸研究が著しく頻繁に行はれてゐることは衆知の通りである」

坂部護郎『山岳戰』（墨水書房　1943年）

こういう動きが「研究会」の下地になったというわけです。そして、「かうした動向の下にあつて、最近山岳人の最も注意を惹《ひ》いたものは、去る十月下旬から十一月上旬にわたり、穂高連嶺に展示された戦技登山の研究会であった」とし、その実行に当たって「行軍山岳部内に委員会を設け、従来の行軍指導から躍進発展すべき一段階を示すものとして重大視し、参加岳人の人選などに就《つ》いて慎重な態度で臨んだ。……時期の問題などにより予定した岳人の参加が不可能になつたりしたが……東京、大阪、兵庫などから一流岳人の参加を得、本部（行軍山岳部会本部）からは副部会長大野少将以下が出動し、戸山学校からは甲斐中尉、高橋曹長の参加を得」たといっています。「一流岳人」の顔ぶれは、すでに紹介したとおりです。

また、事前に決められた「研究目標」は峻嶮な山地における重量物の搬送通過、荒天時の通行、夜間の岩場通過、高峻岳の徹宵《てつよい》踏破の四項目。「その一つ一つを取りあげてみても、従来の山登りとは全然面目を異にし、謂《い》はゆる戦技とは如何なるものであるかを明示し」たものだ、などとも述べています（以上『山とスキー』三号・一九四四年一一月所載「戦争と登山」〈下〉参照。ふりがな＝西本）。

所詮ドロ縄のあがき

こうみてくると、こういう「戦技登山研究」などというものは、本来、軍——山岳部隊——がおこなうべきものであって、わたくしたちの追求する登山・アルピニズムとは縁もゆかりもない似而非《えせ》登山であることがわかります。軍がやるべきことを民間人である登山者に肩代りさせるとは、ふざけた話です。責任放棄といってもいいと思います。

しかも、戦局が敗北の坂道をいきおいよく転げ落ちつつあるときに、はじめて〝本格的〟に山岳戦の模擬訓練なるものに取り組んだというんですから、まさに〝ドロ縄〟というやつで、みっともなくも情けない話です。もっとも、山国日本の陸軍にはフランス、ドイツ、イタリア、スイスなどの欧米諸国にみられるような山岳部隊や、アルプス兵団などといった、気の利いた組織の持ちあわせがなかったんですから——それは、その必要性を感じもしなかった日本軍国主義指導部の一貫した発想の貧しさ、無知、無能ぶりのあらわれですが――もともと軍隊組織としてなってなかった、ともいえるんですね。

「戸山学校と民間登山家との関係もきわめて古く、昭和三年に……岩登り研究をはじめた。しかし、軍にはコーチできる者がいないので、早大ＯＢの安田利喜之助氏（現姓保泉）にコーチを委嘱した。安田氏は歩兵三連隊に入隊の早大ＯＢの近藤正氏を助手に指名して呼び出し、三ツ峠で岩登りの指導を行った。戸山学校は、この時の技術を基礎として、予想される険阻な山岳地帯通過法を完成した。私が昭和十六年、北朝鮮羅南《らなん》の歩兵七十三連隊の野戦小隊長になった時、『特殊地形（山岳）に於ける機動教令』を学んだが、その中に岩登り技術が全面的にとり入れられているのを発見し、ロック・クライミング即戦力ということを感銘させられた。後に戸山学校教官になった時、ソ連には『山岳軍事行動指針』があり、ドイツには『山岳狙撃部隊教範』、イタリアにも同様のものがあることを初めて知り、登山スポーツの戦力化の認識をさらに一層深くした」

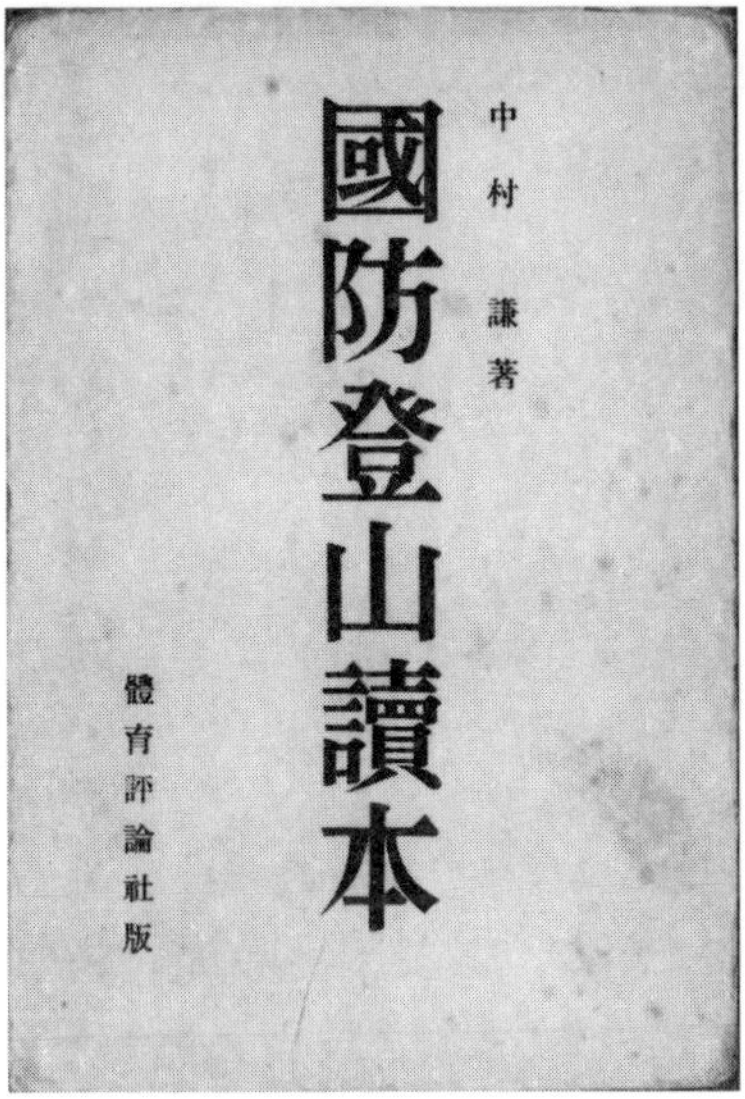

中村　謙『國防登山讀本』（體育評論社　1944年）

「研究会」に陸軍戸山学校教官として参加した小笠原勇八（早大山岳部ＯＢ）の述懐（前掲・高橋定昌『日本岳連史』一一一頁参照）ですが、しょせん、この程度だったわけです。

こうした「研究会」は、一九四四年三月、北ア・五竜岳遠見尾根でひらかれた、「第二回戦技登山指導研究会」（大日本体育会大阪支部主催・参加者二五人）が最後になります。日本軍の敗色がいよいよ濃くなって、のんきに山岳戦訓練なんかやってられなくなっちゃったからです。このときは、雪洞、雪中幕営、五竜登頂が〝研究課目〟だったそうですが、戦後、藤木九三が、新村正一の思い出を綴った一文（『岳人』七九号・一九五四年一一月所載「あの頃の〝正やん〟」参照）のなかに、いくらかの事実――雪洞のなかで燃料に木炭を使ったために一酸化炭素中毒にかかったことなど――が記録されている程度で、くわしいことはわかりません。

行軍錬成登山での遭難も例によって美談仕立てに

ここで、最近の調査でわかった事実を、二つばかり紹介しておきましょう。

一つは、一九四二（昭和一七）年八月、北ア・槍穂高周辺でおこなわれた、「日本岳聯」の「行軍登山錬成会」で、遭難者を出したことについてです。

三澤龍彦『國防スキー――其の本質と方法』（旺文社　1943 年）

大日本体育会編『戰技スキー讀本』（旺文社　1944 年）

これは、かの「逗子八郎」こと井上司朗が書き残した「山思録」なる随想（『山とスキー』三号・一九四四年一一月所載）に、詳細が明らかにされています。

大日本体育会編『戦技スキー訓練要項』
（大日本体育会　1944 年）

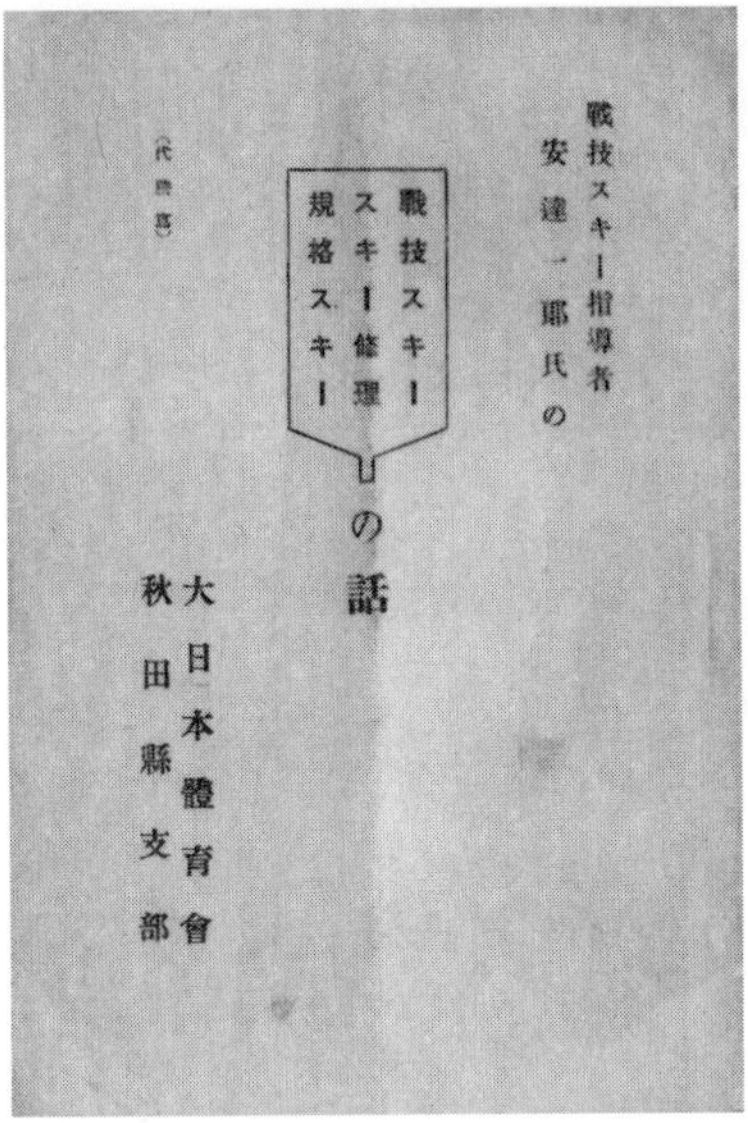

安達一郎『戦技スキー修理・規格スキー』
（大日本体育会秋田県支部編　1944 年）

事故があったのは、八月二六日。一行（何人かは不明）は、槍の肩ノ小屋で槍沢班（槍沢―上高地）と穂高縦走班（槍―キレット―北穂―奥穂―前穂―岳沢―上高地）の二班にわかれて行動を開始したものの、縦走班のうちの一人が、前穂から下山中、岳沢側の奥明神沢で転落し、瀕死の重傷を負っちゃうんです。事故を起こしたのは「岳聯運動の為に生れてきたやうな男」で「古い山歴と、秀《すぐ》れた岩の技術を持」ち、「何よりも……岳聯精神の最も正しい理解者であり、その運動の最も果敢な闘士」として知られた「紺谷三郎」（藤倉電線）なる人物だったそうですから、なんとも皮肉な話ではありませんか。なんのための〝錬成会〟だったのか、と、いいたくなってしまいますよね。

「逗子八郎」（井上司朗）は、この「錬成会」には参加していないんですけれども、みずからが君臨し、引き回している「岳聯」の恥をさらけだしてまで、わざわざ、この遭難にまつわる顛末――まるで、事故を目撃して書いたような臨場感あふれる〝名文〟ですよ――を、著した意図は、紺谷の日頃の〝生きざま〟と、紺谷救出劇に〝活躍〟した駒井忠雄なる「錬成会」随行医師の行動を〝軍国美談〟に仕立て上げ、広く賞揚することにあったんです。駒井医師を〝国士〟なんて、持ち上げるんですからね。個人が、楽しみのために登った山で遭難でもしようものなら「お国に、陛下に捧げるべき命を道楽で捨てるとはけしからん！」などと、たちまち非国民扱いされちゃうのが当時の風潮。ところが、「岳聯」の「錬成会」での遭難は、「戦力増強のための訓練中の事故」として、美談に仕立て上げちゃう。いまからみれば、噴飯ものですが、当時はこういう手法が当たり前のように通用したんですね。

行軍歌にとられた慶応部歌

二つ目は、大日本体育会行軍山岳部会、毎日新聞選定、陸軍軍楽隊作曲の「日本行軍歌」についてです。一九四三年（昭和一八）一一月七日にひらかれた、「第十四回明治神宮国民錬成大会秋季中央大会」の行軍錬成大会（会場は東京・府中大国魂神社でした）で発表されたものです。四番まであるらしいんですが、残念ながら、一番しかわかりません。二番以下をご存じの方がいたら、ご教示いただきたいと思います。

一、きのふは大河《たいが》の　歌をきゝ
　けふはこの峰　攀ぢのぼる
　玉なす汗に　吐く息に
男真鉄《おとこまがね》と　うちたゝく

山に禊《みそぎ》の　み民われ

「民謡調の高低ある旋律は岳人である一同の心に楽しく溶け入るもので、五行目は慶応山岳部歌『山は命の禊場所』と同じ節廻し」なんだそうです（『山と渓谷』八三号・四四年一月所載・川崎隆章「明治神宮行軍参加記」参照）。

再出発に当たって何が求められたのか

一九四五（昭和二〇）年八月一五日、一五年の長きにわたった日本軍国主義の無謀な侵略戦争は、日本の無条件降伏によって、終止符が打たれました。しかし、戦場に狩り出された登山者の多くが、生きてふたたび祖国の土を踏むことはありませんでした（『山と渓谷』七二一号・一九九五年八月所載　拙稿「戦火に散った岳人たち」参照）。日本登山界もあの戦争のために、甚大な犠牲を払わされることになりました。（本書に収録した「戦火に散った岳人たち」もごらんください）。

第13回明治神宮国民錬成大会における岳聯の“行軍部隊”。神奈川県丹沢山塊・大山山麓から神宮外苑競技場まで行進した。2列目左・井上司朗、その右・藤木九三（『ハイキング』118号　1943年1月　表紙）

では、日本登山界は、戦後の再出発をどう出発したか――。この点をみておくことは、戦後五〇年をへた現在でも、たいへん、有意義だと思います。登山史上、未曾有ともいうべき痛恨の体験を強いられた先輩たちは、その体験からなにをまなび、なにを残したのか。そして、いまに生きるわたくしたち戦後派登山者は、その教訓をどううけとめ、どう現在の登山と登山運動にいかすべきなのか。戦後五〇年という節目は、あらためて、そういう問いかけに応えるいい機会だと思うんです。

「……戦争中すでに一人前の国民として社会に出ていて戦後に生き残った人間の場合、戦争中に、これに協力するか、便乗するか、面従腹背の態度で処するか、抵抗するか、なんらかの形で実践的に戦争を評価することなしにはすましてこれなかったはずであるから、その当時の実践的評価が今日からふりかえって正しかったかどうかを反省することをしないで現代の世界にまじめに生きていけるわけはない」――これは歴史学者家永三郎のことばです(『太平洋戦争』序文　岩波書店日本歴史叢書・一九六八年参照)。

こういう家永さん流の〝物差し〟で戦後の日本登山界の姿をながめると、どんなことになるんでしょうか。日本登山界が新しい船出にあたって、その指導的立場にあった人々に要求されたのは、軍と官僚の手で登山と登山団体が、侵略戦争の具におとしめられ、汚された事実、そしてみずからもそれに熱烈に加担・協力した動かしがたい事実に対する自己点検と教訓の導出にあったはずでした。しかし、結論的にいえば、個人的にせよ、組織的にせよ、まともな自己点検や総括などというものは、きわめて不十分、かつ不徹底だったといっていいと思います。見方によっては、無責任で不真面目といえるかもしれません。戦時中のみずからの言動に頬かむりして〝知らぬ顔の半兵衛〟を決め込んだり、居直ったりした人がずいぶんいたからです。

高橋健治(京大旅行部OB・一九四七年病没。剱岳八ツ峰長次郎谷側壁、同平蔵谷側壁、同チンネ北壁、北岳バットレスの開拓者)はつぎのように指摘しています(ふりがな＝西本。以下同じ)。

「……昨日まで行軍登山の旗を振つてゐた所謂《いわゆる》我国登山界の指導者は今日何喰はぬ顔して過去の行動はどこへ行つたことか何の節操も恥じることもなく終戦の翌日からその旗を捨て、平和登山のために指導者顔をして……ゐる」「……そして終戦と同時に何等過去の失敗を反省することもなく……又他に及ぼした害毒をも考へることなく無責任に得々として次の行動に移らんとしてゐる。こんなものをそのまゝ許して置けば我国の登山界延《ひ》いて一般社会は戦前に於ける欠点、失敗を二重に繰返すのみである」「……将来の企画に出発する前に各登山家は過去の登山界及我国社会を反省し、自己の批判力、意図を確立した後でなければ現在に行動することは出来ない。そして先づ行軍登山の凡《すべ》てを成算（ママ・清算の誤記）してから後でなければ将来の登山に健全な発展を望むことは出来ない」（『山と渓谷』九九号・一九四七年四月所載「我国登山界の過去と将来」参照）。

高橋が要求した「清算」とは、いうまでもなく、軍や官僚と一体になって、登山団体を軍の下請け組織に変質させ、〝行軍登山〟〝戦技登山〟などというインチキな代物を推進し、アルピニズム排撃に血道をあげた、登山界の体質そのものにメスを入れ、積年の病毒をえぐりだすことでした。ところが、登山界とその指導層がやったことといえば、活動停止状態にあった「行軍山岳部会」の看板をただ「日本登山協会」と塗りかえただけだったんです。藤木九三が行軍山岳部会長・鈴木春松（陸軍中将）とはかって、日本山岳会の松方三郎に「行軍山岳部会」の後始末をたのみこんだ結果、四六（昭和二一）年――何月かは不明ですが――に「日本登山協会」なるものを〝発足〟させたんだそうですが、なんともいい加減な話ではありませんか（羽賀正太郎「岳連覚え書」㊥『岳人』一二七号・一九五八年一一月所載参照）。

高橋ほど鋭くはなかったけれどもスキー界、登山界の一部に〝戦争犯罪人を追及せよ〟の声をあげた人たちが存在しました。千家哲麿と西岡一雄の二人です。千家は、『山と渓谷』八七号（一九四六年三月）に「スキーの戦争犯罪人」と題する一文を寄せ、西岡一雄が『岳人』創刊号（一九四七年五月）に「登山界の札付きはひっこめ」と書いたんです（「〝岳人〟を通じて」参照）。

「……今の喧《かまびす》しい戦争犯罪人がスキー界にもありはしないだろうか。それは決して聯合国から巣鴨（東京裁判のおこなわれた巣鴨プリズンのこと＝西本）出頭を命ぜられるほどの犯罪ではないし、又それ程の大物がスキー界にあれば日本も負けはしなかったと云ふことにもならう。然《しか》し尠《すくな》くともスキー界から、スキー人の手によつて取り除かなければならない人は若干はある筈だ。戦技スキー以外のスキーを排除したり、軍におもねつて、技術あつてのスキーを技術なしの口説《くぜつ》スキーにしたり、滑降回転競技を荷物を背負つてやらせろとか、又この競技は軽薄なり等と口ぎたなく言つた人達はすくなくともスキー界の戦争犯罪人ではなかろうか。そしてこれ等の人達は新スキー界のために排除されなければなるまい」（千家）。

「先輩及び大家に寄す。嘗《かつ》ては日本の山岳界に重大な足跡をのこした皆様には今尚満々たる覇気《はき》に燃え後進指導の熱意があらうと思ふ。しかし爰《ここ》は一切を若き岳人にまかせて自らをうる（売る）事となく、単なる後進の顧問位に甘んじて頂き、只《ただ》好むところの山行に悠々遊ばられんことを望む。殊《こと》に戦争中札付きの嘗《かつ》ての指導者は一先づ引込んで、……若い人達にまかせたほうがよいと思ふ」（西岡）。

まかり通る居直り、ごまかし

わたくしにいわせれば、当の西岡だって〝札付き〟にちかいんです。日本山岳会の「会報」にけっこうすごいことを書いているんですから（たとえば『会報』一二六号・一九四三年九月所載「山岳兵下地のために」など）。

まあ、それはともかく、〝戦争犯罪人〟や〝札付き〟は、ひっこんだんでしょうか。こたえはノン。〝スキー戦争犯罪人〟は、いざ知らず、〝登山界の札付き〟は、戦後もほとんどそっくり居座っちゃったんです。〝札付き中の札付き〟井上司朗（逗子八郎）は、情報局文芸課長としての仕事ぶりがとがめられ、公職追放を食らっちゃったんで、さすがに登山界その他、かれの関係したすべての分野から姿を消しましたけれども（井上司朗『戦時文壇史』人間の科学社・一九八四年参照）。

だから「当時（登山界の）幹部級の指導員として威張り返っていた連中……、そんな事あったかしら、と涼しい顔」だったといわれても仕方がないはずなんですね（東芝山岳会『芝浦山岳会史』一九七四年八月参照）。しかも、かれらは戦後も長く登山界に影響力を行使しつづけたんですから、始末が悪いんです。

「日本山岳聯盟」結成（一九四一年一月）の主役を演じ、そのスタート時から理事長をつとめた冠松次郎などは——たった八か月でクビになっちゃいましたが——高橋健治の指摘を裏書するようにみずからの戦時中の主張と行動はどこへやら、『山と渓谷』八五号（戦後の復刊第一号・一九四六年一月）巻頭に、敗戦翌月の九月二〇日に記した「山に帰れ」と題する小文を寄せているんですよ。

「……登山精神と云ふものは、戦時にも平時にも変わるものではない。たゞその時によつて私等の登山の態度や方法が異なるに過ぎない。それにしてもこの単純な道理が、随分歪められ圧制されて来たやうだ。山へ登るなら団体で上がれ、隊伍《たいご》を整えて上れ、山を道場として錬成せよ。それはよいが、一人で山へ登ることが自由主義だと云ふ。自然への思慕、山への憧憬など以《もっ》ての外だと頭から排斥する。まるで山登りと云ふものは鍛錬以外にないもの、やうに色荘（ママ・飾粧・しょくそうの誤記？）する。……時局におもねつて登山を強調する。時局が平静になれば忽《たちま》ち山など忘れる。山をだしに使つて懐《ふところ》を肥やす。弱い者を搾《しぼ》つて昂然としてゐる。

誡しやかに祓（禊＝みそぎの誤記？）を高唱し、陰では相当なことをやつてゐる。若《も》し人の云ひ伝へるやうに、かう云ふ鼠輩《そはい》が跳梁《ちょうりょう》してゐたとしたならば、日本の登山界は禍《わざわい》なるかなと云はざるを得ない」。

日本登山界の〝本山〟を自認する日本山岳会の場合はどうだったでしょう。

まず目につくのが、同会を代表するかたちで塚本繁松（当時の日本山岳会専従理事・会報編集責任者）が発表した「山岳文化の再建」と題する一文です（日本山岳会会報『山』一三三号・一九四六年四月所載参照）。これなどは、まじめな部分といい加減な部分——いい訳、事実のねじ曲げ、居直りなどといったものが同居していて、合点半分、眉ツバ半分といった妙な感じに仕上がっています。

塚本はこう切り出します。

「我が国は八年間にわたる対外戦争——侵略戦争といわないところがミソですね——で、国力の大半を消耗し尽くし完全に敗れた。全国の大中都市は空襲の被害を受けて潰滅してしまつた。一切の軍備は解体された。今は占領の連合軍のもとに半ば独立を失つた形で統治されてゐるのである。敗戦と凶作との為に道義は廃《すた》れ、思想は混乱して、未だ落付くところを知らない有様で、戦争に負ければかくも悲惨なことになるものかと、今更乍《なが》らつくづく思はずに居られない。（中略）このやうな惨膽（ママ・惨憺の誤記）たる結末に終らねばならぬやうな無謀な戦争が何故起つたのか、又世界の強大国を相手に戦ふのに、如何に我が国の組織が脆弱であつたかといふやうな点について、大体我々は知る事を得たのである。原因が判り、結果が明らかとなつては、再びそのやうな過誤を犯さないやうな確固とした国家を作る為に、国民の全部が立ち上がらねばならぬ事は自明の理である。（中略）国民を盲目とした秘密政治によつて無謀な戦争を起した軍閥等の為に（日本は）一挙にして東洋一の一小国に顚落《てんらく》してしまつたのである」

ここまでは、まあ、合点の部分。ところが、つづく登山界の足取りを――ほんとうは、「日本山岳会」の、というべきところを「登山界」といいかえています。そこは塚本の巧妙な計算がはたらいていることが透けてみえるようです――ふりかえって、つぎのようにいっているんですが、このあたりになってくると、変調をきたすというか、言い訳と事実の歪曲、居直りがはじまっちゃうんです。

「我が国の登山は大正の中頃から支那事変の中途迄次第に隆盛になつて一般大衆迄普及した。それにつれて山岳文化も大体健全な発達を示し、我が岳界の最高目標はヒマラヤの未踏峰に置かれるに到り、その準備も進められてゐた。ところが戦争の長期化と共に漸《ようや》く登山の実践が困難となつて来たので、組織化による統制運動が企てられたが、それが素直な発達を遂げず、――上からの統制で登山運動が〝素直な発達を遂げ〟るとでも思っているのかしら?――関係した指導者間に勢力争ひのやうなものが起こつたり、それ迄発達して来た登山を自由主義的だと言つて排撃して自己の勢力を伸長しようとする者が現はれたり、登山を一様に軍の行軍化しようとしたりして、登山の本質から離れたものとなつたので、山岳界に徒《いたず》らに不愉快な空気を与へたのみで、――この点も事実ですが、以下のくだりには、我が身(日本山岳会)可愛さのあまり、事実のすりかえといい訳のくりかえしになっちゃってるんですね――大多数の山の文化人はそれに背を向けてしまつたのであつた。その間、山の第一線の若人達は殆ど出征してしまつて総《あら》ゆる研究も中断し、岳人は沈黙のまゝ終戦を迎へたと言つてよいであらう。此処《ここ》で注目に値する事は多くの山岳人は、登山の本質から逸脱したやうなもの、歪められたものには目もくれず節操を守り通したといふ事である。つまり山岳界は戦争中活動こそ出来なかつたが、戦争のために歪められるやうなことがなく、いはゞ無疵《むきず》で残つたといつてよい。その為に岳界の再建はそれ自身としては比較的容易なのではないかと思はれる。つまり、停止してゐたものが前進を開始すればよいのである」

「登山の本質から逸脱したもの、歪められたものに目もくれず、節操を守り通した多くの山岳人」とは、どなたとどなたなんです?

「無疵」とおっしゃるけど、黒田孝雄(元日本山岳会副会長)をはじめ、「第一線の若い人達」がこの「無謀な戦争」で多数戦死している事実をどう考えたらいいんですか? といいたくなります。

それに、日本山岳会がこれまでみてきたように「日本山岳聯盟」結成の産婆役をひきうけ、「大日本体育会行軍山岳部会」の〝発足〟にも一役買うなどして、登山の本質からの逸脱とねじ曲げに大きな役割を担ったことなんか、まるでなかったというんでしょうか。塚本自身が長く編集にたずさわってきた『会報』には、そのいい分と違った事実がいくらでも記録されているんですからね。

まあ、最後の部分に「再建岳界を真に強力なものに育て導く為には、あらゆる点に真摯な論議が進められるべきであ」ると、提案していることがせめてもの救いかもしれません。もっとも、塚本のそんな「提案」など、一顧だにされず、「真摯な論議」が交わされることはぜんぜんなかったんですけどね。

このほかに、戦後、会長ポストに就いた松方三郎の「日本登山界の再編成と日本山岳会の新しい出発」と銘打った長文の〝方針〟らしきものが提示(日本山岳会会報『山』一三七号・一九四六年一二月参照)されているんですが、タイトルに惹かれて読んでみると期待はずれもいいところ。日本山岳会としての戦時中の総括や反省なんてぜんぜん書いてないです。

時代に誠実な岳人も

そこへゆくと、穂高で行われた例の「山岳戦技研究会」に参加した前田光雄（大阪薬専山岳部ＯＢ。関西登高会創立者の一人。一九七一年一一月ネパール・ヒマラヤで遭難死。詳細不詳）のつぎのような述懐には胸打たれます。

「今では遠い悪夢となつた戦争、その重圧の下にオーソドックスの伝統を護《まも》るために当時としては努力し尽くしたつもりの私ではあつた。然し今にして其の無意味な努力を嗤《わら》い、戦争の初期と末期に於ける自らの言動を比べると深く恥じざるを得ない」（『関西登高会抄報』第３号所載「会の創立と将来への期待」・一九四八年一二月参照）。

同じ関西登高会の創立者の一人である梶本徳次郎（一九四二年三月、新村正一と組んで穂高・屏風岩１ルンゼを冬期初登。一九六九年一〇月、ネパール・ヒマラヤのニルギリで急逝）もこう記しています。

「われわれの理想は登山の民主化、或いは民衆化にある」「今は日本の覚醒《かくせい》期であり解放期であるが真の自由と平等は尚遼遠《りょうえん》である。……真面目な生活ほど苦しい、この矛盾に正しく強く耐えてゆこう。働きつつ登るが故に登山は一そう輝きを増すであろう」（一九四八年一〇月刊『関西登高会抄報』第１号所載「如何に登るべきか」・一九四八年一〇月参照）。

ほぼ十二年後の一九六〇年五月に誕生をみることになる労山（勤労者山岳会）の主張を先取りしているようではありませんか。

こうした前田や梶本、さきに紹介した京大の髙橋健治のような見識をもった登山者が戦後登山界の多数をしめたなら、日本登山界の進路も随分と違った方向を辿ったんではないかと思います。

おわりに

長々としゃべりすぎました。本当は、さらに戦時中の登山の〝悪しき遺産〟——たとえば、軍の庇護のもとに展開された朝鮮・白頭山や大興安嶺などへの〝海外遠征〟、行軍登山をルーツとする国体登山、あやまった集団主義にねざしたリーダー論・メンバー論、つい最近まで残っていた大学山岳部やワンダーフォーゲル部の暴力的な新人シゴキ問題と戦時下の登山との関連、いわゆるマナスルブームのもたらした負の側面等々にふれたあと、労山の生成期から現在にまで踏み込みたかったんですが、すでに紙幅を大きく超えてしまいました。竜頭蛇尾の感は拭えませんが、他日を期したいと思います。

「いまさら古いことを持ちだしてどうしょうというんだ、そんなことをしたって、なにかが生まれるわけでもなかろう」という疑問の声が、わが労山のなかからも聞こえてきます。むろん、悪意からではないのですが、しかし、そういう向きには、あえてわが労山の「趣意書」の前文にこう記されていることを、思い起こしていただきたいと申し上げておきましょう。

「（わが国の近代登山は）……一九三〇年代（昭和初期）には国民的なスポーツ・レクリエーションとして発展する道をたどりはじめていた。だが、登山の正常な発展は、軍国主義の支配と侵略戦争の拡大によって著しく阻害された」

さきほどひいた家永三郎さんのことばや「過去に目を閉ざす者は結局のところ現在にも盲目となる」という、当時のヴァイツゼッカー独大統領の演説（岩波ブックレットNo.55参照）も。

第二章　かくてアルピニズムは蹂躙された

かくてアルピニズムは蹂躙された

十五年戦争下の登山運動からなにを学ぶか

一八〇〇年代中葉、ヨーロッパから渡来したわが国のスポーツ登山（アルピニズム）は、ほぼ百年の歴史をもつ。しかし、日中戦争から太平洋戦争〝終結〟までの十五年間は、世界の登山史上にも、およそ類例をみることのない汚辱の道をあゆんだ。軍部・官僚・一部岳界指導層合作の強権的な統制によって、ほんらい、自由とヒューマニズム、フェアな精神を生命とする平和的なスポーツである登山が、無謀な侵略戦争の具に貶《おとし》められてしまったからである。だが、この五十年間、それにたいする登山関係者の体系だった検証や総括がとりくまれた形跡はみあたらず、未曾有《みぞう》ともいえる痛恨の体験は風化にまかされてきたのが実情であった。

こういう状況のもとで、日本勤労者山岳連盟（労山）が、戦後五十年を目前に、さる五月末ひらいた第二回評議会で「戦中戦後の登山と山岳団体の運動の歴史の教訓をあきらかにすることは、我が国登山界の民主的発展にとって欠くことのできないテーマである」との見地にたった、十五年戦争下の登山運動の概括にもとづく五項目の「指針」を採択した事実は、日本登山界の前途に一石を投じるものであった。本稿は「指針」の裏づけとなった、十五年戦争下の登山の実態、とりわけ、スポーツ登山がどのように蹂躙《じゅうりん》されていったかを概観したものである。

一　日本勤労者山岳連盟が提示した「指針」とその意義

五項目の「指針」は以下のとおりであるが、十五年戦争下の登山運動の教訓をこうした明確なかたちで提示した山岳団体は労山だけである。

多少の不十分さや舌たらずの面はあるにせよ、このような基本的なスタンスにたって、登山運動をすすめようとする意義はけっして小さくない。

①登山は、人類が創造したすぐれた文化であり、自由と平和、ヒューマニズムとフェアプレーの精神を生命とするスポーツである。登山はあらゆる種類の暴力や大量殺戮《さつりく》、自然を根底から破壊する戦争とは無縁でなければならない。この見地に立った登山運動は、諸国民の間の好ましい交流を促し、世界平和に貢献する。

②登山は、国民の有する基本的権利の一つとして保障されるべきものであり、政治や権力、資本の支配・介入・干渉、政治的利用は、いかなる形にせよ許されない。

③山岳団体は「登山（ハイキング）する」ことを唯一、共通の目的とするものの集団である。会員個々の思想・信条の相違は、集団的結合のさまたげとはならない。性別、年齢、社会的地位、身分の相違も同様である。

④山岳団体は、政党や資本から独立した自主的存在であり、同時に登山の本質を理解し、登山環境、登山条件の改善・整備に尽力する政党とは、協力・共同の関係を保持する。

⑤山岳団体は、会員個々の存在が尊重され、その人間性の開花と登山技術、登山の質の向上が相互に保障され、促される場でなければならない。

では、労山がこのような「指針」を導出するにいたった、十五年戦争下の登山運動とはいかなるものであったか。黎明期以来の日本登山史の概観をとおして、その実態を次章以下で追跡する。

二　黎明期の登山

わが国スポーツ登山の発祥をうながした最大の要因は、一八〇〇年代中葉から一九〇〇年代初頭にかけて来日し、富士山、飛騨山脈（北アルプス）、赤石山脈（南アルプス）などの山々を登った、イギリスを中心とする外国人登山者（おもにいわゆるお雇い外国人）の活動にある（註1）。

むろん、日本でも古くから「登山」はおこなわれてきた。修験《しゅげん》者や僧侶らによる「初登頂」や「開山」の記録はすくなくない。だが、それはおもに修験道や「講」といった、宗教活動上・信仰活動上の修行行為の結果、もたらされたものであった。カミが存在するとされる「霊場」がヤマにあり、修行の場がヤマであったがゆえに彼らは山に登り山にこもったのである。

軍事を背景とした山地の探検や調査、測量事業、各種の学問研究のための「登山」にしても、それぞれの「仕事」の対象が山にあったがために登ったにすぎない。仕事がまっとうされたあかつきには、山からおりてしまうのである。別言すれば前記のような「登山」は、「登る」「頂上に立つ」「ロッククライミングする」「雪山に挑む」というような行為そのものによろこびやたのしみ、意義を見いだそうとする近代的な意味での登山（スポーツ登山）とはいいがたいということになる。山を舞台とする修行者、宗教者、研究者はいても、登山自体を追求する登山者は存在しなかったといいかえることもできよう。宗教活動が「物見遊山」や「旅」など、自然を背景とする「趣味」普及の下地をつくった側面は否定できないが、非宗教的発想と近代的合理主義を前提としたスポーツ登山をうみだす決定的な要因とはなりえていないとみるのが至当である。

日本人がスポーツ的な登山にとりくみはじめたのは、志賀重昂《しげたか》（一八六三～一九二七）の『日本風景論』（註2）とイギリス人宣教師・アルパイン・クラブ（英国山岳会）会員ウォルター・ウェストン（一八六一～一九四〇）の日本での登山活動とその著作（註3）の影響をうけた、小島久太（筆名＝烏水《うすい》・一八七三～一九四八）ら七人のメンバーがウェストンの助言と援助で、わが国初の「山岳会」（一九〇九年五月、日本山岳会と改称）を創立する一九〇五年十月（註4）以降のことである。旅や物見遊山や植物学・地理学などの学問的研究の延長としてとらえるような気分や思潮を色濃く内包してはいたが、ともかくスポーツ登山の展開に向かって、一歩をふみだしたのがこの時期であった。翌一九〇六年末には、「山岳会」会員ははやくも三百九十三人を数え（註5）、登山の急速な普及ぶりを印象づけた。

三　日中戦争直前までの登山界の動向

山岳会（日本山岳会）創立以後、未知をもとめる「探検登山」「山岳風景賛美（探美）登山」、「渓谷遡行《そこう》登山」「縦走登山」といった「明治期」独特のスタイルをへて、日中戦争直前までの三十年間に大学、高校、中学校（いずれも旧制）の山岳部や社会人山岳会が続々と誕生し、その数は千近くにもおよんだ（註6）。同時に「大正デモクラシー」期以降、ヨーロッパから輸入された技術書（原書）や槇有恒（一八九四～一九八九）がもちかえった、アルプスの登攀《とうはん》技術（註7）と用具の使用法を学ぶことで、力をつけた大学、高校山岳部を主力に冬期登山や四季を通じたロッククライミングの実践面でも大きく飛躍をとげ――それはより難度の高い課題を追求してやまないアルピニズムの開花を意味する――主要な山々の岩壁の登攀ルートの開拓をほぼ終え、冬期岩壁登攀時代をむかえる。

大学・高校にはややおくれるが、二〇年代末から三〇年代には社会人山岳会の活躍もはじまる。なかでも二四年六月、藤木九三（一八八七～一九七〇）らが神戸に岩登り集団「ロッククライミングクラブ」（R・C・C）を創立、本格的なクライミングへのとりくみを開始したことは、画期的な出来事であった。翌二五年七月、「R・C・C」が出版した、わが国初のロッククライミング技術書『岩登り術』（註8）は、多くの登山者から教科書として歓迎をうけ、ロッククライミングの普及と発展を促す推進力となった。

日本登山史はじまって以来のヒマラヤ登山に挑んだ立教大学隊が、三六年十月、インド・ガルワールのナンダコット（六八六一メートル）初登頂の記録を残すにいたったのは、そうした日本登山界の質的高揚の証左であった。

この間のもう一つの特徴は、山岳会の自発的・自主的な運動の結合体であるいくつかの山岳連盟の誕生をみたことである。

年代順に列挙すると

◇二六年六月――東京旅行登山連盟（三二年七月、関東山岳連盟と改称）
◇二九年六月――関西学生山岳連盟
◇同年十一月――関東学生山岳連盟
◇三一年四月――九州山岳連盟

◇三二年八月――東京山岳連盟

となる。

このうち、長く記憶しておくべきなのは「各学校山岳団体間の連絡親睦」「アルピニズムの理想に邁進《まいしん》し、延《ひ》いては日本山岳界の水準意識の向上に貢献する」ことを目的に結成された関西学生山岳連盟(註9)と「相互の親睦」「登山意識の向上」「経済的負担の軽減」を綱領にかかげた関東学生山岳連盟(註10)だろう。二つの学生山岳連盟とも比較的短命に終わったとはいえ、若者らしいその主張と行動は、九州、東京における山岳連盟結成の導火線となった。

また、一九二〇年代なかばから三〇年代後半には商業山岳雑誌の創刊と案内書・技術書類の出版ラッシュが現出する。『キャンピング』『山と渓谷』『アルピニズム』『山小屋』『山と高原』『ハイキング』など、わかっているだけでも十五の雑誌が刊行され、各種の案内書や技術書も多数出版されている。登山・ハイキングの普及ぶりをうかがわせる一面である。

四　日中戦争と登山界

こうして日本登山界は、日中戦争直前まで「順調」に発展をとげるが、一九三一年九月、日本軍がひきおこした「柳条湖事件」（中国への侵略の発火点となったいわゆる満州事変）をさかいに山の世界にも不気味な軍靴の音がひびくようになり、それにつれて登山者・登山界の意識と動向は微妙な変化をみせる。「唯物的小乗的欧米アルピニズムを粉砕し、仏教、修験道、儒教、道教などのもつあらゆる形而上の思想に裏打ちされた日本的登山を」

などといった主張（註11）が台頭し、それはしだいに勢力をましつつ侵略戦争迎合への傾斜をつよめていく。そして、中国全土へ拡大した日中戦争の長期泥沼化とともに、さながら坂道をころげおちるように「アルピニズム受難時代」につきすすむ。商業山岳雑誌の論調も戦意高揚にむけて、ヒステリックな扇動的色彩をつよめていく。三五年前後にはマルクス主義を信奉する東大や甲南高校などの山岳部員にたいする特高警察の弾圧事件（註12）や山岳雑誌『山と旅』、『山小屋』などの発禁事件がおきる（註13）。

他方、文部省や鉄道省（戦後の国鉄）が、日中戦争の初期の段階から「戦争に役立つ国民の体力づくり＝体位向上」「健康報国」を題目に登山・ハイキング、スキーなどの野外活動「奨励」策をうちだした結果、登山・ハイキング愛好者の急増をみる。とくに、膨大な赤字をかかえた鉄道省は、その解消策の一つとして、みずからハイキングコースを選定しパンフレット類やポスターによる大々的な宣伝を展開するかたわら、割引切符を発売したり、スキー列車を新設するなど、乗客の獲得に懸命であった（註14）。それは、国民思想の統合というねらいをあわせもった両刃の剣であった。三八年一月、新たに設置された厚生省も、激増する結核対策推進とともに、戦時体制下の「健兵健民」「国民体力と精神の錬成」をかかげ、うえから網をかけるかたちで登山、ハイキング、ワンダーフォーゲル、スキーなどの野外活動「普及」に力をいれはじめる。

しかし、登山・ハイキング、スキーを中心とする野外活動の〝隆盛〟は、皮肉にも一方で「山岳遭難事故の多発」「列車内道徳の退廃」「農作物泥棒の横行」「スキー場での盗難騒ぎの頻発」「ゴミのポイ捨て」といった、新たな社会問題を発生させることになる（註15）。そして、日中戦争の激化は、明日をも知れぬ社会不安とそれによる人心の荒廃を深め、そうした「現象」に拍車をかけることになり、やがてそれは「野外活動の浄化をはかれ！」などという口実をうみ、登山、ハイキング、スキーの国家統制と登山界自体の自己規制――山岳連盟を結成し大衆を「指導・統制」しようとする方向——に連動していくことになる。

三八年五月、「国家総動員法」が施行され、戦争目的遂行のための「人的・物的資源の〔すべてを〕統制運用」する体制が確立し、その結果、国民生活全般にわたるしめつけが一挙につよまり、当然のことながらそのあおりで登山やハイキングも徐々に窮屈なものに追いこまれていく。ザイルなど麻製品やスキーワックスの輸入制限、ピッケル、アイゼン、ハーケン、カラビナなどの鉄製品の製造禁止、登山靴用などの皮革とザック、テント用などの帆布（シート地）の使用制限のほか、スキー列車の削減・廃止、といったぐあいであった（註16）。三九年二月にひらかれた政府税制調査会も戦費捻出《ねんしゅつ》をねらって「小売税」を答申、登山用具やスキー用品にまで税金を課す（註17）が、それに追いうちをかけるように用具の値上げやヤミ値段が横行する（註18）。廃物を利用して装備の代用品をつくれ、山行の食糧はコメをやめて代用食にしよう、などという声があがったのも、このころであった。しまいには「国策摘み草ハイク」などと称する、珍妙なハイキングが大まじめに登場するしまつであった（註19）。しかも、それにとどまらず「軍機保護法」「要塞地帯法」「軍用資源秘密保護法」などによる軍事機密保護を名目とした、登山禁止区域や写真撮影（スケッチ）禁止区域の設定、地図の販売制限（所轄警察署の許可制）、気象統制など、登山そのものも制限されるようになる（註20）。だが、この段階では登山・ハイキング人口は増えこそすれ、減ることはなかった。こうした事実は「体力増強」「銃後の体力づくり」「戦争のお役にたつ登山」を看板にかかげて「趣味・娯楽登山」にたいする非難や圧迫をたくみにかわしつつ、山をたのしもうとする人びとが多数存在していたことを物語る。

五　日本山岳聯盟結成――背後に意外な仕掛け人

こうした状況のもとで、右翼的な岳界指導層のあいだから「欧米的世界観にたつアルピニズムを一掃し、皇道精神にのっとった日本的登山を」などとする、わけのわからない、一種神がかった主張がわきあがり、当時の商業山岳雑誌の誌面の大半は、そうした論調に占領されたかの観を呈する。第一次近衛内閣（三七年六月～三九年一月）がとなえた「国民精神総動員運動」「新体制運動」に呼応するものだが、後述するようにそれは「日本山岳聯盟」（日本岳聯）結成の理論的ささえの役割をになうことになる。

「日本岳聯」が結成されたのは四一年一月二十八日。日本軍国主義が侵略戦争を太平洋全域にまでエスカレートさせようとする、その前夜の緊迫した情勢下でのことであった。しかし、「日本岳聯」結成にいたる背景には、意外な人物による仕掛けがそのほぼ二年まえにほどこされていた事実をみのがすわけにはいかない。仕掛けとはこうである。

一九三九年十二月。日時は残念ながらわからない。舞台は東京・永田町の総理官邸。そこである会合がひらかれた。表向きは「懇談会」である。出席者は陸軍軍人、鉄道省の役人、東京都下の有力山岳団体の幹部四十数人という顔ぶれであった。主催者は、時の内閣情報部長・横溝光暉。が、会合をお膳《ぜん》立てしたのは別人である。その名を井上司朗（ペンネーム「逗子八郎」）といい、官職名は内閣情報部文芸課長である。井上は、この年、安田銀行から内閣情報部に転じたばかりであった。同行では山岳部に所属し、リーダーをつとめた。山の文章や短歌をよくし、登山者としても歌人としても名がとおっていた。のちに浦松佐美太郎の著作『たった一人の山』（文芸春秋刊）を、題名が気にくわないといった愚にもつかない難癖をつけて事実上の発禁においこんだ（註21）ばかりか、山岳雑誌の整理統合、山岳聯盟の軍事組織化などに辣腕《らつわん》をふるうようになる。井上は徹底した皇国史観の持ち主であった。

内閣情報部とは、三六年七月に設置された「内閣情報委員会」が中国への侵略の本格化にともなって、翌三七年九月改組・拡充されてできた内閣の情報調整機関（四〇年十二月には「情報局」に昇格＝責任者は総裁）である。おもな所管業務は各省庁の情報宣伝の連絡・調整、マスメディアの統制であった（註22）。もともとスポーツや登山の世界とは無縁である。首相官邸に登山者があつめられること自体、異例中の異例――戦前戦後をつうじてこれが最初で最後であろう――だが、登山やスポーツに関連の深い文部省や厚生省ならともかく、畑ちがいの「情報部」が、突然、山岳団体関係者との「懇談会」をひらくことも異例であった。ではなぜ、井上は山岳団体指導者との「懇談会」を企図したのか。

井上は、なんにでも首をつっこみたがる性格の持ち主であった（註23）。登山界の事情にもくわしい。その立場を利用して、登山界を「皇国史観」で統制し、みずからの掌握下におこうと考えたとしても不思議はない。

井上は記している（註24）。

「（山岳団体指導者を招いたのは）国民精神総動員の立場から、その自粛と協力を要請」するとともに「登山家の堅忍不抜なる精神力と、強靱《きょうじん》なる体力に期待し」「周囲の人々」の「善導」と「体育の面より日本の思想戦に対する大なる寄与」を、要望したかったからである。「然《しか》るに……登山界の実情はどうであつたか。自分は広く体育文化の観点から体育界各部門の人々と接触する機会が多いのであるが、不幸にして、日本の登山界ほど米英的思想に深く蝕《むしば》まれ、自由主義、個人主義の濃厚なものは多くないことを発見し、暗然たる思ひを抱かされた。

これは近代日本の登山なるものが、日本の伝統的登山と関係なく、いはゆるヨーロッパの近代的アルピニズムの輸入によつて刺激され、興隆したといふ歴史的事実に基づくところが多いのであるが、更にその思想が……全く抜き難い程度になつている事を登山家は痛烈に自省しなければならない」。だが「今なほ米英的アルピニズムに恋々とし、登山の真の目的が皇道精神の把握にあることを忘れ、登山技術をもつて登山の最終最高の目的と考へ、自己の娯楽、自己の情操の涵養《かんよう》、自己の技術錬磨のための登山のみを以て登山の大道となし、云々」

要するに皇国史観にたった登山をやれ、米英の個人主義に毒されたアルピズムをたたきつぶせ、山岳会幹部はそういう観点で登山大衆を指導せよと説教し、恫喝《どうかつ》したのである。

「懇談会」に出席した広瀬潔（横浜山岳会会員）は、席上「山岳団体の小党分立的状態や一般大衆登山家の無秩序が話題に上がり」、その対策として「既存山岳団体の横の連絡機関としての山岳連盟結成が論議」となり、「内閣情報部も岳連結成に賛意を表し」たと記し（註25）、高橋定昌（山岳巡礼倶楽部代表）ものちに、「日本岳聯が意外に簡単に結成されたのは」「山岳団体の全国組織をまとめて国民運動を展開しようと企画し、直接手をつけた「井上司朗情報官その人」の力にあずかっている、と書いた（註26）。

井上に叱咤《しった》された都下の山岳団体幹部は「懇談会」のあと山岳会の連合組織結成にむかってはしりだす。

四〇年六月、まず東京、横浜の十二の山岳会が、全国の山岳団体を糾合《きゅうごう》しての日本山岳聯盟結成を前提に、「山岳団体相互の連絡・親睦、登山界の向上発展」をスローガンにかかげて「京浜山岳団体聯合会」（京浜岳聯）を結成する。ついで同年十二月「京浜岳聯」結成に刺激された、関西在住の日本山岳会会員らが中心になって「西日本登山聯盟」（西聯）を結成する。「西聯」は、具体的な活動を展開するいとまもないまま、翌年結成される「日本山岳聯盟」に合流していくことになるのだが、その綱領には「我等は国策に翼賛し、登山を通じて精神的鍛錬と総合的体位の向上に資し、以て真の日本登山道を振興し、高度国防国家の中核たる可《べ》き皇国民の錬成を期す」とあり、井上の思惑をもののみごとに体現してみせたのである。

しかし、「日本山岳聯盟」成立までには、その後一年以上を経過することになる。登山界に隠然《いんぜん》たる影響力をもつ日本山岳会が、こうした動きに知らぬふりを決め込んでいたからである。町の山岳会とは一線を画す体質――したがって岳聯運動などには無関心――もみのがせないが、戦争と登山とはかかわりがないとみるような「良識派」が多数をしめていたからでもあった。だが、内閣情報部がのりだし、軍部が関心をしめすという状況と、「京浜岳聯」や同会内部のタカ派のつきあげで、にわかにそうした姿勢をくずし、岳聯結成の〝産婆役〟に転じる。変身の事情とその経過は同会『会報』に詳細がのっている（註27）のでくりかえしはさけるが、四〇年十二月二日の定例理事会・役員総会で「日本岳聯」結成に要する経費の全額「支弁」を決議するなど、準備全般の段取りをひきうけることになる。準備委員会の責任者に評議委員・冠松次郎がすわる。同年十二月九日、厚生省、情報局、鉄道省、文部省の代表と準備・実行委員会メンバーとの「官民合同懇談会」が東京・日本橋の日本商工倶楽部でひらかれ（仕掛け人・井上もむろん出席していた）、「日本岳聯」の綱領と機構についての話しあいがおこなわれたのにつづいて、その二日後の十一日にはおなじ会場で「発起人会」がひらかれる。発起人には、当時の著名登山者のほとんどが名をつらねた（別項・資料②―3参照）が、当日の出席者は、六十九人（委任百六十九人）であった（註28）。

六　アルピニズムを投げ捨てた綱領と規約

「日本岳聯」は四一年一月二十八日、東京・有楽町の産業組合中央会館で発会式をひらき、綱領と規約、役員をきめ正式に発足する。役員は冠理事長以下、あらかじめ準備委員会が選考したメンバーがすべてをしめた（別項・資料②―4参照）。

採択された「綱領」はわずか三十二字と短いが「吾等《われら》は日本登山精神の作興を図り以て肇国《ちょうこく》の理想に邁進せんことを期す」とうたい、「規約」（全十七条）の二条に「本聯盟は登山者の一致団結により健全なる登山道の確立を図り国土の認識を深むると共に国民体力の向上に努め以て高度国防国家建設の一翼たらんことを期す」とその目的を明記している。登山者みずからがアルピニズムの心を投げすて、その死を宣言したのである。世界の登山界ひろしといえども、こういう例は日本登山界にみられるだけである。

発会式には厚生、文部、鉄道の各大臣、情報局総裁が出席し「祝辞」をのべた。たかが山岳聯盟の発会式にこれだけの閣僚が顔をそろえたことに奇異の感をぬぐえないが、十万人もの会員（註29）をようする手弁当の「翼賛山岳団体」が一挙にできる――いささかマユツバものだが、三千山岳会、五十万人が「日本山岳聯盟」に参加するという報道もある（註30）――とあっては、すこしばかり時間をさくことぐらい、なんでもなかったのかもしれない。

では、「日本岳聯」は、どんな運動にとりくんだのか。鳴り物入りで発足はしたものの、運動をめぐる役員間の意見の対立や主導権争いに終始し、半年以上実質的な動きはしていない。会長に時の内務大臣・産業報国会理事長・湯沢三千男、副会長に日本山岳会会長・木暮理太郎をきめたほか、他団体との共催による数回の「講習会」をひらいた程度で、事実上「半身不随」の状態にあったのが実態であった。

ところが、同年五月十六日の第七回定例理事会でとんでもないことをしでかす。

いわく「ハイキングなる文字に就《つい》て、岳聯関係者は今後此の言葉を使用せざることに決定」(註31)。ある山岳雑誌は、「ハイキングは抹殺する件――ハイキングなる渡来語は現情の世相には軽薄であるので、今後岳聯関係者は一切使用を禁止し、全国的にこの運動を起こす」(註32)と報じているが、いずれにせよ、噴飯《ふんぱん》ものとしかいいようがない。しかし、これが事実上の「岳聯」独自の初仕事であった。

「日本岳聯」は六月十一日の理事会で突如改組をきめる。「自身の手に依《よ》って企図断行せられた」(註33)ものとしているが、ほとんど動きらしい動きをみせない岳聯に業《ごう》を煮やした情報局などの圧力が加わったであろうことは想像にかたくない。八月二十七日の理事会は、冠理事長の首をきるとともに、後任にタカ派学者の岸田日出刀(東工大教授)、無任所部長に井上司朗(情報官)をあて、理事には著名登山者をすえる。

しかし、参与・参事のポストは軍人と官僚が独占してしまう。以後「国防力強化」のための「国民錬成」「行軍力養成」「団体訓練の推進」などを名目に、厚生省(主務官庁)、情報局、陸海軍、鉄道、文部、農林、商工、官内の各省のほか大政翼賛会、大日本産業報国会、大日本青少年団、東亜旅行社といった団体までが岳聯運動に関与するようになっていく(註34)。

岳聯本部は、改組の理由を八月二十七日付の「日本山岳聯盟改組拡充の辞」(註35)でつぎのように説明する。

「……執行機関たる理事会内部が理念的には必ずしも一致団結せず、其《そ》の間国防国家と登山精神との結びつきに関しても理事間に意見の相違があり、此のため理事会の推進力が著しく阻碍《そがい》され脆弱《ぜいじゃく》化された事は瞭《あきら》かである」。「主務官庁たる厚生省其の他情報局辺りとの連絡上に於ても相当疎通を欠」き「当初より目指せる国家的諸事業の遂行も意の如くならず、厖大《ぼうだい》なる組織は出来上がつたが半身不随症状を呈した」。「(改組の)情勢を急激に促進せしめたものはかの六月二二日に勃発《ぼっぱつ》した『独ソ開戦』であつた。肇国《ちょうこく》以来の真の超非常時局に直面するに至つた日本は其の総力を挙げて臨戦態勢を急速に整備せねばならぬ必要に迫られた。国内の軍事、政治、経済、思想、体育、芸術等凡《あら》ゆる力は急激に国防の一点に集中せざるを得ぬ状態にまで立到《いた》つたのである。茲《ここ》に於《おい》てか『日本山岳聯盟』は益々自らの責務の大なるを痛感し、指導理念の強化堅持を誓ひ、現在登山者の再教育及一元組織化に止《とど》まらず、全国民の『行軍力の錬成』運動を急速に展開し、此の『国民皆行軍』の基礎の上に『国民皆錬成登山』を建設し、此の錬成を通じて国民に不動の『死生観』を確握せしめ、予備兵力の大増強を図り、国民皆兵、国民皆労の聖旨《せいし》(天皇の〝おぼしめし〟のこと)に副《そ》ひ奉らん事を決意した」

つづいて十項目の「方針」をかかげる。おもなものの要旨をあげると、

①「日本精神」「錬成の本義」「日本登山道」の一貫理念に依り国民を錬成指導する

②軍、官、民一致の体制を以て、国民鍛錬の一部門を担当する

③国民運動展開のために指導者養成に全力を注ぐ。指導者の資格は中央の軍、官、民構成の「指導者審議委員会」に於てなす。指導者網を強化し、全国的に一元指導と一元組織(化)を展開する

④本部、支局(大阪)に於て「行軍力鍛錬」を取り入れた「指導者養成会」を開く

となる。

「方針」の説明部分には「(日本岳聯はこれまで)登山運動の一元統合機関に止《とどま》つていたが、今回の改組を契機として、真に国防国家の主柱たるべき全国民の精神並びに体力に亘《わた》る国家的規模の錬成運動にまで飛躍したので

ある。従つて第一の対象は勿論……組織ある登山者に置いている」が、「約三〇〇万を算する全国の講中その他未組織登山大衆を始め全国民を野外山地に於ける広範囲の錬成運動に導き、国民全般の日本精神昂揚、行軍力の強化、団体訓練の生活化並びに予備兵力の増強を図り、以て全国民が均《ひと》しく満身に汗してこそ建設し得べき高度国防国家体制の完成に資すると共に大政翼賛運動の強力なる一翼たらん事を期す事となつたのである」とある。

登山者はこういう状況をどううけとめたのか。ある山岳雑誌が「岳聯」改組の直後におこなったアンケート「戦時下登山の目標と登山者の心構え」(註36)にたいする回答は興味深い。十六人が回答をよせている（何人を対象にしたのかの注釈はない）が、そのほとんどが「登山はどこまでも登山である。行軍力養成、体力増強はなにも山でなくてもできるはずだ」「登山の目標はアルピニズムの最高に到着すること。戦時・平時の区別があるはずはない」といった冷静な反応をしめしているのが特徴であった。

むろん、なかには「皇民《みたみ》我の錬成に在り」『……岳聯のやってゐる事は〝軍隊の出店〟以外の何ものでもないなどゝ多少揶揄《やゆ》的な批判をしてゐる人もある様だ。が、……現在は少なくともそれでいゝのだ」といった「岳聯擁護派」もいる。

しかし、軍、官、民あげての行軍登山、集団錬成登山一色の時期に「敵の飛行機が僕等の頭上に……爆弾を落として行くやうになれば、……山に於ける錬成もヘチマもありません」「山行を錬成訓練だの、心身鍛錬だのと呼ばなくては気が済まなかつたり、単なる山小屋を道場と呼んだり、その他ポスターなどに見かける歯の浮くやうな迎合的な言葉も苦々しい限りであります。何故山に行くのか？ さう云つた根本問題に立脚する事を忘れて、『山は大勢で列を組んで登つて行軍力の養成になるのが、最高の登山理念である』などと云ふのも凡《およ》そ頭の悪い限りです」「ともかく山をダシに使つて、その道の専門家面でろくでもない事を云つて僕らを指導しやうなどと云ふ連中を反対に指導してやるのが宜しいのです。若しも僕等までダシに使つて、時局に便乗してエラクなりたがられるのであつたら甚《はなは》だ迷惑です」というような痛快無比の批判をあびせた回答者（註37）が存在した事実はきちんと記憶されてしかるべきだろう。

七 「行軍登山」から「戦技登山」へ ――陸軍に乗っ取られた岳聯

改組後の「日本岳聯」は八月二十六日から五日間にわたってひらかれた「第一回国民行軍力錬成指導者講習会」（東京日日新聞社主催、陸軍戸山学校、岳聯後援）への協力をかわきりに、陸軍戸山学校（陸軍の体育学校）との連係をつよめながら、さまざまなかたちで「軍事訓練」もどきの「集団行軍力養成登山」をひたすら推進していくことになる。それは「岳聯」の「半軍事組織化」への転落・変質の道であった。十一月一日に開催された「第十二回明治神宮国民錬成大会」（国体の前身）では、一千人の登山者が神奈川県丹沢山塊の大山から神宮外苑競技場までの七十キロメートル《キロメートル》を「日の丸」を先頭に「大行軍」したあと、グラウンド中央で小銃をかついだ「早駆け」や「匍匐《ほふく》前進」の「演錬」までしてみせた。そこにはもはや登山者の姿はなく、戦闘帽と〝国防色〟の国民服、巻き脚絆《きゃはん》（ゲートル）、草鞋《わらじ》掛《が》け姿という異様な〝歩兵〟集団がいただけであった。

「日本岳聯」は日本軍国主義が太平洋戦争に突入（四一年十二月八日）したのを機に、翌四二年一月「昭和一六年十二月八日黎明畏《かしこ》くも対米英戦宣布告の大詔は渙発せられ今や歴史は一擲《いってき》せらる。暴戻《ぼうれい》なる米英に対する膺懲《ようちょう》の鉄槌《てっつい》は茲に断乎として打ち下され」ではじまる、湯沢三千男会長名の「誓明書」を発表し、「聖戦完遂に挺身《ていしん》する」誓いと「聯盟三原則」なるものをあきらかにする（註38）。

「三原則」とは

①終始一貫登山報国の信念を堅持すること

②個人主義的、享楽的登山を排し、皇国民たる精神と肉体の錬成を目的とする登山特に協同精神の養成を主眼とする集団的錬成登山を励行すること

③輸送関係に協力し規律統制ある集団旅行の真髄を発揮すること

というものであった。

だが、四二年四月八日、なんのまえぶれもなく東条英機首相・陸相の強権発動によって「大日本体育協会」が解散においこまれ、あらたに「大日本体育会」（会長・東条）が「発足」したことで「日本岳聯」をとりまく状況は一変する。「体協」傘下の運動競技団体のすべてを解消し「大日本体育会」の「部会」に再編する方針が強行された結果、その影響をもろにかぶることになるのである。「岳聯」は、「体協」未加盟団体であったにもかかわらず、同年十二月八日、東条の一片の通達で解散、他の競技団体同様、その「部会」にされてしまう。高橋定昌は、これを「陸軍が運営する大日本体育会に接収され……自主的な運動を展開していた日本岳聯は消滅してしまった」と記している（註39）。

こうしたやりかたは、たとえ「岳聯」といえども「行軍力の源泉」（註40）の一つとして利用しようとするなりふりかまわぬ軍部の姿勢のあらわれであり、日々悪化する戦局へのあせりの反映でもあった。「接収」後は「大日本体育会行軍山岳部会」と改称され、役員も陸軍軍人が完全に掌握する（部会長・陸軍中将鈴木春松、副部会長・同少将大野宣明）。

しかも、その四日後の十二日には、正副部会長、野地嘉平、森村経太郎両陸軍少将、児玉久蔵陸軍省兵務課長、

井上司朗情報局第五部第三課長ら軍部・官僚のほか、三十数名の準備委員をあつめて初会合をひらき、「皇道精神に立脚した指導方針の具体的推進策」を決定するというすばやさであった。

その後きまった「行軍山岳部会」の「綱領」と「部則」は以下のとおりであった（原文は旧漢字とカタカナ）。

「綱領」

我等は行軍登山を通して戦力の増強を図り以て肇国の理想に邁進せんことを期す

「部則」

総　則　本部会は財団法人大日本体育会行軍山岳部会と称し本会会長の指揮監督を受け本会事業中歩行行軍登山に関する部門を実施す

目的及事業

第二条　本部会は行軍登山道の普及徹底を期し、皇国民の錬成、戦力の増強を図るを以て目的とす。本部会は随時他の部会と提携し総合訓錬を実施す

第三条　本部会は前条の目的を達成する為左の事業を行ふ

一、　敬神思想の昂揚

二、　行軍登山の奨励並に指導錬成

三、　雪艇《せってい》（スキーのこと――筆者注）行軍登山の指導普及

四、　嶮難沼澤地突破の指導錬成

五、　行軍登山並に探検に関する科学的研究

六、　探検調査隊の派遣

七、指導者の養成及検定
八、国民体力章行軍検定の実施
九、登山界の指導
十、啓発宣伝並に機関誌の発行
十一、錬成講習会の開催
十二、指導講師の派遣
十三、遭難防止並に救難の対策
十四、施設の改善並に拡充
十五、調査並に記録情報の蒐集
十六、資材用具の統一規正並に配給統制
十七、交通機関に対する協力
十八、関係業者に対する指導
十九、其の他必要なる事業

「大日本体育会」は、機関誌『体育日本』四三年八月号に行軍登山特集をくみ、そのなかで「行軍指導要項」(草案)を発表しているが、陸軍の「作戦要務令」(註42)をしたじきにした気配が濃厚である。

こうして「岳聯」は「半軍事組織化」を完了し、たんなる「集団行軍登山」から、陸軍戸山学校指揮下の「戦技登山」へと急転換する。四三年十月三十一日から五日間にわたって北アルプス・奥穂高岳でおこなわれた「山岳戦技研究会」と称する山岳戦闘訓練(註43)はその典型であった。しかし、翌四四年三月、おなじく北アルプス・

五竜岳遠見尾根でおこなわれた二回目の「山岳戦技研究会」を最後にその活動は「休止」し、敗戦をむかえる。

あやまちはくりかえしてはならない

日本軍国主義がひきおこした十五年におよぶ侵略戦争は、アジア全域で二千万人もの人命をうばい、三百十万の日本国民を死に追いやった。そのなかには、有名・無名の登山者が多数ふくまれている。日本登山界は、すでにその一部をみたとおり、この戦争で恥ずべき役割を演じた。面従腹背《めんじゅう》であったにせよ、消極的であったにせよ、あるいは積極的であったにせよ、歴史にきざみつけられたその事実は永久に消すことはできない。しかし、軍部や官僚の意を体して登山（アルピニズム）と登山界をあやまった道にひきこんだ当時の一部岳界指導層は、みずからの行動をなんらかえりみることなく（註44）、戦後もなしくずし的に岳界指導部の座に居すわり、そのすくなくない影響力を行使しつづけた。人権無視の軍隊式シゴキや非民主的・家父長的組織運営が生きつづけ、「国威発揚」を目的とした海外登山や〝日の丸登山隊〟が、あとをたたなかったのもそれゆえであった。登山界と「皇族」との関係を深めようとするような傾向が根づよいのも同様の理由によるものだろう。

十五年戦争下の登山運動の無総括は、なによりも戦後のわが国登山界の自主的・民主的発展をおくらせた最大の要因となった。

「歴史はくりかえす」というが、あやまった歴史はふたたびくりかえしてはならない。しかし「過去に目を閉ざす者は結局のところ現在にも盲目となる」（ヴァイツゼッカー）（註45）という指摘にてらしても、日本勤労者山岳連盟が戦後五十年を契機として、十五年戦争下の登山と登山運動の教訓をもとに五項目の「指針」を提示した意義は小さくない。

〔註〕

（1）安川茂雄『増補・近代日本登山史』（一九七六年十一月　四季書館刊）三八～四三ページ参照。「日本アルプス」の命名者は、そのなかの一人、英国人・ウイリアム・ガウランド（一八四二～一九二二）であったとされている。ガウランドは、一八七二（明治五）年十月、大阪造幣局の化学・冶金技師として招聘され、以後、一八八八（明治二十一）年十月までの一六年間同造幣局に勤務するかたわら日本国内の山々を登った。

（2）一八九四年十月、政教社刊。著者・志賀重昂は著名な国粋主義者であった。同書は、日本の風土、風景美を論じたものだが、日清戦争のさなかに出版されたこともあって、大ベストセラーとなった。小島烏水らに刺激をあたえたのは、同書付録の「登山の気風興作すべし」と題する登山の「すすめ」であった。

（3）ウェストンは前後三回来日し、神戸と横浜に滞在した。一八九一年以来、日本の山々を登り、帰英後、その記録をまとめ一八九六年、ロンドンのジョンマレー社から『MAUNTAINEERING AND EXPLORATION IN THE JAPANESE ALPS』（邦訳『日本アルプス　登山と探検』）を出版。同書がいつ日本に伝わったのか不明とされているが、小島はこれを読んで多大な影響をうけ、のちにウェストンの知遇をえて、山岳会結成への助言と援助をうけることになった。

（4）日本山岳会創立は、一九〇五年十月とされているが、黒田孝雄は、「日本山岳会三〇年」（日本山岳会機関誌『山岳』第三十年第二号　一九三五年十二月所載）のなかで、「山岳会設立の主旨書が発表されたのは、明治三九年（一九〇六）四月五日のことであるから、それを以て、日本山岳会が公に設立された日とみるべきである」としている（四ページ）。

（5）沼井鉄太郎「日本山岳会五〇年史」（『山岳』第五一年、一九五七年十二月　五九ページ）。

（6）前掲書を参考にして推計。

（7）安川茂雄『増補・近代日本登山史』（前掲）三三九ページ。

（8）一九二五年七月刊、私家版。

（9）京大、大阪医大、甲南高校など十四の山岳部があつまって結成。同年中にはさらに八校がくわわった。一九三〇年十一月刊『関西学生山岳聯盟報告』一号八八ページ参照。

（10）早大、松本高校山岳部など二十数校で結成。安川茂雄『増補・近代日本登山史』（前掲）四三二～三ページ参照。

（11）たとえば、志馬寛「日本国民登山精神の確立」（一九三〇年四月刊、登歩渓流会機関誌『登歩渓流』Ⅸ所収参照）。

（12）斎藤一男『日本岩壁登攀史・岩と人』（一九八〇年七月、東京新聞出版局刊）五九ページ。伊藤収二「アルピニズムの開花」（『時報』甲南高校山岳部創立四〇周年記念号、一九六四年十一月刊所収）二三～四ページ参照。

（13）拙稿「戦時下の発禁本——山岳書がなぜ?」（一九八四年十月刊『平和と登山会誌』№1所収）二三ページ、および同「山の発禁本研究ノート（一）」（日本勤労者山岳聯盟機関誌『山と仲間』一二五号（一九八〇年八月刊所載）参照。

（14）茂木慎雄「ハイキング」（一九三六年四月共立社刊、『山岳講座』第六巻所収）七九～八二ページ参照。

（15）たとえば一九三九年五月刊『関西山小屋』三五号七〇ページ「関西会報めぐり」参照。

（16）一九三八年十一月刊『山と渓谷』五二号の読者欄「ろばた」および『登山とスキー』十一月号参照。

（17）一九三九年三月刊『山と渓谷』五四号参照。

（18）一九三八年五月刊『登山とスキー』五月号参照。

（19）一九四〇年四月刊『山と高原』一二号参照。

(20) 一九三六年六月刊、日本山岳会『会報』五八号所収「登山と機密保護」および三八年七月刊同七八号〜九月刊八〇号「軍機保護法の施行と撮影等の注意」参照。
(21) 拙稿「山の発禁本研究ノート(三)」(前掲一二七号、一九八〇年十月刊)参照。
(22) 香内三郎「情報局の機構とその変容」(一九六一年五月　岩波書店刊『文学』ＶＯＬ29所載)参照。
(23) 井上司朗は自著『証言・戦時文壇史—情報局文芸課長のつぶやき』(一九八四年六月　人間の科学社刊)のなかで、各種の「報国会」づくりにたずさわったことをのべ、「みな情報局文芸課の所管だ。こんなにどっさり報国会をつくったのだから、戦後、私が追放令Ｇ項該当となるのも当然だろう」(一二〇ページ)と記している。
(24)『山と高原』四五号(一九四三年一月刊)所載「大東亜戦争と日本登山道」参照。
(25)『山小屋』一〇五号(一九四〇年十月刊)所載「京浜山岳聯盟について」参照。
(26)『日本岳連史』(一九八二年十一月　出版科学総合研究所刊)一〇五ページ参照。
(27) 日本山岳会『会報』一〇〇号(一九四〇年十二月刊)以下参照。
(28) 同一〇一号参照。
(29)『山と渓谷』六六号(四一年三月刊)所載「全日本山岳聯盟の結成」参照。
(30)『登山とスキー』同年十月号所載「日本山岳聯盟の再出発」参照。
(31) 同七月号所載「日本山岳聯盟経過報告(一)」参照。
(32)『山と渓谷』六八号(同年七月刊)所載「日本山岳聯盟の動き」参照。
(33)『登山とスキー』同年十一月号所載「日本山岳聯盟改組拡充の辞」参照。
(34) 同

(35) 同

(36) 『山と高原』三二号（同年十一月刊）所載。

(37) 同。加藤泰三の回答。

(38) 『登山とスキー』四二年二月号参照。

(39) 『日本岳連史』（前掲）一一ページ参照。

(40) 同書一一二ページ。小笠原勇八の記述参照。

(41) 『朝日新聞』四二年十二月十二日付参照。

(42) 一九三八年九月二十九日制定。

(43) 『山と渓谷』八三号（一九四四年一月刊）に詳細が掲載されている。

(44) たとえば、日本山岳会『会報』一三三号（一九四六年四月刊）所載「山岳文化の再建」や『日本山岳会五〇年史』（前掲）の記述参照。

(45) 岩波ブックレットNo.55（一九八六年二月刊）『荒れ野の四〇年』（ヴァイツゼッカー大統領の演説全文）一六ページ参照。

第二章　戦火に散った岳人たち

1　戦火に散った岳人たち

日本の近代的登山は、ほぼ、１００年の歴史をもつ。だが、日中戦争から太平洋戦争「終結」までの15年間は、世界の登山界でもほとんど類をみることができないといっていいほどの屈辱の道を歩んだ。本来、自由とヒューマニズム、フェアーな精神を生命とする平和的なスポーツである登山が、そして、その担い手である登山組織が、軍部、官僚、一部岳界指導層の手で侵略戦争の具に変質させられてしまったからである。

しかし、岳界指導層や戦時下の登山体験者が、戦後、当時の登山と登山組織の実態がどんなにひどいものであったかを語り継ぐ努力を怠ったこと、くわえて、戦後派世代の登山者が圧倒的多数をしめるにいたったことが原因して、その痛苦の体験は風化の速度をいっそう速めている。ましてや、幾多の有名・無名の若い登山者が、あの無謀な戦争で空しく死んでいった事実を知る人は、ほんのわずかになってしまった。

以下、15年戦争下の登山の一端を検証するとともに、戦火に散っていった岳人たちを探ってみる。

ピッケルを銃に持ちかえて――「岳徒」出陣

今を去る52年前（１９４３・昭和18年）の11月17日。日本山岳会は、東京・有楽町の産業組合中央会館で「山岳関係出陣学徒壮行会」を開いた。３００人が参会したと記録されている。

同年10月21日、明治神宮外苑で開かれた文部省・学校報国団本部主催の「出陣学徒壮行会」の「日本山岳会版」とでもいうべきものである。出席した学生の大半は現役の山岳部員であった。彼らは徴兵猶予制度廃止によって「ピッケル持つ手を銃に変え」（註1）て、12月1日には、それぞれ「入営」しなければならない立場にあった。

席上、闘病中の、木暮理太郎会長に代わって槙有恒副会長が「壮行の辞」を、出陣学徒を代表して早稲田大学山岳部の近藤等が「答辞」を述べた（註2）。

槙副会長の「壮行の辞」は、要約するとこんな調子であった（ふりがなは筆者による。以下同じ）。

「（前略）大東亜戦争宣戦の詔《みことのり》を下したまひましてより早や二年に垂々《なんなん》としております。此の間忠誠勇武なる皇軍は陸に海に空に赫々《かくかく》たる戦果を収められ又一方大東亜建設の偉業も着々とその歩を進められつゝあります。之《こ》れ偏《ひと》へに大御稜威《おおみいつ》（天皇の威光のこと＝筆者）の然らしむるところと恐懼《きょうく》感激に堪《た》へませぬ。然るに物量と生産との強大に驕《おご》る敵の抵抗は益々執拗であり（中略）戦《いくさ》は日々に熾烈の度を加へてをります。此《こ》の秋《とき》、学徒諸君が決然起つて銃をとられ国難に向はるゝ胸中定めし悲壮なるものあらんかと御察し申し上げます。（中略）この光輝ある皇国を無限の未来に迄揺ぎなく栄えあらしめんとの盡忠報国《じんちゅうほうこく》の此の門出こそは正に男児の本懐之に過ぐるものなからんと慶祝申上げるものであります。（中略）私等山に親しむ者は麗しき皇土《こうど》の恩愛を最も深く享《う》けてをるものと存じます。今日こそは此の山を通して享けました平生の教へを精魂を竭《つく》しても捧ぐべき秋なのであります。どうか此の上は（中略）、不惜身命《ふしゃくしんみょう》、但惜身命《たんしゃくしんみょう》――即ち御国に捧げるべき大切な命なれば苟《いやしく》もせずとの御心意気を以て御出陣せられ……云々」

出席した出陣「岳徒」たちは、これをどう受けとめたのだろうか――。

近藤等の「答辞」は以下のような内容であった。

「われ〱は既に今日あるを期してゐた。今まで山に於て学び鍛《きた》へた身体と精神とを以つて如何なる苦闘にもうち克つ決心である。もとより生還を期してはゐない。しかし、われ〱の幾人かは還つて来るかもしれない。われ〱の登山技術の習得は、世界の最も高く嶮《けわ》しい峯々をもつヒマラヤを目指してやつてゐた。それらの人々は今よりは更に強い身体と精神とを以つてそれらの峯々を登るだらう。皆さんもその時のためヒマラヤの研究とその準備とを忘れないでゐて頂きたい」

ヒマラヤへの夢を後輩たちに託して、「出陣」しなければならなかった近藤等の胸中はいかばかりであったか。察するにあまりある。しかし、近藤は任地が国内だったこともあって生還を果たす。そして、戦後、フランスの名クライマー、ガストン・レビュファやルネ・デメゾンらの著作を多数邦訳、紹介するなど、わが国のアルピニズムと登山文化の発展に大きく貢献する。

「壮行会」に出席した学生のうち、何人が生きて還り、何人が戦死したのかは、つまびらかではない。だが、相当数が戦場の露と消えたことはたしかだろう。

蹂躙されたアルピニズム――そのとき岳界は

1931（昭和6）年9月18日。日本は「柳条湖事件」（いわゆる満州事変）をきっかけに中国への本格的な侵略を開始し、以後、世界を相手に15年にわたって狂気の戦争をつづける。その結果、アジア全域で2000万人以上の貴い人命を奪い、日本もまた310万人もの死者をだした。

日本登山界は、以下に見るように、この戦争で恥ずべき役割を演じ、その歴史に拭うことのできない汚点を残すにいたる。

＊

日本軍が中国への侵略を開始して以後、登山界の大勢は、急速に戦争協力へ傾斜してゆき、岳界「指導層」の間に〝神がかり的〟としか表現のしようがない言動が目立つようになる。

いわく「日本精神にのつとつた登山を」「峻嶮に挑む山伏精神に立ち帰れ」「皇国精神に立つた登山道を確立せよ」「尽忠報国・堅忍持久の登山を目指せ」――。いまにして思えば噴飯モノだが、これが当時の岳界指導層の主張であり、確信でもあった。

しかも、それにとどまらず、みずからすすんで軍部・官僚の〝サブリーダー役〟を買って出て、アルピニズムや趣味・娯楽の登山、ハイキングを「欧米の個人主義思想に毒されたもの、非国民のやること」として、徹底的に排撃する。はては軍部・官僚のいいなりになって、「聖戦完遂のため」の「行軍登山」と呼ばれる鉄砲を担いだ集団歩けあるけ運動や「戦技登山」に血道をあげ、登山団体の「半軍事組織化」の手助けまでするようになるのである（註3）。

具体例をあげよう。

まず、情報局、厚生省、陸軍などの後押しで、1941（昭和16）年1月に結成された「日本山岳聯盟」（日本岳聯）の場合である。その「綱領」は、こううたっている（傍点は筆者による）。

「吾等ハ日本登山精神ノ作興《さつこう》ヲ図リ以テ肇国《ちょうこく》（国をひらきはじめること＝筆者）ノ理想ニ邁進センコトヲ期ス」

また「規約」第二条には「本聯盟ハ登山者ノ一致団結ニヨリ健全ナル登山道ノ確立ヲ図リ国土ノ認識ヲ深ムルト共ニ国民体力ノ向上ニ努メ以テ高度国防国家建設ノ一翼タランコトヲ期ス」（全文＝別項資料②―1参照）と

ある。

これは、まさに登山界の「大政翼賛化」宣言であると同時に「アルピニズム廃棄」宣言であった。こういう例は、世界の登山界でも日本に見られるだけである（註4）。

しかし、太平洋戦争突入一年後の1942（昭和17）年12月8日、登山者とその組織の本格的な「軍事動員」（登山者を行軍力の源泉とすること＝筆者）をねらう陸軍に「岳聯」が「強制接収」（というより、乗っ取られたと表現すべきか）されて、にわかにでっちあげられた「大日本体育会行軍山岳部会」は、さらにひどい。その「綱領」と「部則」は、別項（資料③参照）に示したとおりである。

「行軍山岳部会」の発足は、「岳聯」の「半軍事組織化」の完了と「岳聯」自体の死を意味した。それは、枢要ポストを陸軍軍人がすべてを握ったことでも明らかであった。

部会長＝中将・鈴木春松、副部会長＝少将・大野宣明——。登山界からは、志馬寛、藤木九三、鈴木勇、中村謙らが理事に名を連ねた。

こうした中央での動きは、当然のことながら地方にも飛び火してゆく。以後、陸軍戸山学校（陸軍の体育学校）指揮下に、ひたすら、「行軍力養成集団錬成登山」「戦技登山」への道を突き進む。

同年10月31日から5日間にわたって、北ア・奥穂高岳周辺で行われた「山岳戦技研究会」は、「重火器、小銃、縄梯子、十字鍬《じゅうじしゅう》（ピッケルのこと＝筆者）等の兵器」（註5）まで動員する「山岳軍事訓練」そのものであった。

統監・大野少将、教官・戸山学校将校。参加した登山者の顔ぶれは、藤木九三（本部・隊長）、鈴木勇、小笠原勇八、高橋照、新村正一、前田光雄、簑口治信ら14人——。

鈴木勇は、「山岳戦技研究会」が開かれた背景を「外には日増に悽愴苛烈の様相を加へつゝある大東亜戦争の現状、殊に緬支印緬《めんしいんめん》（ビルマ・中国・インド・ビルマ国境の意＝筆者）国境のヒマラヤ前衛の高峻山岳、ニューギニア脊稜山脈等に於ける激烈なる山岳戦が行軍と登山の連繋に決定的な解答を与へ、又、内にあつては陸軍戸山学校の山地訓練に参加せる体験などにより、行軍訓練の厚生、体育的錬成のみにては慊《あきた》らぬ熱意が、国防的錬成に切実なる目標を求めて鬱然と盛り上り、戦技登山に結集した」ことと説明し、さらに「直接戦闘に役立つ山地行軍を」「戦技登山と解釈してゐる」と述べている（註6）。

藤木九三も「山岳戦技詩稿」なる〝詩〟をものして（註7）、この「穂高戦技登山」を自画自賛した。

戦後、高橋照、新村正一のふたりは、高須茂との「放談」（註8）で、このときの模様をおもしろおかしく回想し、そのなかで、軍部批判めいたことを口にしているが、事後の言い訳の感はぬぐえない。

ともあれ、こうした事実は歳月の流れとともに、忘却の彼方になりつつあるかのようだ。

はるかなる山の呼び声――還らなかった岳人たち

当時の登山者の組織状況を見ると――どの程度、信頼のおける数字なのかわからないが――、「日本岳聯」が結成された1941年時点でなんらかの山岳団体（学校山岳部を除く）に所属していた登山者は約6万人とされ（註9）、また、1943年末には、全国（台湾、朝鮮などの外地を含む）に839の山岳団体が存在していたというから、驚きである〔表〕。ほかの国のデーターの持ち合わせがないので比較のしようがないが、日本が「登山大国」であったことはたしかだろう。しかし、それが登山者と登山界に幸いしたか、否か。

＊

戦争は多くの登山者を無理やり戦場に引っさらってゆき、そして、彼らを傷つけ、その生命を奪った。戦没岳人の全容は、いまだ解明されていないが、筆者の調べたごく狭い範囲にかぎっても、後掲「戦没岳人・人名録」のようにかなりの数にのぼる。そのなかには、わが国登山史に不滅の足跡を刻んだ名クライマーや、立派な著作を残した岳人の名もみえる。

――たとえば、

1943年当時の全国山岳団体数（学校山岳部を除く）

東　京	365	神奈川	31	台湾	9
大　阪	69	京都	23	朝鮮	4
兵　庫	58	新潟	19	樺太	1
福　岡	50	山梨	15	中国・関東州	1
愛　知	33	群馬	12	その他	149
				合　計	839

＊沼井鉄太郎「日本山岳会50年史」（近代日本登山史抄）〔日本山岳会機関誌『山岳』L1-1957年12月所載〕を参考にして筆者が作成した。

わが国最初のヒマラヤ登山に挑み、１９３６（昭和11）年10月、インド・ガルワールのナンダコット（６８６１メートル）の初登頂に成功した立教大の湯浅巌は、１９４４（昭和19）年７月18日、南洋・マリアナ諸島サイパン島で戦死。朝鮮や台湾の山々に先駆的な足跡を残した神戸商大の山本明は、１９４０（昭和15）年９月５日、中国・山東省で戦死。

北ア・前穂高岳奥又白四峰正面壁や剱岳チンネを開拓したＯＫＴ（大阪管見社登山部）の北条理一は「終戦」を目前にした、１９４５（昭和20）年８月10日、中国（中支）で戦病死。松本高校在学中に同じく前穂高四峰正面松高ルートを拓いた、東大の山崎次夫も同年５月31日、房総半島布良沖で戦死。

慶大山岳部で活躍した小森宮章正は、１９４０（昭和15）年４月３日、中国・遼寧省奉天（現、瀋陽）で戦病死し、同じく慶大の山本雄一郎も１９４６（昭和21）年３月18日、シベリア収容所で病没。上越・谷川岳の一ノ倉沢や幕岩に数々の記録を刻んだ昭和山岳会の小林康隆は1943（昭和18）年、還らぬ人に（戦没地不詳）。

上高地の名ガイド・上条孫人と組んで北ア・霞沢岳三本槍を冬季初登した一高の中村徳郎は、東大に進んだのち召集され、1944（昭和19）年フィリピンで戦死。中村は、竹山道雄の小説『ビルマの竪琴』の主人公水島上等兵のモデルであるとされる。日本山岳会の副会長を務めた黒田孝雄は、1945（昭和20）年8月17日、同じくフィリピンで戦病死。名画文集『霧の山稜』（朋文堂）の著者加藤泰三は、1944（昭和19）年6月25日、西部・ニューギニア島天水山で戦死、といった具合である。

他方、山岳団体別の戦没者数は、〔別項・山岳団体別戦没岳人〕のとおりである。このうち、多数の犠牲者を出した慶大、早大、同志社大、北大、法政大、日大、静岡高、日本山岳会、昭和山岳会、芦峅寺《あしくらじ》ガイド組合の例がとくに目をひくことだろう。

＊

彼らはどんな思いで戦場に赴き、そしてどんな想いを抱きながら散っていったのか。

山本明は戦死する半年前に、先輩岳友・西岡一雄にあてて次のように書き送った（註10）。

「……支那人に接してゐると、彼等民族の偉大さがわかります。……支那人は世界中で恐らく精神的、肉体的、両方面に於ける最大の苦労を経験してゐる民です。苦労を知つた人間程恐ろしく、且つ望みの多いものはありません。支那人は数千年に渡る苛斂誅求《かれんちゅうきゅう》と天変地異に耐へて来たゞけに、計るべからざる底力を有する国民です。『チャンコロ』などと考へる日本人は大馬鹿です。私は日本が支那を占領しても、果たして日本人が支那人を同化させ得るかを疑ひ、逆に其の前に、日本人が支那人によつて同化されてしまふのではないかと危ぶむ者です」（ふりがな＝筆者）。

国を挙げての戦争のさなか、しかも、みずからもその戦場にありながら、戦いの相手（敵方）を讃えてやまないばかりか、読みようによっては「日本はこの戦争に負けるだろう」と予見しているのではないかとさえ受け取れる内容である。山本がすぐれた見識の持ち主であったことがうかがえよう。

加藤泰三は、「行軍登山」推進派に対する痛烈な批判（註11）を浴びせて逝った。

「……敵の飛行機が僕等の頭上に……爆弾を落として行くやうになれば、……山に於ける錬成もヘチマもありません。……山行を錬成訓練だの、心身鍛錬だのと呼ばなくては気が済まなかつたり、単なる山小屋をわざわざ道場と呼んだり、その他ポスターなどに見かける歯の浮くやうな迎合的な言葉も苦々しい限りであります。何故山に行くのか？　さう云つた根本問題に立脚する事を忘れて、『山は大勢で列を組んで登つて行軍力の養成になるのが、最高の登山理念である』などと云ふのも凡そ頭の悪い限りであります。……ともかく山をダシに使つて、その道の専門家面でろくでもない事を云つて僕等を指導しようなどと云ふ連中を反対に指導してやるのが宜しいのです。若しも僕等までダシに使つて、時局に便乗してエラクなりたがられるのであつたら甚だ迷惑です」

「集団錬成登山」一色の時代に、こういう勇気ある主張を展開した登山者が存在した事実は、特筆されるべきだろう。

中村徳郎も書き残した（註12）。

「……かくして四年前の今宵が暮れて行つたのを——限りない懐かしさを以て——黄金の夢の様に憶ひ出す。三本槍の登攀を終つたあの日のことを。」「三月が来た。またしても雪の山を恋ふ。……」「父上、母上に。長い間あらゆる苦難と戦つて私を育んで下さつた御恩はいつまでも忘れません。而も私は何も御恩返しをしませんでした。数々の不孝を御赦し下さい。思へば思ふ程慚愧に堪へません。南極の氷の中か、ヒマラヤの氷河の底か、氷壁の上か、でなければトルキスタンの沙漠の中に埋れて私の生涯を閉ぢたかつたと思ひます。残念ですが運命の神は私に幸ひしませんでした。総ては悲劇でした」

中村は、弟・克郎との最後の別れの日にこんな言葉を残した（註13）。

「もう遅い。今ごろ、こんなざまで殺されるくらいなら、なぜもっとあのとき、命がけで反対しなかったのか。今となってはもう遅い。転落する石だ。もう遅い」

中村の無念の深さがひしひしと胸に迫ってくる。

戦没岳人たちが身を賭して残したもの——

すでにその一部をみてきたように、15年戦争下の登山界は、未曾有というにふさわしい痛恨の体験を強いられた。そして、多くの登山者が死んだ。だが、戦中の岳界「指導層」は、『芝浦山岳会史』（1974年8月・東芝山岳会刊）が、「当時幹部級の指導員として威張り返っていた連中で現在も元気で生存していられるOB、そんな事あったかしら、と涼しい顔して」きたと指摘した（p69）ように、戦時下のみずからの言動に対する反省をまるで示さなかったのが実態ではなかったか。

だから、東京・辿路山岳会の『われらの軌跡——山岳会に生きた五十年』（1985年5月刊）が「尽忠報国、先には肉弾三勇士、後には、我身を顧みず、敵の艦船に、体当たりする、神風特攻隊。若者にこの特攻精神を是認させたのは誰か。洗脳、精神教育の『力』は恐ろしい。……山男連は否応なく、軍隊に編入されて行った。大東亜戦争が、あと四ケ月に迫っていた頃……お上の方から、こんなお話もあった。『登山者は、冒険登山を止めよ』『平地を歩いて、行軍力を養成せよ』――ピッケルを、献納せよ。嗚呼、絶対反対」と記した（pp. 4〜5）如く、軍靴轟く〝いつか来た道〟再来への危惧の声が起こるのではないか。

横浜山岳会の『創立五〇周年記念誌』（1982年11月刊）が、戦時下の登山を振り返って「子供にとって一番偉い人は天皇陛下、つぎが校長先生で父母は第三位だった時代。スキーは雪艇、ピッケルを山ツルハシといわされた時代、アジア解放の聖戦と信じこまされ、国家総動員法（略）によって駆りだされた時代である。止むを得なかった、悪夢であったともいえようが、戦時体験を持つ数少ない山岳会としても、こういう歴史的事実を風化させてはならない。……ひとたび〝有事〟となれば山だけがユートピアたり得ないことを、〝現実主義〟の名のもとに、右傾化の著しいこのごろの情勢にかんがみ、あえて指摘しておこう」と警告している（p12）ことを、単なる「たわごと」として、笑い飛ばすことができるだろうか。

それでもなお「いまさら古い昔のことを蒸し返してなにになる！」という反発の声をあげるものもあるだろう。だが、そういう向きには「過去に目を閉ざす者は結局のところ現在にも盲目となる」という、ヴァイツゼッカー独大統領の言葉（註14）を進呈する。歴史は繰り返すというが、戦没岳人たちが身を賭して、残してくれた貴い教訓を無にしないためにも、誤った歴史は繰り返してはなるまい。（文中敬称略）

〔註〕

（1）浜田忠秀「日記」（『きけ　わだつみのこえ』日本戦没学生の手記　1952年2月　東京大学出版会）

（2）日本山岳会『会報』128号（1943年12月）

（3）当時の山岳雑誌や日本山岳会の会報などには、登山界の変質の過程が刻々と記録されている。
（4）ナチズム、ファシズムに協力した独伊の登山者は散見されるが、山岳団体がまるごと侵略戦争に動員され、「半軍事組織化」された例は日本だけである。岳界の協力ぶりも同様である。
（5）『山と渓谷』83号（1944・昭和19年1月）所載　鈴木勇「新雪の穂高演錬行」
（6）前掲書
（7）『山と渓谷』84号（1944年3月）所載
（8）『岳人』57号（1952年1月）所載「新春放談」
（9）『山と渓谷』66号（1941年3月）所載「日本山岳聯盟の結成」
（10）山本明遺稿集『山と人』（1942年1月　朋文堂）
（11）『山と高原』31号（1941年11月）所載「戦時下登山の目標と登山者の心構え」
（12）『きけ　わだつみのこえ』前載
（13）中村克郎『兄の影を追って』（岩波ブックレット№370）
（14）ヴァイツゼッカー『荒野の40年』（岩波ブックレット№56）

2 戦没岳人・人名録

あの無謀な15年戦争で戦没した岳人は、いったいどのくらいの数に上るのか?――残念ながら、その全容はわからない。しかし、わたしの手がけた、ごくささやかな調査〔*〕でも、300を超える有名・無名の岳人が、内外地でかけがえのない生命を失っていることが判明している。さらに綿密な調査と発掘がすすめば、1000人、あるいはそれ以上に達するかもしれない。

深田久弥の一文「登山家の死」(『アイガー北壁の初登攀』ほか 筑摩書房 1966年 世界ノンフィクション・ヴェリタ21所収 pp. 466〜476)によると、フランスの「GHM」(グループ・ド・オートモンターニュ=高嶺会)の物故会員122人(1962年現在)のうち、第2次世界大戦での戦死者は7人にすぎないという。対するわが国戦没岳人のなんという夥しさ……。彼らを大義なき戦争に狩出し、そして彼らを死に追いやった元凶にたいする怒りと、憎しみをあらたにせざるをえない。

〔*〕1943(昭和18)年時点で、日本全国(台湾、朝鮮、樺太などの外地をふくむ)で組織された山岳団体は社会人山岳会だけでも839におよび、一個人がそのすべてに調査の手をのばすなどということは、およそ夢物語に等しい。それに①戦時下に活動した岳人のほとんどが他界してしまったこと②戦後解散あるいは自然消滅した団体も少なくないこと③会報その他の史料(資料)や、文献類の散逸・消滅も著しいこと、といったマイナス材料もくわわる。冒頭に《……さらに綿密な調査と発掘がすすめば……》と記したが、今後の見通しはそうした面からも明るいものではない。

〔●=出典〕

【大学関係】

■北海道大学（14人）

＊	氏名	戦没年月日	戦没地
01	島村光太郎	1939・1・10	中国河南省准陽県大干集
02	徳永　正雄	1939・9・19	中国東北部公守嶺（病死）
03	板橋　敬一	1940—月日不詳	中国ハルピン（不慮死）
04	高橋　藤男	不詳	フィリピン
05	高橋喜久司	1942頃—月日不詳	南方で戦病死の模様
06	渡辺　成三	1942—月日不詳	中国東北部（「満州獣疫研究所」）
07	中野　竜雄	1943・9—日不詳	ソロモン諸島ガダルカナル島
08	中野　昌	1943—月日不詳	ソロモン諸島ガダルカナル島
09	大立目謙一郎	1944—月日不詳	中国湖南省の野戦病院
10	星野　昌平	1944—月日不詳	ニューギニア・ハンサ
11	福西幸次郎	1945・8—日不詳	フィリピン・レイテ島
12	小立　文彦	1945—月日不詳	フィリピン・マニラ
13	住宮　省三	1945・2・28	フィリピン・セブ島

14	栃内　晃吉	1945・5—日不詳	沖縄

●01・02『北大山岳部時報』第9号（文武会山岳部　1939年12月 p.1　渡邊千尚「島村光太郎君の戦死」　中野征紀「徳永正雄君の思ひ出」）

●07・08『北大山の会会報』第18号（北大山の会1943年12月　pp.1～4本野正一ほか「中野龍雄・中野　昌君追悼」）

●03～14『北大山岳部部報』8号（北海道大学体育会山岳部　1959年「物故者略歴」）

■東北大学（3人）

*	氏名	戦没年月日	戦没地
01	大野　達郎	不詳	不詳
02	今村　隆郎	不詳	不詳
03	鈴木　五郎	不詳	不詳

●『遥かなる山の友—東北帝大山岳部三十年のあゆみ』（東北大学山の会部史編纂委員会　東北大学山の会　2002年　p.55「昭和20年（1945）」の項）

■東京大学（4人）

*	氏名	戦没年月日	戦没地
01	橋本　公久	1944—月日不詳	不詳
02	山崎　次夫	1945・5・31	房総半島布良沖（*）

03	鹿野　忠雄	1945—月日不詳	北ボルネオ・ケンニガウで行方不明（＊＊）
04	黒田　孝雄	1945・8・17	フィリピン・ルソン島（戦病死）（＊＊＊）

●01『世界山岳百科事典』（山と渓谷社　1971年）

●02『山と友』（東大山の会50周年記念誌編集員会　1982年　pp.378〜380　松丸秀夫「山崎次夫君の思い出」pp.380〜382　村山雅美「山崎次夫君を想う」）

●02『岳人』第4号（1947年9月　pp.10〜12松森富夫「穂高奥又白第四峰正面岩壁—松高ルート」）

●03『山と渓谷』131号（1950年4月　pp.38〜39　辻村太郎「夕暮れの山・戦没岳人の回想など」）

●03 山崎柄根『鹿野忠雄』（平凡社　1992年　p.320ほか）

●03 鹿野忠雄『台湾高山紀行—山と雲と蕃人と』（文遊社　2002年　p.407）

●04『山岳』第44年第2号（日本山岳会　1949年12月「追悼欄」pp.121〜127　松方三郎「黒田孝雄君を憶う」）

●04『世界山岳百科事典』（前掲）

●04『岳人事典』（東京新聞出版局　1983年）

（＊）山崎は1938年10月6日、松本高校山岳部の仲間・松森富夫とのペアで、北ア・前穂高岳北尾根四峰正面壁・松高ルートを初登攀した。

（＊＊）鹿野は、敗戦直前か直後に北ボルネオで〝行方不明〟になったと伝えられているが、最近の研究では、敗戦のどさくさに日本軍憲兵隊に虐殺されたという見方が有力視されるにいたっている。上掲・山崎『鹿野忠雄』および鹿野『山と雲……』pp.403〜所載、楊南郡「鹿野忠雄とトタイ・ブテン—早期台湾研究が結んだ友情」参照。なお、辻村は「夕暮れの山・戦没岳人の……」で鹿野が《ルソン（フィリピン）の山中に入つたまゝ消息を絶つてしまつた。』と記しているが、なんらかの事情による誤認だろう。

（＊＊＊）黒田は1938年から1940年までの3年間日本山岳会の副会長を務めた。著書に『登山談義』（龍星閣1938年）がある。

■東京商科大学（1人）

＊	氏名	戦没年月日	戦没地
01	鷹野　雄一	1940・10・14	中国浙江省基地

●『会報』102号（日本山岳会　1941年2月　p.5　小谷部全助「鷹野雄一君戦死さる」）

●『山岳』第36年第1号（日本山岳会　1941年9月　pp.221〜225　小谷部全助「鷹野雄一君を憶ふ」　pp.225〜227　望月達夫編「鷹野雄一君略歴及登山年譜」）

●『世界山岳百科事典』（前掲）

■大阪商科大学（11人）

＊	氏名	戦没年月日	戦没地
01	山本　健吉	1943・12・21	パプア・ニューギニア・ラバウル
02	戸塚　暢之	1944・2・19	パプア・ニューギニア・ラバウル沖
03	片山　良一	1944・6・22	ビルマ
04	岩本　修	1944・8—日不詳	沖縄宮古島沖

05	鎌田　福久	1944・11・7	ビルマ
06	川本　秀雄	1945・1―日不詳	中国・華中武昌（＊）
07	村上　昇	1945・4・23	中国・華中湖南省
08	林　弘	1945・6・18	沖縄本島国吉
09	入江　康行	1945・7―日不詳	ビルマ（＊＊）
10	北村　武一	1945・7・30	フィリピン・ミンダナオ島
11	刀原　琢二	1945・9・29	中国・北京

●01〜11『雪線』第19号（大阪商大山岳部先輩団　大阪市立大学山岳部　1955年 pp.35〜60「戦に逝ける人々」pp.61〜62「戦没者」）

（＊）川本は、1940年7月24日、入江康行と組んで北ア・剱岳剱尾根主稜下半部を初登攀した。

（＊＊）入江は、川本秀雄と剱岳剱尾根主稜下半部を初登攀したほか、1941年10月10日、新村正一とのペアで北ア・前穂高岳北尾根四峰正面壁の登攀に成功した（新村＝入江ルート）。

■大阪薬学専門学校（1人）

＊	氏名	戦没年月日	戦没地
01	野口　栄一	1942・4―日不詳	フィリピン・バターン（＊）

●『山書研究』23号（日本山書の会　1979年2月　田口俊二「奥又白登攀小史―登攀者とその周辺に触れて」p.38）

（＊）田口は野口の戦没について《（昭和）十六年四月バタアン（ママ）攻略戦に参加戦死する》と記している（出典不詳）が、なにかの勘違いではないか。太平洋戦争開戦は16（１９４１）年12月8日、しかもフィリピン・バターン半島における日本軍と米比軍との交戦は、17（１９４２）年1月から始まったのだから、バターンでの16年4月の戦没はあり得ない。ここでは17（42）年4月とした。

■神戸商科大学（1人）

＊	氏名	戦没年月日	戦没地
01	山本　明	１９４０・９・５	中国山東省臨沂県青駝寺大官庄

●『山小屋』１０６号（朋文堂　１９４０年12月　p.24　西岡一雄「山本明君」）
●山本明『山と人』（山本明遺稿集　朋文堂　１９４２年）
●『山と人八十年―未知の世界を求めて』（神戸大学山岳部　１９９５年11月　pp.３０１〜３０２三上富三郎「山本明君の追憶」）

■京都医科大学（1人）

＊	氏名	戦没年月日	戦没地
01	美木富士哉	１９４０・１・13	愛知県知多半島

●『会報』１４２号（日本山岳会　１９４８年9月「会員訃報」）
●『山岳』第46年・第47年（日本山岳会　１９５２年10月　pp.１７７〜１８１　名取三代治「美木富士哉の追悼」）

■早稲田大学（19人）

＊	氏名	戦没年月日	戦没地
01	金子　矩郎	不詳	不詳
02	横井　勝郎	1938年月日不詳	不詳
03	針生　順吉	1938年頃年月日不詳	不詳
04	永田　寿男	1939年月日不詳	不詳
05	野口　雄一	不詳	不詳
06	松島　一郎	不詳	フィリピン・レイテ島
07	中村　喜平	不詳	不詳
08	田村　正男	不詳	不詳
09	石沢　五男	不詳	不詳
10	中島啓四郎	1941年月日不詳	不詳
11	林　克己	不詳	中国東北部で不明
12	岩本　七郎	不詳	不詳
13	横尾　信一	1942年月日不詳	三重県鈴鹿
14	池田喜久夫	1943年月日不詳	ニューギニア
15	中村　敬	不詳	不詳

16	吉本　常太	不　詳	不　詳
17	鈴木　善助	不　詳	不　詳
18	平田　実	不　詳	不　詳
19	桜井安太郎	1944・10―日不詳	不　詳（＊）

●01～18『リックサック―80周年記念号』（稲門山岳会　早稲田大学山岳部　2000年11月「稲門山岳会会員名簿」）

●19『リックサック』11号（早稲田大学山岳部　1967年7月　p.10村木潤次郎「山岳部二十五年の歩み―わたしのみた発展の歴史」）

（＊）上掲「稲門山岳会会員名簿」に桜井の名は見当らない。

■慶應義塾大学（25人）

＊	氏　名	戦没年月日	戦　没　地
01	小森宮章正	1940・4・3	中国遼寧省奉天（戦病死）
02	渡辺良太郎	1942―月日不詳	不　詳
03	斎藤新一郎	不　詳	ジャワ
04	足立幸太郎	1944―月日不詳	不　詳
05	佐藤　又助	不　詳	不　詳
06	中田亀太郎	不　詳	不　詳
07	柴田　穆	1943―月日不詳	アッツ島

08	渋谷　太郎	1944－月日不詳	ニューギニア
09	永野　繁雄	1944－月日不詳	サイパン島
10	嶋田　忠裕	1944－月日不詳	不　詳
11	飯塚弥太郎	1945－月日不詳	ビルマ
12	漆山己年夫	不　詳	ビルマ
13	中村　知一	不　詳	フィリピン
14	内田勇四郎	不　詳	不　詳
15	斎藤　貞一	不　詳	フィリピン
16	藤島　嘉信	不　詳	不　詳
17	濱口　武俊	不　詳	フィリピン（＊）
18	宮脇　喜石	不　詳	不　詳
19	川上　弘	1945－月日不詳	ニューギニア
20	内藤　健吾	1945・1・19	神奈川県菊名上空
21	野崎文太郎	1945－月日不詳	不　詳
22	酒井　和夫	1945－月日不詳	ニューギニア・ビスマルク諸島ニューブリテン島
23	平井　興治	1945－月日不詳	在学中（没地不詳）
24	川嶋　博志	1945－月日不詳	在学中（没地不詳）
25	山本雄一郎	1946・3・18	シベリア・コーチャン収容所（戦病死）

●01『登高会々報』第7号（登高会　1941年5月　pp.66〜69　濱口武俊「追憶小森宮君」ほか）

●16・20・23・24・25『登高行』第17号（慶應義塾大学体育会山岳部　1974年7月　pp.44〜70　谷口現吉「大戦中のルーム—山本、内藤、平井達の遺したものをよすがとして」）

●01〜25『登高会名簿』（慶應・登高会　1988年）

●20『登高行』第17号（前掲　pp.71〜93　内藤健吾遺稿「山登りを考える」）

●01『山岳』第35年第2号（日本山岳会　1941年3月　pp.463〜468　金山淳二・谷口現吉「小森宮章正君を偲ぶ」）

●20 内藤健吾『遺稿』（私家版　1947年）

●01・25『世界山岳百科事典』（前掲）

●01・25『岳人事典』（前掲）

●25『会報』第25号（登高会　1983年8月「山本雄一郎君の思い出特集」）

（＊）小森宮の追悼文を書いた濱口も後に戦没した。

■明治大学（8人）

＊	氏名	戦没年月日	戦没地
01	小島　孝夫	1940・12・7	不詳
02	鍬柄　作治	1944—月日不詳	不詳
03	藁谷　貞夫	1944—月日不詳	不詳

04	麦島源一郎	1944—月日不詳	不詳
05	正野 保次	不詳	不詳
06	国定 和夫	不詳	不詳
07	松永 豊	不詳	不詳
08	島村達之助	不詳	不詳

●『炉辺』Ⅶ号（明治大学山岳部 1962年3月「炉辺会員住所録」）

■法政大学（13人）

*	氏名	戦没年月日	戦没地
01	小倉 武夫	1943—月日不詳	フィリピン
02	田中 菅雄	1945—月日不詳	フィリピン（*）
03	五味 三郎	1945—月日不詳	不詳
04	泉谷 駿一	1945・2・11	フィリピン・ルソン島ラウニオン州ロザリオ
05	福島 元康	1945・3・11	南洋諸島沖（特攻）
06	岡田友次郎	不詳	フィリピン
07	関野 元彌	不詳	不詳
08	江上久三郎	不詳	不詳
09	大木 長蔵	不詳	不詳

10	阿部　秀雄	不　詳	不　詳
11	西脇　信光	不　詳	不　詳
12	橋本彌五郎	不　詳	不　詳
13	茂見　義正	不　詳	不　詳

●01・02・04・05・06・07・08『山想』Ⅴ・Ⅵ合併号（法政大学山岳部　1952年5月「山想会物故会員」）
●03・09・10・11・12『法政大学山岳部の70年』（法政大学山岳部　法政大学山岳部山想会　1994年10月「物故者・顧問・会員」）
●01〜10・12・13『HACの80年—法政大学山岳部創立80周年記念誌』（法政大学体育会山岳部　法政大学山岳部山想会　2004年11月　資料編「会員状況」）
●04『会報』150号（日本山岳会　1950年5月「会員訃報」）
（＊）田中は、日本山岳会会員・岡本勝二の追悼文を書いた後、みずからも戦死した（後掲「日本山岳会関係」の項参照）。

■立教大学（6人）

＊	氏　名	戦没年月日	戦　没　地
01	湯浅　巌	1944・7・18	マリアナ諸島サイパン島（＊）
02	太田悦三郎	不　詳	不　詳
03	横河　正年	不　詳	不　詳
04	薄井　雄二	不　詳	不　詳

05	牧田善之助	不　詳	不　詳
06	長沢　高男	不　詳	不　詳

●01『世界山岳百科事典』（前掲）

●01〜06『部報』10号（立教大学山岳部　立教山友会　１９８３年11月　巻頭「戦没者追悼」遺影のみ）

●01『会報』１４２号（日本山岳会　１９４８年９月「会員訃報」）

●01『山岳』第45年（日本山岳会　１９５１年６月　pp.１７５〜１８１　小原勝郎「湯浅巌君のこと」）

（＊）湯浅は堀田彌一隊長率いる日本登山界初の立大ヒマラヤ遠征隊に参加。１９３６年10月５日、堀田隊長、山県一雄、濱野正夫、竹節作太、アンツェリン（シェルパ）とともにインド・ガルワールのナンダコット（６８６１㍍）の初登頂に成功した。

■中央大学（３人）

＊	氏　名	戦没年月日	戦　没　地
01	矢島　哲夫	不　詳	沖縄（特攻）
02	柴崎　　茂	不　詳	台湾沖（特攻）（＊）
03	樋口　隆三	１９４０・８—日不詳	中国東北部・北満

●01〜03『年報３　１９５２—１９５４』（中央大学体育会山岳部　１９５４年11月　pp.41〜42坪内正「樋口君の思い出」）

●01〜03『目で見る中央大学山岳部の80年』（中央大学体育連盟山岳部　中央大学ＯＢ山岳会　２００７年10月　p.

19「戦時中の登山を語る前川雄治さん」

（＊）『年報』3では芝崎と表記されている。

■日本大学（13人）

＊	氏名	戦没年月日	戦没地
01	西村　重行	1942—月日不詳	フィリピン
02	飯島　望宏	1942・6・20	ビルマ
03	野沢　流麿	1944・8・5	ニューギニア
04	川崎　信三	1944・12・28	中国桂林北方
05	馬淵　龍彦	不詳	不詳
06	大林　力	不詳	不詳
07	川西　岩夫	1945・8—日不詳	中国瀋陽秦尺
08	吉田　博男	不詳	不詳
09	相模　倬	不詳	フィリピン
10	南　正秋	不詳	不詳
11	三田　貞夫	不詳	レイテ
12	上江田清広	不詳	沖縄本島
13	飛田　実	不詳	ラバウル

●『日本大学山岳部八十年の歩み』（日本大学保健体育審議会山岳部　桜門山岳会　2004年11月　p.24「日本大学山岳部八十年通史」）

●01〜04　07、09、10〜13　日大山岳部OB松田雄一氏の教示による。

■東京理科大学（5人）

＊	氏名	戦没年月日	戦没地
01	薄井　武夫	不詳	不詳
02	大竹　司郎	不詳	不詳
03	吉岡　進	不詳	ソロモン諸島ガダルカナル
04	瀬戸口正憲	不詳	硫黄島
05	藤井　義雄	不詳	不詳

●『部報』第16号（東京理科大学Ⅰ部学友会体育会山岳部　1969年7月「理窓山岳会会員名簿」）

■東京慈恵会医科大学（5人）

＊	氏名	戦没年月日	戦没地
01	渡辺三千男	不詳	不詳（戦病死）
02	深谷　一夫	不詳	不詳
03	堀井　弘一	不詳	不詳

04	飯野　富雄	不詳	不詳
05	丹羽　亮二	不詳	不詳

● 『JOCH』4(東京慈恵会医科大学山岳部　1948年9月　杉本良一「巻頭の言葉」p.3「慈大山の会及び山岳部員名簿」)

■東京農業大学(1人)

＊	氏名	戦没年月日	戦没地
01	鳥海　直吉	不詳	中国(＊)

● 織内信彦『偃松帯』(朋文堂　1941年　p.159「事変下の山―私の場合」)

(＊)「事変下の山では《T中尉》と記されているが、織内に問合わせた結果、鳥海直吉と判明した(1978年10月28日付西本宛書簡)。

■日本体育専門学校(1人)

＊	氏名	戦没年月日	戦没地
01	浜田　忠秀	1944・11・23	中国湖南省長沙

● 『新版・きけ　わだつみのこえ―日本戦没学生の手記』(日本戦没学生記念会編　岩波文庫　1995年　pp.44~47)

上智大学（不詳）

●上智大学体育会山岳部部報『MORGENROT』Ⅶ（1964年1月）の「巻頭言」（p.1）中に《……山岳部のOBも何名か戦争で亡くなられた……》という記述がみえるが、詳細不詳。

関西大学（2人）

＊	氏名	戦没年月日	戦没地
01	駒井儀三郎	不詳	不詳
02	水津景八郎	不詳	不詳

●『関大山岳部の70年』（関西大学体育会山岳部　関西大学山岳部OB会　1995年9月「関西大学山岳部OB会名簿」）

同志社大学（16人）

＊	氏名	戦没年月日	戦没地
01	波多野忠三	不詳	不詳
02	森川卯一郎	不詳	不詳
03	稲原　正	不詳	不詳
04	日比野真二	不詳	不詳
05	寺崎　一夫	不詳	不詳

06	下岡　利夫	不詳	不詳
07	山本　明	1940・9・5	中国山東省（＊）
08	足立　啓次	不詳	不詳
09	杉本　一郎	不詳	不詳
10	落合　三郎	1945・8・6	広島（原爆死）
11	三崎　篤	不詳	不詳
12	水口　勇	不詳	不詳
13	和田　保	不詳	不詳
14	吉田　一雄	不詳	不詳
15	七野　実	不詳	不詳
16	河村源一郎	不詳	不詳

●『山その大いなる旅』（同志社大学山岳会　同志社大学山岳部　同志社山岳会八十年誌　DAC報告第25号
2006年5月「年表」確認されたOB会員）

（＊）07山本明は、同志社商業高校を経て神戸商大に進学。同大卒業後、中国山東省で戦死した。神戸商大と重複するが、採録した（前掲・「神戸商大」の項参照）。

■広島高等師範学校（1人）

＊	氏名	戦没年月日	戦没地
01	佐藤 克己	不詳	不詳（中国?）

●『山小屋』106号（前掲 p.24 西岡一雄「山本明君」）

【高等学校関係】

■第一高等学校（4人）

＊	氏名	戦没年月日	戦没地
01	大島 欣二	1944・7・29	マリアナ諸島テニアン島
02	中村 徳郎	1944・10・21	フィリピン・レイテ島ドラグ（＊）
03	佐々木八郎	1945・4・14	沖縄海上（昭和特攻隊員）
04	牧田 邦雄	不詳	東京（米軍の爆撃で没）

●01〜03『新版・きけ わだつみのこえ』（前掲 pp.106〜109、pp.228〜253、pp.193〜208）

●01〜03『失いし山仲間』（一高旅行部縦の会 1972年3月 pp.116〜121 木下是雄「大島欣二」、pp.121〜127 大内力「沖縄の土（佐々木八郎）」、pp.127〜132 岡本信一郎「佐々木君のこと」、pp.133〜138 中村純二「徳さんのこと」 p.5「縦の会逝去者名簿」）

●04『失いし山仲間』（前掲　p.1　黒田正夫「失いし山仲間」）
●01『岳人』405号（東京新聞出版局　1981年3月　pp.38〜42　黒岩健「〝わだつみ〟に消えた山の青春―今考える戦没学徒・中村徳郎の軌跡」）
（＊）中村は、1941年2月、上高地の名ガイド・上条孫人（嘉門次の孫）と組んで北ア・霞沢岳三本槍を冬期初登攀した。黒岩は、上掲・「わだつみに消えた山の青春」の結びで、竹山道雄（中村の一高在学当時のドイツ語教授）は、中村を小説『ビルマの竪琴』の「精神的主人公」として描いたと記述している。

■第三高等学校（1人）

＊	氏名	戦没年月日	戦没地
01	伴　豊	不詳	フィリピン

●梅棹忠夫・藤田和夫編『白頭山の青春』（朝日新聞社　1995年　p.14）
●「時代の証言者」文明学　梅棹忠夫（5）（「読売新聞」2009年9月18日付）

■第四高等学校（10人）

＊	氏名	戦没年月日	戦没地
01	古谷　彰英	不詳	中国
02	山瀬　重夫	不詳	不詳（太平洋戦争）
03	横山　直介	不詳	不詳（太平洋戦争）

04	田中　康望	不詳	不詳（太平洋戦争）
05	若山　三郎	不詳	不詳（太平洋戦争）
06	藤江金一郎	不詳	不詳（太平洋戦争）
07	本間　哲哉	不詳	不詳（太平洋戦争）
08	佐伯　澄之	不詳	不詳（太平洋戦争）
09	山口　正夫	不詳	不詳（太平洋戦争）
10	勝木　敏仁	不詳	不詳（太平洋戦争）

●『BERGHEIL』復刊第7号（四高旅行部行友会　1980年5月「物故会員名簿」）

■第八高等学校（2人）

＊	氏名	戦没年月日	戦没地
01	永田　實	不詳	ビルマ（インパール作戦）（＊）
02	S（不詳）	不詳	不詳

●01石岡繁雄の西本宛書簡（1990年2月14日付および3月4日付）

●02石岡繁雄『屏風岩登攀記』（碩学書房　1977年　p.52）

（＊）石岡は《八高山岳部関係の戦没者はほかにもいたが、思い出せない》としている。

■岐阜高等農林学校（1人）

＊	氏名	戦没年月日	戦没地
01	平山 智廣	不詳	不詳 中国?

●『山小屋』106号（前掲 p.1 西岡一雄「山本明君」）

■山形高等学校（6人）

＊	氏名	戦没年月日	戦没地
01	鈴木 五郎	1944・1―日不詳	不詳
02	桜井 次雄	1944・9・10	ニューギニア
03	大房 基一	1944・6・15	不詳
04	松崎 幹雄	1944・9・7	中国雲南省
05	斎藤 実	1945・6・30	フィリピン・レイテ島
06	山口 孝	1945・7・3	フィリピン

●『コーボルト―その五十年』（山形高等学校 山形大学山岳部同窓会コーボルト会 1978年9月「コーボルト会々員氏名一覧」）

■新潟高等学校（2人）

＊	氏名	戦没年月日	戦没地
01	青木　元	不詳	東京
02	岡本　康吉	不詳	中国北部

●『飯豊』第7号（新潟大学山岳部　新潟大学山の会　1958年11月「新潟大学山の会会員名簿・旧制の部」）

■静岡高等学校（13人）

＊	氏名	戦没年月日	戦没地
01	鈴木　宣邦	1942・2・15	仏印・カプサンジャック海岸
02	山本　邦男	1942・5・8	陸軍軍属としてジャワ島に向かう途中、東シナ海で潜水艦の攻撃をうけ殉職
03	三輪　輝夫	1943・2・8	南方洋上
04	沖　静一	1943・7・6	珊瑚海・ソロモン諸島（＊）
05	矢袋　春雄	1944・8・23	中国南部衡陽県楊家拗（野戦予備病院で戦病死）
06	鈴木　新平	1944・9―日不詳	不詳
07	田中　敦夫	1944・9・30	北西太平洋マリアナ方面
08	山崎　孝治	1944・10・13	台湾
09	森川　武夫	1945・1・11	フィリピン・レイテ島タクロバン

10	川北　朔三	1945・3・11	ニューギニア・ニューブリテン島ガゼル（戦病死）
11	堀　春生	1945・3―日不詳	不詳（戦病死）
12	三ツ井達郎	1946・2・3	ニューギニア・ニューブリテン島（戦病死）
13	末永　淳夫	不詳	不詳

●01・02・04・07・08・09・10・11『紫岳』11（静岡高等学校紫岳会　1952年5月　pp.59～71「追悼・高峰の花に寄せて」）

●01～07、10～12『紫岳―学校山岳会の詩と真実』（静岡高等学校紫岳会　静岡大学山岳会編　朝日出版社　1977年11月「静岡高等学校紫岳会々員一覧」01　pp.409～411　桜井和市「紫岳会創立十周年にあたりて」02　p.414　内山良男「山本邦男君の思い出」pp.415～416　沖静一「山本さん」）

●02・03・04・05・12『地のさざめごと―旧制静岡高等学校戦没者遺稿集』（旧制　静岡高校同窓会連合会・石原四郎編　講談社　1968年　p.45　p.52　p.71　p.87　p.274）

（＊）沖は、山本邦男の追悼文を書いた後、みずからも戦没した。

■甲南高等学校（4人）

＊	氏名	戦没年月日	戦没地
01	楠木　義昭	1940―月日不詳	不詳
02	湯川　孝夫	1945・8・6	広島（原爆死）
03	加藤　弘三	不詳	不詳

04	多田　潤也	不詳	不詳

●『時報―甲南山岳部創立40周年記念号』（甲南山岳部　甲南山岳会　1964年11月　01　p.166　楠木正夫「自分のこと　山のこと」　02　p.20　伊藤収二「アルピニズムの開花（第一期黄金時代）」　03　p.28　福田泰次「アルピニズムの開花（第二期黄金時代）」　03～04　p.205　赤松二郎「若き日の思い出」）

【中等学校関係】

■神戸第一中学校（2人）

*	氏名	戦没年月日	戦没地
01	梶　金之助	1944・8―日不詳	中国・北満
02	坂西　正	不詳	不詳

●『群巒』（ぐんらん）7号（神戸一中山岳同好会　1946年　p.64「編集後記」および「名簿」）

【社会人関係】

■飛騨山岳会（2人）

＊	氏名	戦没年月日	戦没地
01	小林　正一	不詳	勤労動員先の神奈川県川崎の工場で爆死
02	尾崎　春登	不詳	不詳

●01『山刀』7号（飛騨山岳会　1950年1月）p.17　代情山彦「天上界の友へ」ほか　02　p.19　芳田洪峰「尾崎君を憶ふ」

■山岳巡礼倶楽部（8人）

＊	氏名	戦没年月日	戦没地
01	小山　正夫	不詳	不詳
02	荏原　時次	不詳	不詳
03	蓑島　可也	不詳	不詳
04	黛　全	不詳	不詳
05	小林　豊作	不詳	不詳

*	氏名	戦没年月日	戦没地
06	松平（兄）（名不詳）	不詳	不詳
07	松平（弟）（名不詳）	不詳	不詳
08	飯塚近太郎	不詳	不詳

●『GAMS・創立二十五周年記念』（山岳巡礼倶楽部　1960年11月　p.記載なし　高橋定昌「二十五年の回想——中堅幹部の戦死」）

■東芝山岳会（1人）

*	氏名	戦没年月日	戦没地
01	佐藤　公正	1944—月日不詳	アッツ島に向かう船団が魚雷攻撃を受け戦死

●『芝浦山岳会史』（芝浦山岳会OB会ほか　1974年8月）同誌p.41に《戦争のため幾人かのよき岳友を失い……》との記述があり、複数の戦没者を出したことを窺わせるが、詳細不詳。

■築地山岳会（4人）

*	氏名	戦没年月日	戦没地
01	船田　義雄	不詳	不詳
02	関口（名不詳）	不詳	不詳
03	新井（名不詳）	不詳	不詳
04	井門（名不詳）	不詳	不詳

●『堆石』16（築地山岳会　1962年12月　p.8　松本正二「戦争中の築地山岳会のこと」）

■登歩渓流会（3人）

＊	氏名	戦没年月日	戦没地
01	安田　政雄	1939―月日不詳	中国
02	芦田（名不詳）	1939―月日不詳	中国
03	丹羽　正吉	不詳	不詳（＊）

●01・02『登歩渓流』11（登歩渓流会　1941年2月　p.54「編集後記」）

●03『クライミング・ジャーナル』20（白山書房　1985年11月　p.56　鷹觜勝之「クライマーの系譜―山口清秀・下」）

（＊）丹羽は、川上晃良と組んで1940年7月16日、谷川岳一ノ倉沢烏帽子奥壁中央ルンゼの初登攀に成功した。鷹觜は上掲「クライマーの系譜―山口清秀・下」に《……戦地で命を落としたクライマーは多かった。烏帽子奥壁を初登した丹羽正吉も、その一人だった》と記しているが、出典不詳。登歩渓流会の重鎮・杉本光作が、その遺作『私の山谷川岳』（中央公論社　1981年）のなかで、丹羽のパートナーであった川上晃良を語ったくだりで、同ルートを第2登した昭和山岳会の小林隆康の南方での戦死を記している（p.322）のに、同じ会の仲間の丹羽の戦死についてはまったく触れていない。なんとも不思議である。ここでは、鷹觜の記述を採用したが、もやもやした思いはぬぐえない。

■東京朝霧山岳会（不詳）

●『朝霧―創立50周年記念誌』（東京朝霧山岳会　1982年11月）p.13に《……出征した会員の中には故国に帰れない人たちもいた》との記述が見られるが、詳細不詳。

●『朝霧60周年記念誌』（同1992年9月）p.2に《……出征会員達が戦死したり……》と記されているが、詳細不詳。

■東京辿路山岳会（2人）

＊	氏名	戦没年月日	戦没地
01	杉浦　義雄	不詳	不詳（＊）
02	山口（名不詳）	不詳	不詳

●『われらの軌跡―山岳会に生きた五十年』（東京辿路山岳会　1985年5月　p.11）

（＊）杉浦は初代会長。

■東京野歩路会（1人）

＊	氏名	戦没年月日	戦没地
01	岡野　鶴吉	不詳	不詳

●『山嶺―創立60周年記念号』（東京野歩路会　1982年10月　p.209　鈴木五郎「名刺」）

■日本ハイキング倶楽部（5人）

＊	氏名	戦没年月日	戦没地
01	岩崎　至祐	不詳	フィリピン
02	青木葉弥太郎	不詳	不詳
03	古市宇太郎	不詳	不詳
04	吉岡　善巨	不詳	不詳
05	松本　侑吉	不詳	不詳

●『部報─創立50周年記念号』（日本ハイキング倶楽部　1983年5月　pp.17～18　並木国衛「私の想い出に残る面影を偲ぶ」）

■三峰山岳会（3人）

＊	氏名	戦没年月日	戦没地
01	金田　耕三	不詳	不詳
02	戸部（名不詳）	不詳	不詳
03	高木真次郎	不詳	不詳（＊）

●『年報・三峰─創立40周年記念号』（三峰山岳会　1974年10月　pp.4～5「会のあゆみ─昭和八年より昭和二十年まで」）

●『年報・三峰─創立50周年記念号』（同　1983年11月　p.25「会のあゆみ─昭和八年より昭和二十年まで」

40年周年記念号と同じ記述）

（＊）高木は三峰山岳会創立会員の1人。

■明峰山岳会（5人）

＊	氏名	戦没年月日	戦没地
01	萩原 眞一	不詳	ニューギニア
02	仁茂田正文	不詳	中国東北部？
03	大石 靖	不詳	中国東北部
04	田島 英良	不詳	不詳
05	須田 栄一	不詳	シベリア（抑留中戦病死）

●『北岳のうた—明峰山岳会六十周年記念』（明峰山岳会北岳のうた編集委員会 1989年7月 p.413「戦火に散った岳友たち」）

■昭和山岳会（12人）

＊	氏名	戦没年月日	戦没地
01	沢井 道夫	不詳	フィリピン
02	増淵 昇一	不詳	不詳
03	小林 隆康	1943—月日不詳	南方（＊）

04	不詳	不詳	不詳
05	不詳	不詳	不詳
06	不詳	不詳	不詳
07	不詳	不詳	不詳
08	不詳	不詳	不詳
09	不詳	不詳	不詳
10	不詳	不詳	不詳
11	不詳	不詳	不詳
12	不詳	不詳	不詳

●01～12『歩み続けて半世紀』（昭和山岳会　1991年8月　p.153　釣巻俊夫「戦後の概観」）
●01『岳人』57号（中日新聞社　1953年1月　p.76　高橋照・新村正一・高須茂「新春放談」）
●03　杉本光作『私の山谷川岳』（中央公論社　1881年　p.322）
●『世界山岳百科事典』（前掲）、『岳人事典』（前掲）
◎　04～12　氏名・戦没年月日　戦没地いずれも不詳。
（＊）小林は谷川岳南面幕岩Bルンゼ（39年）、同Bフェイス（40年）、同一ノ倉沢コップ状ルンゼ、同滝沢第一スラブ、同中央壁（41年）などを初登攀したほか、40年7月、同烏帽子奥壁中央ルンゼを第2登。著書に『岩壁登高』（博山房書　1942年）がある。

■鵬翔山岳会（9人）

＊	氏名	戦没年月日	戦没地
01	不詳	不詳	不詳
02	不詳	不詳	不詳
03	不詳	不詳	不詳
04	不詳	不詳	不詳
05	不詳	不詳	不詳
06	不詳	不詳	不詳
07	不詳	不詳	不詳
08	不詳	不詳	不詳
09	不詳	不詳	不詳

●春日俊吉『山の生還者』（朋文堂・旅窓新書21　1955年）pp.21～22「那須坊主沼の守護神」に《……九名がついに戦火のなかに散華していった》との記述があるが、氏名その他不詳。春日は太平洋戦争末期、鵬翔山岳会の会長職にあった。

■横浜山岳会（3人）

＊	氏名	戦没年月日	戦没地
01	松井　敦	1938・5・16	中国徐州

02	栗林　三郎	1944・3・15	不詳
03	高多八太郎	1944・3・26	中国東北部・北満（戦病死）（＊）

●『山』446号（横浜山岳会　1969年8月　pp.7～8　平野武次「山岳会の物故会員」）

●『創立五十周年記念誌』（横浜山岳会　1983年11月「物故会員」）

（＊）『創立五十周年記念誌』では、「高田」と表記されている。

■横浜蝸牛山岳会（6人）

＊	氏名	戦没年月日	戦没地
01	吉川　義雄	不詳	不詳（＊）
02	中村　政一	不詳	不詳（＊＊）
03	竹中　喜一	不詳	不詳
04	後閑和一郎	不詳	不詳
05	多田　喜計	不詳	不詳
06	亀山　金一	不詳	不詳

●『かたつむり―横浜蝸牛山岳会50周年記念誌』（横浜蝸牛山岳会　1989年11月　p.23「戦場に逝ける岳友」）

（＊）同会最初の戦没者

（＊＊）同会初代会長

■中京山岳会（2人）

＊	氏名	戦没年月日	戦没地
01	高橋 正二	不詳	不詳
02	内山 修三	不詳	不詳

●『山と谷へ—中京山岳会50年史』（中京山岳会 1982年2月「逝去会員」）

■大阪管見社登山部（OKT）（3人）

＊	氏名	戦没年月日	戦没地
01	笈田 政雄	不詳	中国（＊）
02	後藤武四郎	不詳	不詳（＊＊）
03	北条 理一	1945・8・10	中国（戦病死）（＊＊＊）

●01 藤木九三『登拝頌』（山と渓谷社 1943年 p.・153「〝劒〟に生きた山男」）
●02・03『クライミング・ジャーナル』3号（前掲1982年10月 p.67 大内尚樹「クライマーの系譜 北条理一」）
●03『岳人』第4号（岳人社 1947年9月 p.21 梶本徳次郎「北条理一の追憶」）
●03『岳人』157号（東京中日新聞社 1953年4月 pp.80〜81 宇野光一「北条理一君のこと」）
●03『山書研究』23（前掲 pp.99〜100 田口俊二「奥又白登攀小史」）
●03『世界山岳百科事典』（前掲）
●03『岳人事典』（前掲）

（＊）笈田は、１９３３年７月、角口想蔵（ＯＫＴ）とのペアで北ア・　剱岳剱尾根主稜上半部を初登攀した。

（＊＊）後藤は、北条とのペアで１９３３年８月20日、北ア・前穂高岳北尾根四峰正面壁を初登攀した（北条＝後藤ルート）。大内『クライマーの系譜　』には、北条・後藤とも戦死した旨記されているが、出典不詳。北条の戦病死については他の文献などで確認できるが、後藤に関する資料が見当たらないため、ここでは大内の記述を孫引きした。ただ、不思議なのは梶本（『岳人』３号）、宇野（同・１５７号＝宇野はＯＫＴの会員だった）ともに、北条のパートナーとして苦楽を共にしたであろう後藤については戦没したのか否かをふくめて一切触れていないことである。しかも、北条・後藤を熟知しているはずの、新村正一・梶本徳次郎の２人が連名で発表した「氷雪の屏風岩第１ルンゼ」の記録（『岳人』第２号１９４７年６月　p.６）の冒頭に《……戦場に散つた我が師北条理一氏と、当時この登攀を競つた入江康行氏（大阪商大）の霊にこれを報告する》と記しているのに、これまた後藤にはまったく言及していないのである。

なお、山崎安治は「奥又白谷における登攀」に触れた一文（『新稿　日本登山史』白水社　１９８６年　pp.４９１〜４９２および巻末「人名索引」）のなかで、後藤武四郎を「武藤武四郎」などと記している。明らかに誤記である。山崎編『日本登山記録大成』３　槍・穂高」（同朋舎出版　１９８３年）に収録されている後藤の記録「前穂高北尾根第四峰又白側岩壁」pp.３４１〜３４６とその「解説」（p.３５７）では「後藤」としているのに、である。

（＊＊＊）北条は、後藤と１９３３年８月20日前穂北尾根四峰正面壁を初登攀したほか、剱岳チンネ北壁、錫杖岳烏帽子岩（１９３２年８月）、末端からの剱岳チンネ左稜線（１９３４年７月）、同北条・新村ルート（１９３７年７月）などを開いた。

■豊崎山岳会（1人）

＊	氏名	戦没年月日	戦没地
01	講崎（名不詳）	不詳	不詳

●『関西登高会40年史—1947〜1987』（関西登高会　1987年　p.12　清野清彦「私の山登りと関西登高会」）

■京都山小屋倶楽部（不詳）

●「京都山岳　その六十年の歩み」（京都山岳会　1980年11月　p.14）中に《（京都山小屋倶楽部）『月報』昭和17年10月号》に《……だんだんと戦時色が濃厚となり、錬成登山、決戦登山調一辺倒となっていく。なかでも会員の遭難死ではなく、戦死の訃報が目にいたい》と書かれているが、詳細不詳。

■関西山小屋倶楽部（1人）

＊	氏名	戦没年月日	戦没地
01	小山三千春	1938・10・7	中国揚子江九江上流

●『関西山小屋』30号（朋文堂　1938年12月　「関西山小屋倶楽部部報」No.24　p.1「噫！小山三千春君戦死」）

■京都山岳会（不詳）

●『京都山岳―五十周年記念号』（京都山岳会　1970年11月　p.4）角倉太郎の「京山よ　栄えあれ」と題する一文中に《共に訓練に励んだ……仲間たち―京山の人も―次々と戦死していった》と記されているが、詳細不詳。

■歩行倶楽部（1人）

●『京都山岳―四十五周年記念号』（京都山岳会　1965年11月　p.26藤塚吉太郎「第二次世界大戦以前」）

＊	氏名	戦没年月日	戦没地
01	見原　重雄	不詳	戦没地不詳（太平洋戦争）

■日本山岳会（18人）

＊	氏名	戦没年月日	戦没地
01	岡本　勝二	1939・10・20	中国・北支石家荘
02	飯塚篤之助	1945・5・20	不詳（戦災死）
03	高瀬　進三	1945・6・21	中国河北省曲陽県東諸侯
04	林　俊介	1945・7・10	南洋群島セントアンドレウス諸島ソンソル
05	園山徳三郎	不詳	不詳
06	太田　又一	不詳	不詳（戦病死）
07	松野　節夫	1945・4・23	フィリピン

08	黒岩徳千代	1945・5―日不詳	南方
09	坂井　喜造	不詳	長崎（戦災死）
10	島　速雄	不詳	不詳
11	柏岡　英男	不詳	大阪（戦災死）
12	山本　健吉	1944・12・21	ニューギニア・ニューブリテン島（戦病死）
13	増永　次夫	不詳	不詳
14	立山　浄	不詳	不詳
15	熊田喜平治	不詳	名古屋（戦災死）
16	林松　三郎	1945・8・9	広島（原爆死）
17	石黒　重光	不詳	南方　海軍軍属（＊）
18	藤田　肇	1945・8・6	広島（原爆死）

●01『会報』90号（日本山岳会　1939年11月「訃報」）
●01『山岳』第35年第1号（前掲　1940年5月　pp.220～223　田中菅雄「岡本勝二君を想ふ」）
●02『山』133号（日本山岳会　1946年4月「会員訃報」）
●03～07『会報』142号（日本山岳会　1948年9月「会員消息」）
●03『山岳』第45年（前掲　1951年6月　pp.168～171　冠松次郎「飯塚篤之助君の思い出」）
●08『会報』147号（前掲　1949年10月「会員訃報」）
●09『会報』148号（前掲　1949年11月「会員訃報」）

●10〜16『会報』149号（前掲 1950年3月「会員訃報」）
●17『会報』150号（前掲1950年6月「会員訃報」）
●17『日本山岳会百年史・本篇』（日本山岳会 2007年3月 p.147 松田雄一「会員百年の推移—会員数・会員制度・会員番号など」）
●18 松田雄一氏の教示による
（＊）石黒の消息について『会報』132号（1944年7・8月）の「会員消息欄」は《海軍軍属として南方に赴任》と伝えている。
◎『会報』142号に湯浅巌（立教大学）、美木富士哉（京都医科大学）、黒田孝雄（東京大学）、山本雄一郎（慶應義塾大学）、同150号に泉谷駿一（法政大学）の訃報（戦没）が載っているが、それぞれの大学の戦没一覧に採録してあるので、日本山岳会の戦没一覧には加えていない。
◎田中菅雄は、岡本勝二の追悼文を書いた後、みずからも戦死した。

■所属不詳（7人）

＊	氏名	戦没年月日	戦没地
01	加藤 泰三	1944・6・25	西部ニューギニア・ビクア島天水山（＊）
02	幼方 芳男	不詳	不詳（＊＊）
03	福村 俊一	不詳	不詳
04	前野 武雄	不詳	不詳

05	菅原　梅吉	不詳	不詳（中国？）（＊＊＊）
06	宮内　敏雄	1945・3―日不詳	中国（南京陸軍病院で戦病死）（＊＊＊＊）
07	熊井　文吾	不詳	不詳（＊＊＊＊＊）

●01 加藤泰三『霧の山稜』（二見書房　1977年　巻末「加藤泰三略歴」）
●01『世界山岳百科事典』（前掲）
●01『岳人事典』（前掲）
●02〜04『岳人』111号（1957年7月　pp.75〜76　川崎精雄「山友達のこと―物故された人々も共に」）
●05 織内信彦『偃松帯』（前掲pp.156〜162「事変下の山」）
●06 宮内敏雄『復刻版・奥多摩』（百水社　1992年　巻末「宮内敏雄著作・略年譜」）
●07 百瀬美江『山を想へば』（百瀬慎太郎遺稿集刊行会　1962年　pp.195〜196　慎太郎が、義弟文吾の戦死を悼んで詠んだ短歌6首）
（＊）加藤は、名画文集『霧の山稜』（朋文堂　1941年）を残している。

（＊＊）日本登高会会員？

（＊＊＊）菅原は、陸軍戸山学校（東京新宿区）に、世界初の人工壁（コンクリート製）を建造した人物である。

（＊＊＊＊）宮内は、優れた地域研究書である『奥多摩』（昭和刊行会　1944年）を残している。

（＊＊＊＊＊）熊井は、大町「対山館」主、大町案内人組合創立者・百瀬慎太郎の義弟である。
◎ほかに　中村貞治は「主なきピッケル」『山小屋』83号（朋文堂　1938年12月　p.86）中に、岳友が同年9月中国で戦死したことを記しているが、詳細不詳。　上田徹雄（哲農）は「戦没登山家の手紙」（『山と高原』34号朋文堂　1942年2月　pp.28〜29）中に、岳友（Y）が太平洋戦争で戦死したことを述べているが、詳細不詳。

■芦峅寺案内人組合（11人）

＊	氏名	戦没年月日	戦没地
01	佐伯　有重	不詳	不詳
02	佐伯　友一	不詳	不詳（＊）
03	佐伯　虎松	不詳	不詳
04	佐伯　栄蔵	1938―月日不詳	中国上海（＊＊）
05	佐伯　房重	不詳	不詳
06	佐伯　勲	不詳	不詳（＊＊＊）
07	佐伯　豊	不詳	不詳
08	佐伯平三郎	不詳	不詳
09	佐伯庄次郎	不詳	不詳
10	志鷹　栄一	不詳	不詳
11	志鷹　利治	不詳	不詳

●01〜11『立山とガイドたち』（北日本新聞社出版部　1973年　pp.317〜319「芦峅寺案内人組合名簿」）

●04『登山とスキー』（登山とスキー社　1937年11月号　pp.100〜101一般ニュース「アルプスの名ガイド

佐伯（栄蔵）君戦死す　上海戦線の花」）

（＊）佐伯文蔵の兄。

（＊＊）「名簿」では「栄造」と表記されている。

（＊＊＊）佐伯八郎の実子。

■槍・穂高ガイド（1人）

＊	氏名	戦没年月日	戦没地
01	今田　友茂	1943・7―日不詳	ガダルカナル・ニュージョージア島ムンダ（自爆）（＊）

● 今田重太郎『穂高に生きる―五十年の回想記』（読売新聞社　1973年　pp.41～42）

（＊）北ア穂高小屋の開設者・今田重太郎の末弟（六男）である。

山岳団体別戦没岳人数

大学関係

校　名	人数
北大	14
東北大学	3
東大	4
東京商大	1
大阪商大	11
大阪薬専	1
神戸商大	1
京都医大	1
早大	19
慶大	25
明大	8
法大	13
立大	6
中大	3
日大	13
東京理大	5
慈恵医大	5
東京農大	1
日本体専	1
上智大	*
関西大	2
同志社大	16
広島高師	1
計	154

高校関係

校　名	人数
一高	4
三高	1
四高	10
八高	2
岐阜農高	1
山形高	6
新潟高	2
静岡高	13
甲南高	4
計	43

中学関係

校　名	人数
神戸一中	2
計	2

社会人関係

会　名	人数
飛騨	2
山巡	8
東芝	1
築地	4
登歩	3
朝霧	*
辿路	2
東京野歩	1
日本ハイク	5
三峰	3
明峰	5
昭和	12
鵬翔	9
横浜	3
横浜蝸牛	6
中京	2
大阪管見	3
豊崎	1
京都山小屋	*
関西山小屋	1
京都	*
歩行倶	1
ＪＡＣ	18
所属不明	9
ガイド	12
計	111

計	310

第四章　十五年戦争と女性登山家の戦争責任

十五年戦争と女性登山家の戦争責任

十五年戦争と登山者の戦争責任――一見するとなんの脈絡もなさそうに映る。まして、いきなり〈女性登山者にも戦争責任あり〉などといわれたら、仰天して目を剝く向きが多いに違いない。だが、事実は以下に見るが如しである。

正確には、当時指導的立場にあった一群の女性登山者の戦争責任というべきなのだが、登山と登山者を「総力戦体制、高度国防国家の一翼」たらしめようとするその主張や言動は、男性中心の岳界にあって、ごく少数ではあったものの、それ故にかえって男性顔負けの物凄さを印象づける。

一つ二つ例を挙げよう。

「畏くも米英に対し宣戦の大詔が渙発せられました銘記すべき十二月八日、捷報につぐ捷報に私達はただ感激感謝の坩堝に巻き込まれてしまひさうですが『戦いはこれからだ！』未だ何年続くかわからない長期戦に備えて大いに心身を鍛錬いたしませう。」

「私達の登山もスキーもこれからはすべてお国のためになるような方向に進まねばならぬと存じます。お互いに個人の享楽本位の登山とスキーは絶対に排撃いたしませう。」「……大東亜戦争完勝のために、新体制登山道確立のために、……一億一心愈々奉公の寔を尽さうとの覚悟に燃えてゐます。」

これは山岳雑誌『山と高原』三十三号（一九四二・昭和一七年一月、朋文堂）の「編輯後記」の一節である。

書いたのは、森いづみ編集長。森はこの号の前後にも同様の、否、さらにボルテージの高い主張を展開しただけでなく、「戦争遂行」に役立つ誌面づくりに血道を上げつづける。「国策摘み草ハイク」「傷痍軍人慰問山行」などというおかしな「山行」を編出したのも森であった。

岩根登喜子も書いた。

「正しい登山に依る堅忍持久の精神と、何処迄も突き進む皇軍の山岳戦に於けるあの雄々しい姿こそ、山岳家の誇り得るたのもしき姿でなくてなんであらうか。登山に依る心身鍛錬こそ、第二国民の辿るべき道に課せられた錬磨であつて、……女性の責務の重大性を痛感せずには居られない思ひがする。彼の軍神の母の力、女性の力が、国家の原動力たる第二の国民に及ぼす力のなんと大きく、なんと尊いものであるかをも此の度の戦に依つて、明らかにされた」（「結婚と登山」・『登山とスキー』一九四二・昭和一七年六月号所載。同社）

こういう主張をどう評価するかは自由である。しかし、すくなくともわたしは看過する気にはなれない。

五二回目の「一二月八日」がまたやってくる――。

第五章　〝山の発禁本〟覚書

山の発禁本覚書

「発禁」といえば、思想関係書やいわゆる「春本」の類を思い浮かべるのが一般的な傾向ではなかろうか。しかし、その実態はじつに多種多様で、ありとあらゆる分野に及んでいるといっても過言ではない（註1）。むろん山岳関係書も例外なく被害をこうむった。

本稿は、これまでほとんど取り上げられることがなかった「山の発禁本」に関する覚書である。

（註1）久源太郎編『発禁本関係資料集成』一～四輯（湖北社・一九七六年～一九七七年）や小田切秀雄・福岡井吉編『増補版　昭和書籍・雑誌・新聞発禁年表』（全三巻・明治文献資料刊行会・一九八〇年）などを一瞥するだけで、その凄まじいばかりの実相がたちどころに理解できる。

発禁第一号は雑誌「山と旅」

山岳関係書の発禁第一号は、おそらく一九三二（昭和七）年五月、世に出るはずであった商業山岳雑誌『山と旅』陽春特輯臨時増刊「裸体運動号」だと思われる（註2）。理由は「風紀紊乱」である。

「目次」を見る限り、《風俗を乱す》などと咎め立てされるほどの中身ではなさそうに思えるが、どうやら「日光浴実施参考」と銘打った三〇数葉の、男女の裸体写真が「猥褻図画《とが》」と見做され、発禁の憂き目を見るにいたったようである。
目次はこんな具合である。

○日光意識の徹底を期せ
○ズーレン式空気浴、雨浴、日光浴
○独逸に於ける裸体運動
○欧州裸体運動の実際
○各国児童の日光浴運動
○欧州の裸体運動に対する批判
○日光浴から裸体運動へ
○日光浴実施表

――中略――

○裸体運動と健康美
○裸体と日光

――以下略――

『山と旅』は、一九二一（大正一〇）年に創刊された、この国最古の商業山岳雑誌である。ドイツのワンダーフォーゲルを手本とした野外活動の普及を目的に、一九一九（大正八）年に創立された「ジャパン・キャンプ・クラブ」（J・C・C）（註3）の機関誌『キャムピング』（月刊・縦二六・五センチ×横一九・五センチ・タテ組み。一〇ページほどの新聞形式）をルーツとする。一九二六（昭和元）年十二月第三種郵便物の認可を受け、一九二九（昭和四）年一〇月刊の八五号から『山と旅』と改題。九七号から縦二四チセン×横一六チセンの判型に変えた。装丁、紙質とも立派で、執筆陣も毎号一流どころを揃えている。

一九三一（昭和六）年三月に出た一〇〇号は、ヒマラヤ特集を組むなど、当時としては先進的なところをみせているが、『山と渓谷』（山と渓谷社）、『登山とスキー』（アルピニズム社）、『山小屋』、『ケルン』、『山と高原』（以上朋文堂）、『ハイキング』（ハイキング社）等々と較べると、知名度も低くやや影が薄い。

斎藤一男の論考（註4）によると、一一六号（一九三二年一一月）を最後に終刊とある。が、一一六号の「編輯後記」には一一七号の企画について触れたくだりがあり、「終刊」の気配はまったくない。一一六号で終刊にいたったとすれば、予告なしの抜き打ち終刊ということになる。あるいは半年前に「裸体運動号」が発禁を食らったことと無関係ではないかもしれない。

（註2）『山と旅――裸体運動特集号』は、ずっと未見だったが、日本山岳文化学会会員・城島紀夫氏の調査で、国立国会図書館に保存されていることが判明、同氏を通じてそのコピーを入手することができた。表紙に〔風俗・號四二三・永久保存〕のスタンプが押され、〔差押モノ〕という書き込みがある。総ページ一八五。

（註3）『山と旅』の発行人であった河田祐慶は「日本アルプスと日本山岳会由来」（『徒歩旅行』全国著名山岳案内所収／一九四〇年六月）と題する一文中にJ・C・Cの創立を一九一九（大正八）年と記している。

（註4）「山岳雑誌の変遷――明治・大正・昭和にわたって」（『山岳展望』創刊号所載／山岳展望の会　一九六三年）。なお、河田祐慶は前掲『徒歩旅行』の一文のなかで、一九三九（昭和一四）年に創刊された『徒歩旅行』（日本旅行社／一九四三・昭和一八年八月『錬成旅行』と改題。一九四四・昭和一九年三月で終刊）は、『山と旅』の後継誌であると

している。

「風紀を壊乱する」と

本論に入ろう。

「裸体運動（臨時増刊号）金子佐一郎編輯　東京・丸ビル　ＪＣＣ　同上　河田祐慶　七、五、九」

右は、検閲の主務官庁であった、内務省警保局図書課がまとめた『マル秘　出版警察資料／禁止単行本目録（明治二一年〜昭和九年）』（註5）の「風俗禁止」の項に残る記録である（河田祐慶は発行人、漢数字は処分年月日）。これで同号に収められた「日光浴写真に風俗を害するものあり」――検閲の専門用語でいう「風俗壊乱の虞れ」――が、発禁の理由であったことがわかる。

さらに内務省警保局検閲課の手になる『出版警察概観（昭和七）』（註6）の中の「風俗関係出版物の傾向――概説」にも《……（猥褻な）写真図画等《とが》を掲載して処分せられたるものは「裸体運動」（五月九日禁止）等がある》と記されており、同号が風紀を紊す淫本扱いされたことを裏づけている。

だが、『山と旅』の編集者は「裸体運動号」の発刊に強い自信を持っていた節が窺える。

一一一号（同年四月刊）の編輯後記――。

《追つかけ発行される臨時増刊裸体運動号は実に驚倒的な期待を持つて読書界の人気を一身に引き攫つて居るといふ素晴らしい前景気である（中略）何してわが社のものは斯う売れるのだらう》

明と暗、天国と地獄――。処分を食らった翌月（一九三二年六月）刊の一一二号（通常号）の編輯後記には、こうある。

《「裸体運動号」は、その材料の蒐集には絶大の努力を払ひ、苦心の所産として誇らかに発刊いたしました処、同書中三十数枚の裸体写真が其筋の禁に触れ、発禁の厄に会（ママ）つた事はかえすがえすも悲しむ可き事、種々奔走したが分割還付も却下されたので、この方は一先ず思い切つて更に再版の計画を進めております。何卒本社の微衷を汲まれ、本運動の為皆様の熱心なるご支援を切望いたします》

検閲対策に腐心した様子がありありである。しかも、《種々奔走した分割還付》――問題視された箇所を削除して発売・頒布の許可を得る――さえも《却下された》のだから編集者はさぞ無念だったろう。《発禁の厄に会つた》という強烈な表現には、深い怨念がこめられているかのようである。

一一二号には「J・C・C出版部」名の《「裸体運動号」の発禁に就いて》と題する社告めいた声明文も載っており、その切歯扼腕ぶりをいっそう際立たせている。

《我が八千万同胞の健康管理の為に、苦心惨憺漸く玆に完成された処の健康聖書「裸体運動号」は、其の筋の命に依り、発売禁止となりました。しかし其の後も本書購読の希望簇出状態にあるので、わが社……は裸体運動党の為に、改めて近く再刊の予定》。

前述のとおり発禁処分を受けた半年後に、同誌は姿を消すことになったため、「裸体運動号」が日の目を見ることはなかった。

（註5）前掲『発禁本関係資料集成』1輯
（註6）前掲『発禁本関係資料集成』4輯　所収

言論・出版統制の仕組み

ここで当時の言論・出版統制の仕組みを一瞥しておく。

単行本や雑誌類の出版統制は、内務省警保局を主務官庁に、一八九三（明治二六）年四月公布、一九三四（昭和九）年に一部改悪された「出版法」を根拠法規として推しすすめられた。同法は一九〇九（明治四二）年五月に公布された「新聞紙法」とともに、言論、出版取締諸法規のチャンピオンとして悪名高く、制定以降ほぼ半世紀の長きにわたって猛威をふるった。

同法を要約すると、

①あらゆる出版物は、この法律によらなければならない（一応「届出制」の体裁をとっているが、実際はお上の許可を受けなければ非合法出版とされ、処罰の対象となる）。

②出版物の発売・頒布にあたっては、その三日前に見本二部を、出版届とともに内務省に提出しなければならない（検閲と取締りのため。第三条）。

③安寧秩序妨害、風俗壊乱などの禁止事項（後掲・検閲標準）に違反したものは、発売・頒布の禁止、刻版・印本を差し押さえることができる（第十九条）。

④三条の手続きと禁止事項（皇室の尊厳の冒瀆、安寧、風俗）に違反した発行者、著作者、印刷者は五円以上

五十円以下の罰金（第二十二条）、二月以下の禁固と二十円以上二百円以下の罰金（二十六条）、十一日以上六月以下の禁固又は十円以上百円以下の罰金に処す（二十七条）。

といったように、非常に厳しいもので、徹底した統制と取締り姿勢につらぬかれていた。

届け出た単行本や雑誌などの出版物は、内務省警保局図書課（一九四〇・昭和一五年以降「検閲課」と改称）――各地方庁警察部特高課検閲係（東京の場合は警視庁特高課検閲係。後に「検閲課」に昇格）のルートにそった検閲を受け、その結果で発売・頒布の可否が決まる。不許可即発禁であった。

検閲と取締りには、憲兵司令部なども一部手を出していたが（註7）、一九四〇（昭和一五）年十二月、言論・出版統制のいっそうの強化と一元化を狙いに、内閣情報部を改組・拡充し「情報局」に格上げするにいたる（註8）。しかし、いまに残る発禁などの記録文書が雄弁に証拠立てるように、検閲や取締りを含む言論・出版統制の中心は以後も内務省（特高警察）であった（註9）。

（註7）油谷哲安『近畿健歩新コース』（翼賛出版協会・一九四二年）、冠松次郎『雲表をゆく』（墨水書房・同年）には［憲兵司令部御検閲済］［憲兵司令部検閲済］などと印刷されている。
（註8）香内三郎「情報局の機構とその変容」（『文学』VOL29・岩波書店・一九六一年五月）参照。
（註9）前掲『昭和書籍・雑誌・新聞発禁年表』に収録された発禁本リストを見れば情報局が設置された後も内務省が検閲の主役であったことが歴然としている。

発禁とは、完成本の発売・頒布の禁止

内務省（特高警察）による出版物の検閲は、「検閲標準」と称される一定の基準にそって行なわれた。その特徴は、なんといっても「事後検閲」、つまり原稿の段階での「事前検閲」ではなく、完成した出版物を対象とした点にあった。万一、発禁処分を受けた場合は、書店に並べるばかりになっている完成本が発売（頒布）できなくなるだけでなく、完成本も刻版もすべて没収されてしまうことになる。したがって「発禁＝発行禁止」という受け止め方は、不正確かつ不十分である。広い意味では「発行禁止」といえなくもないが、あくまでも懲罰（見せしめ）のための「発売・頒布禁止」こそが「発禁」の本質と捉えなければならない。著作者はもとより出版社、印刷、製本業者などの受ける精神的・経済的打撃は計り知れないものがあったはずである。

こういうやり方は、世界でもほとんど例を見ることがなく、ドイツ・ナチズムの言論抑圧をしのぐほどの強力さと巧妙さを備えていたとされる。

以下は、内務省が定めた「検閲基準」である（註10）。「標準」には「安寧」と「風俗」の二種があり、前者に引っかかった場合は「安寧禁止」、後者に引っかかった場合は「風俗禁止」ということになる。そのうえ「安寧」「風俗」にほぼ共通する「特殊標準」が加わり、さらに厳しく篩《ふるい》にかけられた。

《安寧紊乱出版物検閲基準》

（1）皇室の尊厳を冒涜する事項

（2）君主制を否認する事項
（3）共産主義、無政府主義等の理念乃至戦略、戦術を宣伝し、若しくは其の運動の実行を扇動し、又はこの種の革命団体を支持する事項
（4）法律、裁判所等国家権力作用の階級性を高調し、其の他甚だしく之を曲説する事項
（5）テロ、直接行動、大衆暴動等を扇動する事項
（6）植民地の独立運動を扇動する事項
（7）非合法的に議会制度を否認する事項
（8）国軍存立の基礎を動揺せしむる事項
（9）外国の君主、大統領、又は帝国に派遣せられたる外国使節の名誉を毀損し、之が為に国交上重大なる支障をきたす事項
（10）軍事外交上重大なる支障をきたす事項
（11）犯罪を扇動、若（しく）は曲庇し、又は犯罪人、刑事被告人を賞恤救護する事項
（12）重大犯人の捜査上甚大なる支障を生じ其の不検挙に依り社会の不安を惹起するが如き事項
（13）財界を攪乱し、その他著しく社会の不安を惹起する事項

《風俗壊乱出版物検閲標準》

（1）猥褻なる事項
（イ）春画淫本

（ロ）性、性欲又は性愛等に関係する記述にして淫猥、羞恥の情を起さしめ社会の風教を害する事項
（ハ）陰部を露出せざるも醜悪、挑発的な表現をせられたる裸体写真、絵画、絵葉書の類
（2）略
（3）略
（4）残忍なる事項
（5）遊里、魔窟等の紹介にして扇情的に亘り又は好奇心を挑発する事項

両標準とも、触れてはならない事項、つまり禁止事項である。しかし、そのすべてがきわめて抽象的で掴みどころがなく、その適用は権力の勝手放題だったであろうことは容易に察しがつく。

上掲の《標準》に抵触するとみなされた出版物は、次のような段階で処分を受けた。

①次版改定（警告）
②削除（問題とされた箇所あるいは全部の切り取り）
③発売・頒布の禁止（発禁）。完成本と刻版の差し押さえ（最悪の場合は禁固刑）

いずれのケースも原形のままでは発売・頒布が許可されないという意味で、「発禁」とみるのがその道の研究者の一致した見解であるが、特に③の「発売・頒布の禁止」は一時的・停止的なものではなく、当該出版物に対する「死刑宣告」に等しい処分であった。

『山と旅』臨時増刊裸体運動号の発禁処分は、いうまでもなく③に該当する。

（註10）検閲標準は年度によって多少の改訂を見るが、大幅な変更はなかったようである。上掲は『発禁本資料集成』4 輯所収　内務省警保局「出版警察概観」（昭和七年）による。

読者の反応

「裸体運動号」の発禁は、どんな波紋を呼んだか？——。関西在住の「和田愛生」を名乗る読者が一一三号（一九三二年七月）に「裸体の快味」と題する一文を寄せ、間接的ないい回しながら、当局のやり方に不満を鳴らしているのが目を引く。こんな調子である。

裸体の快味　…………和田愛生

——裸体運動号が発売禁止となつたことを聞いて驚きました。大いなる理想と非常なる苦心とを以つて御完成されたものを、誠に残念でした。蒲柳の質の私が矮小ながら真黒い山男然とした健康体を得るに至りましたのは、御誌『山と旅』に啓発されて以来、裸体登山を行なつた賜物だと思つて居ります。

加之、裸で歩き出してから、浅はかな虚栄心なんか露ほども私の心頭に宿らなくなりました。山中で裸の登山家が出逢つても、「やあ今日は」と挨拶を交わして通りすぎる日の早く来らんことを望んで居ります。

——私は日曜毎に近くの六甲山や生駒山、比叡山、金剛山、摩耶山等を丸裸で登り廻つて居ります。服もシャツもズボンもすつかり脱ぎ捨てて……登山する時の溌剌たる気分は、丸裸になつた人でなければわかりませ

ん。（以下略）

和田なる読者の勇気もたいしたものだが、発禁処分を受けた事実を報じ、それに対する読者の批判的な反応を敢えて掲載した同誌の姿勢には、相当の覚悟が見て取れる。発禁を食らわせた当局への抗議ないしは不満を表明したものと受け取られ、再処分あるいは別の形での弾圧を受けかねない危険を冒しているからである。その硬骨ぶりは立派というほかはない。

『ハイキング』に載った発禁の事実

同号が、発禁処分を受けた七年後の一九三九（昭和一四）年二月に発行された『ハイキング』（ハイキング社）八〇号に「発禁になつた山岳雑誌」と題する随想風の短文が載った。筆者は「青山繁」という人物。「発禁になつた山岳雑誌」とはむろん「裸体運動号」である。

青山はこう記す。

《……現在では廃刊になつたが、嘗て「山と旅」なる山岳雑誌があつたことはご承知の諸君も多いことと思ふ。同誌が昭和七年五月に特輯号として刊行した「裸体運動号」が当局の忌避を受け、しかも風俗上の干渉から発禁処分を受けてゐることである。裸体運動とは大戦後ドイツを発祥地として盛んに行われた一種のスポーツで、「日光に浴して健康を増進せしめ、身体の美を造り、純潔にして自由なる思想を養ふ」といふその標語を見ても判る通り、人間が一切の虚偽虚飾を振り捨てヽ原始本来の裸姿に立ち還り、大自然の慈光に浴して溌剌たる健康美を掴得せんとする。一言にして尽くさば徹底的なる日光浴法であるが、……「山と旅」……に挿入した十数葉（正しくは三十枚葉＝西本）の写真版が結局いけなかつたのではなかろうか。ドイツ版の運動機関誌あたりから転載したと思われるもので、いま原版と比較してみると部分的には克明に修整が施されてありながらも、その細心なる注意は遂に当局の認むるところではなかつたらしい。……山岳関係文献にして風俗上から発禁処分を受けたのは、恐らくこれが最初にして、或ひは最後のものではあるまいか。因みに本場のドイツでも、この運動の隆盛を見たのはナチ政権確立以前のことと聴いた》

言論統制が苛烈を極めた時代――文末の《本場のドイツで……この運動が隆盛を見たのはナチ政権確立以前のことと聴いた》というくだりなどは、痛烈な国家批判と受け取られかねない記述。どうやって検閲の網を掻い潜ったのか、不思議である。

被害第一号は二つの『山小屋』

商業山岳雑誌『山と旅』の発禁事件から、ほぼ七年後の一九三九（昭和一四）年三月、今度は、『山小屋』八七号と『関西山小屋』三四号（註1）が発禁（発売・頒布の禁止）の一歩手前、「削除処分」の憂き目を見る。

『山小屋』は、山岳書専門の出版社・朋文堂を版元に一九三一（昭和六）年一一月創刊。『山と渓谷』や『登山とスキー』と並ぶ戦前を代表する商業山岳雑誌である。初代編集長は高畑棟材。もう一方の『関西山小屋』は、一九三六（昭和一一）年五月刊の『山小屋』臨時増刊関西特輯号をルーツに、同年六月『山小屋』の姉妹誌として産声を上げた。編集長は山田奈良雄。

『山小屋』八七号と『関西山小屋』三四号は、「山と戦争」という、およそ山岳雑誌に似つかわしくない「特集」を組んだ。両号ともまったく同じ目次である。そのなかから主なものをひろいあげると――

・登山界よ、前へ！――小島六郎
・北支山西山岳戦――小笠原勇八
・事変下の山――織内信彦
・銃後――山田奈良雄
・スキー隊と装備――西岡一雄
・戦線一年――河村泰蔵
・古典にみる山岳戦歌――山田弘道
・戦線より――入江保太
・出征兵士の手紙――折元成翁ほか

と、いった具合である。

今日の山岳雑誌からは、とうてい想像もつくまい。山を背景に、鉄兜を被り銃を肩にした兵士と空飛ぶ軍用機を配した両号共通のイラスト表紙は、なんとも薄気味悪い。本文に挿入されている、銃を担った兵士の岩登り姿や雪中に機関銃を構える兵士の写真など（いずれもドイツ軍兵士？）――も、異様な印象を受ける。

両号が出たのは、一九三一（昭和六）年九月の「柳条湖事件」（いわゆる満州事変）以降、長期泥沼化の一途を辿る日中戦争の最中だった。両号の特集は、そうした戦局に対する側面協力を意図して組まれたことはいうまでもない。だが、皮肉にもそんな両『山小屋』の思惑は完全にはずれ、後述するように「安寧秩序紊乱出版物」

の烙印を押された揚げ句、ほとんど売り物にならないほどに切り刻まれてしまう。
日中戦争を転機に、この国の言論・出版統制は法的にも機構的にも一段と拡充・強化され、権力の忌諱に触れるものはなんであれ、びしびし摘発し弾圧してしまうファッショ体制が確立しつつあった時期――。内務省が既存の「出版法」や「新聞紙法」だけでは飽き足らず、一九三六（昭和一一）年六月、「不穏文書臨時取締法」を制定。その上、一九三八（昭和一三）年五月に施行された「国家総動員法」に、これでもかとばかり、言論・出版統制条項（第二十条）（註2）を加え、さらに一九四一（昭和一六）年一二月には「言論・出版・結社臨時取締法」まで制定したのは、その端的な現われであった。悪名高い「治安維持法」（一九二五・大正一四年公布／一九二八・昭和三年および一九四一・昭和一六年改悪）などの国民弾圧法規や、「軍機保護法」（一八九九・明治三二年公布）、「要塞地帯法」（同）、「軍用資源秘密保護法」（一九三九・昭和一四年公布）等々の軍機関連法令が言論・出版統制の面でも恣意的に運用されたであろうことは想像に難くない。

（註1）両『山小屋』の発行日は同年四月一日。
（註2）国家総動員法第二十条の出版統制条項は次のとおりである。
――政府ハ戦時ニ際シ国家総動員上必要アルトキハ勅令ノ定ムル所ニ依リ新聞紙其ノ他ノ出版物ノ掲載ニ付制限又ハ禁止ヲ為スコトヲ得
政府ハ前項ノ制限又ハ禁止ニ違反シタル新聞紙其ノ他ノ出版物ニシテ国家総動員上支障アルモノノ発売及頒布ヲ禁止シ之ヲ差押フルコトヲ得、コノ場合ニ於テハ併セテ其ノ原版ヲ差押フルコトヲ得

表紙に「削除済」の青スタンプ

『山小屋』八七号と『関西山小屋』三四号が受けた被害の実相を見よう。

まず表紙――。左側上部の余白に［削除済］の青スタンプが押されているのが眼に飛び込んでくる。当局の検閲にひっかかったことを意味する刻印にほかならない。

では、両号のどこがどう削除されたのか。

一二ページまでは別段異常はない。だが、その後の一三、一四の二ページ分が抜け、いきなり一五ページに飛んでいる。第一の削除（切り取り）箇所である。削除されたのは「事変下の山――私の場合」と題する織内信彦の随想（後述）。つづいて四七ページから五二ページまでの六ページ分（「大陸より」／寺田大三郎ほか五人の手紙）が、さらに八七号は、七五、七六の二ページ（「出征山岳人の手紙」／小谷義三ほか二人分）、三四号は七五から七七ページの三ページ（同／小谷義三ほか六人分）がバッサリやられている。

わずか八〇ページばかりの冊子から計一〇ページも削除されてしまったので、「本」の体をなしていない。○○とか××の伏字も目につく。

高須茂（当時の編集長）は、八七号の「編輯後記」にこう記している。

「《山と戦争》の特輯――いつもの八十頁でこの特輯をするのは相当に考えました。戦線の砲火の中から送られて来た山岳人の手紙だけでも一冊を領するほどの分量にはなつたらうと思ひます。これらの手紙に表れた山岳人の率直な感情や思索は決して末梢的趣味の対象ではなく、吾々銃後の登山者にとつては先達の予言であり啓示でせう。しかし、いろいろな条件からその一部を発表したにとゞまつたのは残念でした。また、ポイントを大陸においたため、欧州大戦の山岳戦をめぐる記事や報告は割愛せざるを得ませんでしたし、検問の問題から満ソ国境の山々に関するものも活字に出来ませんでした。（以下略）」（傍点＝西本）。

当局の検閲を見越して、はじめからその対策に神経をつかった様子が窺われよう。しかし、結果は見たとおりである。

戦地からの「出征兵士の手紙」など、もともと当たり障りのないことしか書いてはならないという不文律がある。しかも、そのうえ発信前の現地所属部隊の厳重なチェック（検閲）（註3）を受け、それにパスしたものだけが相手に届く。だが内務省（特高警察）の手にかかると、軍の検閲を通過したものでも「削除」となる。この両『山小屋』のケースなどは幾重にも張り巡らされた、取り締まりの網とその下での権力の横暴勝手、形振りかまわぬご都合主義の本質がもののみごとに露呈した好例だろう。

高須茂の胸中はおだやかではなかったにちがいない。『山小屋』八八号（五月刊）の「編輯後記」は言葉少なだが、高須の無念の想いが滲んでいる。

「《山と戦争》の特輯は少し行きすぎの感がありましたが、そのためか検閲にひつかゝり、たうとう十頁削除といふ山岳雑誌界に初めての失態を演じ、発行も意外に遅延してしまひ、何とも申し訳なく思つております。何卒あしからず御了承下さい」

『関西山小屋』三五号（発行月同）の「編輯後記」も同文である（註4）。

八七号と三四号の「削除処分」についての公式記録は見当たらない（註5）が、あるいは検問当局の手違いによる記録漏れかも知れない。処分理由は内務省が定めた検閲標準の「安寧秩序違反」である。八七号と三四号の奥付には［三月二十五日印刷納本、四月一日発行］とあり、「出版法」第三条の規定に照らせば、四月一日までの間に処分されたことになるが、定かではない。

（註3）例えば菊池敬一『七〇〇〇通の軍事郵便』（柏樹社・一九八三年）などを見れば明らかなように、すべての郵便物には所属部隊の［検閲済］の赤スタンプが押されている。検閲を受けない「戦地からの便り」などありえないのである。

（註4）『関西山小屋』三五号の「編輯後記」は山田奈良雄筆の体裁をとっているが、実際は高須茂が書いた。

（註5）内務省資料をまとめた『増補版　昭和書籍・雑誌・新聞発禁年表』下（前掲）の、当該年度の雑誌の項にも両『山小屋』の［削除処分］の記録は見当たらない。

ズタズタに切り刻まれた織内信彦「事変下の山」

最後に織内信彦（東京農大山岳部ＯＢ）（註6）の「事変下の山―私の場合」に触れておく。

「事変下の山」は、登山者として日中戦争をどう受け止め、どう行動したかを四ページほどの随想にまとめたもの。大半を戦死した二人の岳人との交友の思い出についやしているが、戦争賛美、戦争鼓吹の臭いはまったくない。同文のなかで織内は、戦死した二人の岳人のうちの一人が、菅原梅吉という名の山キチの陸軍大尉であることを明らかにするとともに、戦後、第二次ＲＣＣ（ロッククライミングクラブ）が、国産埋め込みボルトの強度実験を行ったことで知られる、陸軍戸山学校（東京都新宿区）のクライミング用人工壁（コンクリート製）を造った人物であることを記し、その死を悼んでいる。

削除されたのは、二ページ分、およそ二七〇〇字。残余の部分だけでは意味もなにもまるで通じない。しかし、幸いなことに織内の著書『偃松帯』（朋文堂・一九四一年）に、事後に加除訂正を施した「事変下の山」が収録されており、削除部分の雰囲気はある程度感じ取ることができる。

織内は「事変下の山」の受難についての筆者の問い合わせに、以下のように回答してくれた（筆者宛の私信）。

《内容はまことにお粗末で汗顔ものですが、しかし、戦争の真っ最中にいくらか戦争万能を否定していると ころがあり、その点がせめてものところでしょうか。検閲削除のところもたいしたことは書かなかったはずですが、戦争にたいして懐疑的な表現があったのだと思います。『偃松帯』に再録したときは、さらに検閲のきびしい時代でしたから、文脈の前後に乱れが起こらないように注意して、削除部分を改めたものです》

織内はこの「削除事件」の前にも自身が手がけた『東京農業大学山岳部報告』第二号（一九三七・昭和一二年六月刊）に収録した北千島に関する研究論文が、軍の検閲で実質的な削除処分を食らうという苦い体験を強いられている。

織内は同『報告』の「編輯後記」に、次のように書き残している。

《北千島の諸事情の発表に関しては最近頓に軍部方面の制限を受けてゐる現状である。本報告に於る北千島の諸報文も総て遺憾なきを期する為、陸軍参謀本部の検閲を受け一部の削除を命ぜられたが、国防上重要な位置を占める本土北端の地域のことであり残念ながら止むを得ないことだと思ふ。カムサッカの山を赤外線で撮

影したものなどあつたがやはり掲載出来なかつた。》

織内は、この事件について後にこう語っている。

《……『偃松帯』の出る少し前ですが、部報で北千島をとりあげました。印刷前に参謀本部にもっていって検閲をうけたところ〝この写真はいかん〟と削除された》(『山と仲間』日本勤労者山岳連盟 九八号・一九七六年二月)。

当時の検閲や言論統制の実態が、よく伝わってくる。

(註6) 織内信彦(おりうち のぶひこ) 一九一二〜二〇〇二。東京農業大学卒。食糧問題の専門家。戦前同大山岳部で活躍。一九七三(昭和四八)年日本山岳会副会長。同会名誉会員。高潔な人格と良識ある言動で多くの登山仲間の尊敬を集めた。山関係の著書に『偃松帯』(朋文堂・一九四一年)、『快晴の山』(茗渓堂・一九七七年)、『もうひとつの快晴の山』(私家版 遺稿集・二〇〇二年)がある。二〇〇二年九月病没。

山本 明『山と人』──次版改定処分
〝聖戦に疑惑抱かせるおそれあり〟と

中国で戦死した神戸商大山岳部OB・山本明の遺稿集『山と人』(朋文堂・一九四二・昭和一七年一月)も、内務省の検閲の網にひっかかって「次版改訂」処分を受けた。

同省警保局の発禁記録(註1)には、こう記されている。

〈山と人　山本明　1・15　四六　361　東京朋文堂　一月二十六日　安　一三頁　聖戦に疑惑を抱かせる虞ある記事　次版改訂〉

解説の要もないと思われるが、あえて噛みくだけば――《山と人／東京朋文堂一月一五日発行、四六版三六一頁、一月二六日処分、安寧標準違反。一三頁に聖戦に疑惑を抱かせるおそれのある記述。次版を出す際は当該箇所を削除するなり、書き改めるなりの改訂をほどこせ》ということになる。いわば「警告」である。全面禁止（発売・頒布禁止）や削除（問題箇所の切り取り）と比べれば、ごく軽い処分といえよう。

（註1）『昭和書籍・雑誌・新聞発禁年表』下（前掲）

＊

『山と人』は山本明が折に触れて書き記した紀行、山行記録、随想、論文、評論、友人、知人に宛てた戦地便りなどを一本にまとめたもの。田中薫神戸商大教授（山岳部長）と山岳部の僚友・日比野真二、高谷実、友田謙三らが、山本への哀惜の想いをこめて編んだ。カラーの自画像や風景画も数点収録されている。三部構成で三六〇ページにおよぶ大冊だ。巻頭に田中教授の序文、巻末に西岡一雄（大阪・好日山荘店主）の追悼文。山本の絵画の師に当たる足立源一郎画伯装丁の箱付き。戦時下に出た本にしては立派なつくりである。定価二円八〇銭。

目次のうちから主要なものを引いてみる。

・登山と戦争

・戦地便り

・Z大の「蒙彊の自然と文化」を読んで
・父の教訓
・北沢・北岳・亡魂沢
・台湾の山と蕃人
・昔の旅行術
・山岳部の行方
・部報論
・ヒマラヤの語源について
・火田及火田民の一プロフィール

いずれも山本明の人となりや、その素養のたしかさを窺うに十分な達意の文章ばかりである。このうちの「登山と戦争」と題する戦地便りは、山本の死後『山小屋』一〇七号（一九四〇・昭和一五年一二月刊）に掲載され、心ある岳人のあいだに反響を呼んだ。たとえば——桑原武夫は山本が同文のなかで「登山と戦争とは縁もゆかりもない」（文意＝西本）と指摘し、当時台頭しつつあった岳界の戦争迎合、戦争協力姿勢に警鐘を鳴らしたことに〈（登山は）軍事的でないことはいうまでもない。戦争が最も目的的な行為であるに対し、登山は体位向上のためのよき錬成ではあるが、その本質においては無償の行為に近いものであるから（戦争とは）むしろ反対の立場に立つといえる。（登山は戦争に必ずしも直接役立つものではないと、壮烈な戦死をされた少壮登山家山本明中尉が書いておられた）〉と山本の主張を高く評価している（『関西山小屋』一九四二・昭和一七年一月および『山と高原』同年二月号所載「戦時下の登山」）。

ここで、山本明の横顔《プロフィール》を一瞥しておく。

山本は、一九一四（大正三）年三月、東京・品川区大井南浜川町に生まれ、少年期を兵庫県芦屋市で過ごした後、大阪・北野中学、同志社高商を経て、一九三四（昭和九）年四月、神戸商大へ進学。中学入学時に藤木九三らが創立した「RCC」（ロッククライミングクラブ）（註2）の門をたたいて登山の基礎を学び、同志社高商時代には児島勘次（註3）をパートナーに、南アルプスや冬の富士山などを歩き回った。神戸商大では山岳部に籍を置き、三四年八月同部の北朝鮮登山隊に加わって、咸南・安水白山、遮日峰、雲水白山、大岩山、頭雲峰、蓮花山に登頂。一九三五（昭和一〇）年一〇月、北アルプス南岳天狗原で氷蝕岩を発見。田中教授（氷河学）の発案で「山本岩」と命名された。一九三六（昭和一一）年三月から四月にかけて取り組まれた台湾登山のリーダーを務め、積雪期の大甲渓、南湖大山、次高山に登頂した。一九三七（昭和一二）年三月、同大卒。鐘ガ淵紡績（神戸営業所）に入社。一九三八（昭和一三）年召集を受け、東京歩兵第一連隊に入隊。幹部候補生。同年九月、仙台陸軍予備士官学校入校。一九三九（昭和一四）年五月、中国北部に送られ、同年一一月、歩兵少尉に任官。一九四〇（昭和一五）年九月五日、中国山東省臨沂県青駝寺の西方大官庄付近での戦闘で戦死。享年二七歳。

（註2）RCC／藤木九三らの手で一九二四（大正一三）年六月創立された。

（註3）児島勘次（一九一〇〜一九七九）／同志社大山岳部で活躍、一九三三（昭和八）年三月、剱岳早月尾根積雪期初登。南北アルプスや北千島、台湾、北朝鮮、中国東北部、大興安嶺などに足跡を残した。一九六三（昭和三八）年六月〜一二月にかけて同志社大サイパル（ネパール・七〇三一メートル）登山隊に隊長として参加。初登頂に導く。著書に『台

湾の山』『登山歴程』がある。

山本明の勇気と先見性

では、当局のお気に召さなかった〈聖戦に疑惑を抱かせる虞のある記事〉とはどんな中身か。当該の一三ページに目を移そう。槍玉に挙げられたのは一九四〇年三月七日付で西岡一雄に宛てて出した、以下のような「戦地便り」の前半部分である。ただし、山本→西岡のルートでは問題にされず所属部隊の検閲をパスしていることに注意。冒頭に〈N老兄〉とあるのは西岡一雄のこと（傍線＝西本）。

N老兄

貴老から二月二十六日付の御便りの来る前に、丁度入違つて拙画をお送りしました。只余り支那農夫の姿がよかつたものですから、つい画趣が動いたわけで恥を晒す次第です。

支那人に接してゐると、彼等民族の偉大さがわかります。それは貴老の御手紙にもあつた様に、支那人は世界中で恐らく精神的、肉体的、両方面に於ける最大の苦労を経験してゐる民です。苦労を知つた人間程恐ろしく、且つ望みの多いものはありません。支那人は数千年に渡る苛歛誅求と、天変地異に耐へに耐へて来たゞけに、計るべからざる底力を有する国民です。「チャンコロ」などと考える日本人は大馬鹿です。私は日本が支那を占領しても、果たして日本人が支那人を同化させ得るかを疑ひ、逆に其の前に、日本人が支那人によつて同化されてしまふのではないかと危ぶむ者です。（以下、戦争は命の遣り取りであり、所詮登山はどんなに理屈をこねたところで一種の娯楽だ。戦争と登山とを強いてコジツケたりするのは見苦しい限りだ、といった意味の見解をここでも強調し、この戦地便りを結んでいる)。

現在の目で見ればごく当たり前のことをいっているように映るかもしれない。だが、国を挙げての戦争の最中、敵側の民族を称え、読みようによっては〈日本はこの戦争に勝てないぞ〉と予言しているのではないかとさえ受け取れるようなことまで書いているのである。これでは、当局の逆鱗に触れるのも当然といえば当然である。そして、結果は山本の見通したとおりになったばかりか今日の日中関係は、山本の予測を見事に裏づけているのではないか。山本の勇気と先見性に感嘆の念を禁じえない。

むろん、公開を目的としない私信であるから思い切ったことが書けたという見方もできる。しかし、それにしても所属部隊の事前検閲は避けがたい。こういう手紙を出すこと自体、相当の覚悟が要求されたはずである。内務省が「次版改訂」などという軽い処分で済ましたのはその内容からみて不思議であるが、この手紙が戦地での軍の厳重な事前チェックをどうやってパスしたのかの方がもっと不思議に思われる。あるいは山本が、士官という立場を利用して無検閲で出したとも考えられるが、推測の域を出ない。

むすびにかえて

──その他の発禁本──

紙幅の都合上、詳述できない山関係の発禁本のリストを以下に掲げておく。

・浦松佐美太郎／『たった一人の山』（文藝春秋・一九四一　昭和一六年）——登山界出身の情報局文芸課長・井上司朗に一億一心の総力戦体制下に「たった一人……」とは何事か、と難癖をつけられ、事実上の発禁を食らった。一九四二（昭和一七）年六月に第四版が出ているからそれ以降の出来事であることは確かである。詳しくは平凡社ライブラリー二四〇『たった一人の山』の解説（拙文）を参照されたい。

・スウェン・ヘディン　黒川武敏訳／『熱河』（地平社・一九四三・昭和一八年）——内務省の発禁記録に「日本の皇室用語を訳書に用いたる点不穏当なるにより次版改訂。安」とある。安は安寧標準違反である。処分日は同年五月一二日。

・今西錦司・『草原行』（府中書院・一九四七・昭和二二年）——本書は一九三九（昭和一四）年の第二次蒙古行を紀行風にまとめたもので、敗戦前に世に出るはずであったが、当局の検閲にひっかかり（五一ページの、日本人の強制されたイガ栗頭を皮肉った箇所六行、一六一字が削除処分を受けた）戦後ようやく日の目を見るにいたった。一九四七（昭和二二）年二月版と五月版がある。二月版は削除されたままで五月版は復元されている。ところが、解せないことに一九七四（昭和四九）年一〇月、講談社から刊行された『今西錦司全集』（全一〇巻）第二巻に収録された『草原行』は削除部分の復元措置がほどこされていないままである（六六ページ五行目の後半部以下二行半相当部分が空白）。二月版を底本としたのだろうが、何故、五月版を使わなかったのか。編集委員（伊谷純一郎ら六人）や講談社の担当者の無知によるものなのか。作為にせよ、不作為にせよ、あまり褒められたやり方とは思えない。

・三峰山岳会（東京）『会報』／「会員消息欄」に出征会員の動向を載せたことが咎められ、警視庁から始末書を取られた。会報の何号かは不詳（一九七四年一〇月刊・同会創立四〇周年記念誌所載「三峰山岳会四十年史」による）。

・京都山岳会会報『京都山岳』／一九四一年九月発行の第二二年九、一〇号と同年一一月発行の第二二年一一、一二号に掲載した出征会員の「戦線便り」が軍機に触れるとして、一九四二（昭和一七）年二月、京都川端署に始末書を取られた（一九七〇年一一月刊・同会創立五〇周年記念誌所載「京都山岳会五十年の歩み（年表）」による）。

・飛騨山岳会（岐阜）／会報『山刀』第三号（一九四二年一一月刊）に、乗鞍岳の登山のコースの実測記録が載っているのが「防諜上よろしくない」と、当局（警察？）に咎められ、その大半が没収の憂き目を見たという（『山刀——創立七〇周年記念特別号』一九八〇年一一月刊所載の「会のあゆみⅢ・飛騨山岳会の再設立と終戦までの活動」による）。

・横浜蝸牛山岳会（神奈川）／会報『かたつむり——横浜蝸牛山岳会五〇周年記念誌』（一九八九年一一月刊）所載の「かたつむり五十年の歩み——蝸牛ＯＢ座談会」の発言に、戦時中は会報は横浜・加賀町警察署の検閲を受けなければならなかった、とある。

・『日本地理体系』／一九三〇（昭和五）年〜三二（昭和七）年にかけて改造社から発行された地誌。全一九巻（内別巻一は山岳篇）。本書は、発刊後一五年もたった一九四四（昭和一九）年八月、「軍機保護」を理由に図書館での閲覧が禁止された。東京麹町憲兵分隊と西神田警察署の指示（命令）。（一九六八・昭和四三年三月刊『千代田図書館八十年史』による）。

2 数奇な過去を背負わされた名著
『たった一人の山』

浦松佐美太郎氏が亡くなったのは、一九八一（昭和五六）年一一年二三日だった。一九〇一（明治三四）年一〇月一日生まれだから、八〇歳の生涯を送ったことになる。

浦松氏は、生前、社会・経済・政治・文芸など多方面にわたる辛口の文明批評家として活躍したことで知られている。しかし、その代表的な仕事はなんといっても、E・ウィンパーの『アルプス登攀記』を翻訳・紹介したことだろう（抄訳、全二巻、岩波文庫、一九三六年）。『アルプス登攀記』の抜群のおもしろさについては、いまさらことあらためて強調する要をみとめないが、ウィンパーという希有の個性の存在とマッターホルン初登頂（一八六五年七月一四日）をめぐってくりひろげられた、あの心踊る冒険物語を広範な日本の人々に強烈に印象づけた訳者・浦松氏の功績の大きさを忘れてはなるまい。おそらく、戦前・戦後をつうじて数十万単位の人々が同書を読み、感動し、きびしい現実社会に立ち向かう勇気を鼓舞されたにちがいない。むろん、同書の影響をうけて登山の世界に飛び込んだ人も枚挙にいとまがなかろう（註1）。

W・ノイスの『エヴェレスト　その人間的記録』（文藝春秋新社、一九五六年）も浦松氏の訳業である。これまた名訳のほまれが高い。ノイスの筆力には定評があるが、それにしてもわたくしたち日本の読者を、エベレスト初登頂（一九五三年五月二九日）をかちとるまでのイギリス登山隊の苦闘のドラマにいざない、魅了し、終生わすれがたいものにしてくれた、浦松氏の訳技のたしかさを等閑視しては罰が当たろうというものである。

＊

浦松氏は東京商科大学（現・一橋大学）を卒業後、一九二五年にイギリスに留学し、四冬三夏をアルプスで過ごした。その間に登った山々は四〇にものぼる。なかでも以下の登攀はよく知られており、当時の日本人のアルプス登山の記録としては――ガイドをともなったとはいえ――かなりの水準といってよい。

一九二七（昭和二）年八月

アイガー東山稜下部ルート開拓（末端からミッテルレギ小屋まで）

ツムット稜からマッターホルン登頂（イタリア稜下降）

プロモントワールからラ・メイジュ縦走

プティ・シャルモ、グレポン登攀

一九二八（昭和三）年八月

ブライトホルン、メンヒ、ユングフラウ縦走

ウェッターホルン西山稜初登攀

＊

『たった一人の山』が世に出たのは、一九四一（昭和一六）年六月、すなわち日本軍国主義が無謀な太平洋戦争に突入する半年前のことである。上記のアルプス体験と国内での登山活動をもとに、帰国後の一九二九年以降、雑誌『改造』『中央公論』『文藝春秋』などに発表したエッセイや紀行二〇篇（註2）を一本にまとめたもので、版元は文藝春秋であった。ロマンに満ちた香り高い作品群は、戦時下という異常な時代にありながら、否、そうで

あったがゆえに、大きな反響をよび、同年一〇月までの、わずか四か月の間にたちまち三刷（三版）を発行、翌四二年六月には四刷（四版）を出すにいたる。

こうした売れ行きを云々するまでもなく、本書『たった一人の山』には、発刊直後から「第一級」の折り紙がつく（岩科小一郎「本邦山書五十年史」参照、『登山講座』第一巻所収、山と渓谷社、一九四二年）。そして、それは戦後も確固として変わらない。一九四一年の初版発刊以来、抄録版の『山日　アルプス回想』（註3）（文藝春秋新社、一九四六年）、河出市民文庫版（河出書房、一九五一年）、新装版（文藝春秋新社、一九五八年）、文春文庫版（文藝春秋、一九七五年）といったぐあいに形を変えて発行され、版を重ねていることを挙げれば、その評価の高さがたちどころに理解できよう。

では、本書のどこがどう優れているのか？——文芸評論家でもないものに、そう問いかけられても適切な回答などできようはずがないが、あえて私見を述べさせていただくなら、作品全体に共通する気品と文体の美しさ、それに、なんともいえない読後感の爽やかさということになろうか。

巻頭に収められた「たった一人の山」の書き出しを引いてみる。


山登りが好きだなどというのも、考えて見るとおかしなことである。

夏の大空に、もくもくと伸し上がってゆく入道雲を見ていると、痛切に山が想われる。夏の山と入道雲とが関連していることもあろうし、また入道雲が空高く真白に輝いているのが高い峰を想わせることもあろうが、しかし、私が入道雲を眺めて一番切実に山を感じるのは、あのぐいぐいと空へ伸び上がってゆく勢いである。手と足で、それだけを頼りに、遥かの山へ登ろうという、山へ登る時の心意気を、実に素朴に表現しているからである。

もう一つ、「冬の山々」の冒頭部。

冬の山は淋しい。山は、私にとっては、淋しいところである。しかしわけても、冬の山は淋しく感じられる。山への登り口は、たいていは、谷の奥まった所にある小さな村である。そして、多くは、汽車でゆけば、幹線をはずれた支線の小駅である。自分の目指す山が、汽車の窓から見えるようになると、乗客の数もまばらになる。そんな奥まった山間の駅で、汽車を降りる者は、自分一人の場合が多い。ぽとりとプラットホームに降りると、自分一人を残して、汽車はさっさと出て行ってしまう。しんとした駅の前で、待っていてくれるのは、打ち合わせて置いた顔なじみの山案内だけである。

これが、半世紀以上も前に書かれた文章だとは信じがたい。その感性のみずみずしさ、表現のスマートさ。すでに、古典と呼ぶにふさわしい時空をへているというのに、古さなど微塵も感じさせないではないか。しかも、全篇をつうじて、こういうトーンは不変なのである。本書のファンが多いのも、合点がゆこうというものである。

＊

だが、べつの角度から眺めてみると、この本ほど数奇な運命をたどった山岳書もめずらしい。先に述べたように、広く受け入れられた本書ではあったが、思わぬところから思いもよらぬ難癖がつき、事実上の発禁処分を食らうことになるのである。浦松氏にとっては文字どおり、寝耳に水、青天の霹靂《へきれき》だったのではなかろうか。
『文藝春秋』元編集長、池島信平氏（故人）は、本書への難癖について、次のように述べている。

当時の情報局当事者によって『たった一人の山』とは極めて個人主義的な怪しからぬ名前であると非難された。……（『文藝春秋三十五年史稿』文藝春秋新社、一九五九年）

浦松氏とともにアルプスで活躍した松方三郎氏（故人）も以下のように記している。

『たった一人の山』という本を書いたのはわが友、浦松佐美太郎であった。あの本の出た昭和十六年ころは正に戦争時代で「一億一心」だとか「一億総蹶起」だとか、いうことだけは景気のいい時代であった。『たった一人の山』などとは、そもそものいい方が怪しからぬ、そんな本を出す出版社には紙をわけてやれないと嫌味をいった役人がいたとか、あとできいた。つまり「たった一人」とは個人主義的で飛んでもない話だということなのであった。（「たった一人の山」、『山を楽しもう』所収、築地書館、一九七五年）

それぞれ多少ニュアンスは異なるが、文字どおりの難癖であることがわかるだろう（池島氏の証言は版元のそれだけに重要な意味をもつ）。中身ならともかく、「題名」が怪しからんと槍玉にあげるのだから話にならない。いかに戦時下とはいえ、こんな屁理屈にもならない言いがかりをつけられて、一冊の名作が葬り去られてはたまったものではない。

ならば、こんな横車を押したのは何者だったのか？　そして、版元の文藝春秋は、どう対応したのか？——残念ながら、生前、浦松氏自身、この問題について語った形跡はない（河出書房や文藝春秋の戦後版の「あとがき」にも「解説」にも、この「受難事件」にはまったくふれていない）。文藝春秋の対応も不明である。しかし、いまから一七年ほど前になるが、この事件について、浦松氏本人や当時の事情に詳しい『中央公論』元編集長・畑中繁雄氏に直接うかがった結果、およその事情はのみこむことができた。

一九四〇年一二月、内閣の情報機関として情報局が設置され、文化・芸術・言論・スポーツ関係など広範な分野の統制と検閲が強化されるのだが、ある銀行出身の情報局文芸課長が事件の事実上の立役者だったのである（池島氏や松方氏のいう「情報局当事者」「役人」とは、この文芸課長をさす）。畑中氏によると、当時しばしば行われた内務省を中心とする検閲当局と出版各社との「懇談会」の席上——畑中氏はその日その場に居合わせた——文芸課長が「滅私奉公を要求される聖戦下に『たった一人の山』とはなにごとか。欧米的個人主義に毒されたこんな本は抹殺すべきだ。こんな本のために貴重な用紙をまわす必要はない」と大変な剣幕でまくしたてたという。「年月までは記憶にないものの、あのときの光景ははっきり脳裏に焼きついている」——畑中氏は筆者にこう明かしてくれた。

一方、浦松氏は筆者の問いに対し、次のように怒りをぶちまけた。

「馬鹿馬鹿しくも情けない話だ。その文芸課長などという男は虎の威を借る猫だか狐だか知らないが、他人の本にケチをつけてうれしくて仕方がないという風だった。内容もへったくれもないのに題名が個人主義的で総力戦体制にふさわしくないなんて攻撃するんだから、なんとも滑稽な理屈というほかない」

ついでながら、付言しておくと、この文芸課長は登山界出身で、某銀行山岳部のリーダーを務めた経歴の持ち主であり、山の本も数冊だしている。某銀行から情報局に転じたのち、文化・芸術・言論・スポーツの分野で辣腕をふるうことになるのだが、登山界でも 泣く子も黙る 恐い存在だったといわれる。また、わが国登山界をして恥ずべき侵略戦争推進に駆り立てたのも、おもにこの人物の仕業だとされている（註4）。『たった一人の山』が槍玉に上げられ、事実上の発禁を食らった――文芸課長の逆鱗にふれた版元の文藝春秋が後難（用紙割当ストップ）をおそれて、あわてて自主的絶版の措置をとったとみるのが妥当だろうが――時期は定かではない（註5）。

*

『たった一人の山』は、類まれな作品である。あまりにも流麗な文体であるがために、かえって、その「もろさ」や「つくられた」匂い、あるいは戦争という非常事態と無関係な「浮世ばなれした透明」さを指摘する向きもなくはない。だが、浦松氏が本書に収められた作品群をつづった時期は、二〇代後半であって、ましてや、戦時下に書かれたものではない。たとえ、いくらか「もろさ」や「つくられた」匂い、「浮世ばなれした透明」さが見てとれるとしても、わたくしは、それに対する不満を鳴らす前に、浦松氏にそなわった文才のゆたかさに感嘆してしまう。そして、何度読み返しても、その後口のよさがもたらしてくれる、爽やかな情感にしみじみとひたっている自分を見いだすのである。多くの人々にじっくり味わってもらいたいと希うゆえんもここにある。……願わくは、読後、この作品が「たった一人の男」の恣意的な言動によって、どんな過去を背負わされ、どういう経路をたどって、現在にいたっているかも、記憶にとどめておいていただきたいと思う。

（註1）浦松佐美太郎訳の『アルプス登攀記』（岩波文庫）は、二〇〇九年九月時点で上巻五一刷、下巻四九刷を数える。

これだけ版を重ねた山岳書は他に例をみない。

（註2）戦後出た「新装版」と各社の文庫版は新たに「非情の世界」が収められ、計二一篇となっている。また、旧版にはなかった「あとがき」が加えられた。

（註3）不思議なことに『たった一人の山』は、一九四六（昭和二一）年八月、『山日　アルプス回想』と改題して復刊されたのである。『たった一人の山』を事実上の発禁に追い込んだ情報局文芸課長などはとうに権力を失い、戦前のような検閲もすでに行われなくなっていたはずなのに、である（米占領軍の検閲がとってかわったが）。本文に掲げた『文芸春秋三十五年史稿』は《『文芸春秋』の復刊と同時に出版部の復活も……計画され……最初の単行本『山日』（浦松佐美太郎著）が八月に発行された。この書物は、戦時中『たった一人の山』という題で発売されたが、当時の情報局当事者によって……》と、『山日』の出版にふれている。しかし、なぜわざわざ『山日……』などと改題したのかは明らかにしていない。この点について浦松氏に直接うかがったところ「どういういきさつだったか覚えていない」という回答だった。あるいは、改題してなんとか続刊しようと準備したものの、浦松氏が難癖をつけられた巻頭の「たった一人の山」の一篇の再録にこだわったため、権力の再度の介入を恐れて沙汰止み（お蔵入り）になっていたのを、戦後そっくりそのまま出したとも考えられるが、推測の域を出ない。

（註4）情報局文芸課長とは、本名・井上司朗という人物である。本人が、後出の著作に記した略歴によれば、一九〇三年東京生まれ、一九二八年東大政治学科卒、安田銀行を経て一九三九年内閣情報部情報官、情報局第五部第三課長、第二部文芸課長、大蔵省監督官を歴任、とある。戦中に逗子八郎の筆名で『こころの山』（朋文堂・一九三七年）『雲烟』（歌集、河出書房・一九四一年）『山征かば』（中央公論社・一九四二年）などの著作を出版している。井上は、情報局在職中の自らの言動をまとめた『証言　戦時文壇史――情報局文芸課長のつぶやき』（人間の科学社・一九八四年）

のなかに、《日本文学報国会、大日本言論報国会、音楽文化協会、日本山岳連盟、少国民文化協会も…みな情報局文芸課所管だ。こんなにどっさり報国会をつくったのだから、戦後、私が追放令G項該当となるのも当然だろう》などと、得意げに記している（一三〇ページ）が、『たった一人の山』を事実上の発禁に追い込んだことについてはさすがに口をつぐんでいる。

（註5）一九四二（昭和一七）年六月二五日に第四版が出ていること、岩科小一郎が同年九月に発刊された『登山講座』（山と渓谷社）第一巻所収の「本邦山書五十年史」のなかで本書を昭和の名著の一本に挙げ、さらに当の井上もその『登山講座』第一巻に「富士山と日本精神」と題する一文を寄せていることなどから推して、同年末から一九四三（昭和一八）年にかけてとみて差し支えなさそうである。いずれにしても、初版発刊から一年以上もたってからのことである。

■発禁処分を受けた山岳書の数々

『山と旅──臨時増刊裸体運動号』（ジャパンキャムクラブ　1932年5月号）

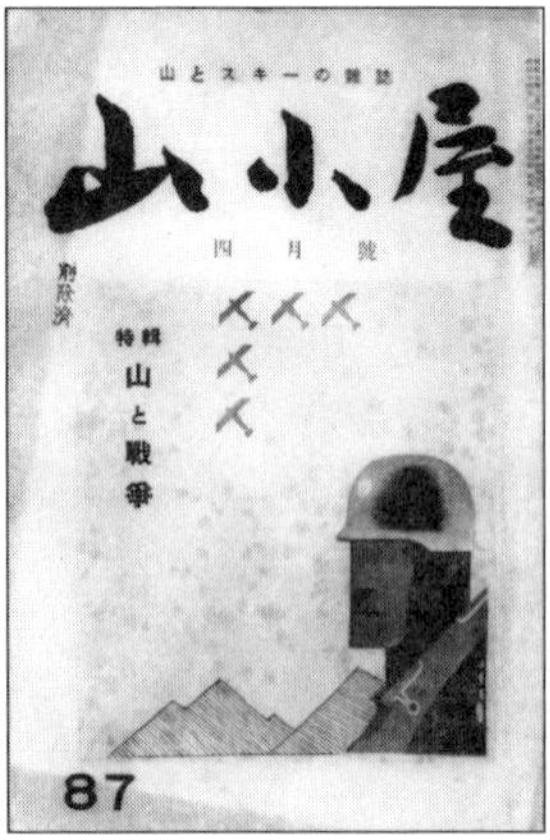

『山小屋』87号（朋文堂　1939年3月）

浦松佐美太郎『たった一人の山』
（文藝春秋　1941 年）

山本　明『山と人』
（朋文堂　1942 年）

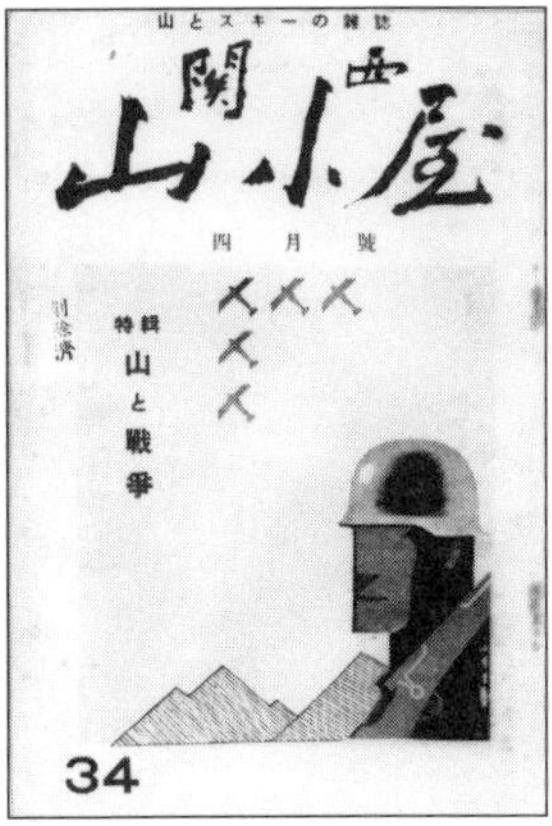

『関西山小屋』87 号
（朋文堂　1939 年 3 月）

『日本地理体系』別巻・山岳篇
（改造社　1930 年）

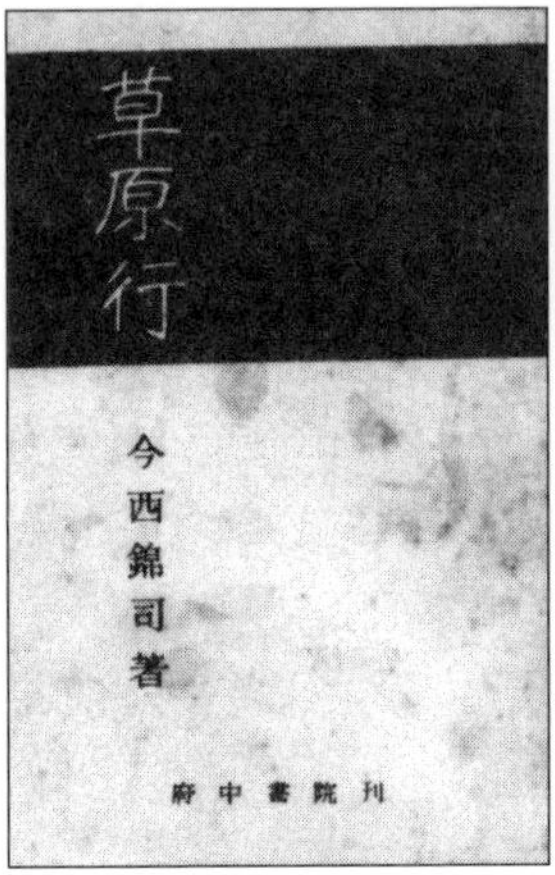

今西錦司『草原行』
（府中書院　1947 年）

スウェン・ヘディン　黒川武敏訳
『熱河』（地平社　1943 年）

第六章　山岳書と国家機密法

1　山岳書と国家機密法

軍部の介入ぶりを生々しく

わたしは、つい最近二冊の山岳関係古書を手に入れた。一冊は『東京農業大学山岳部報告第二号』（一九三七年一二月、東京農大山岳部刊）。もう一冊は『東京附近・新選健歩路案内』（一九四三年三月、吉田龍生編、至誠書院刊）――。

発刊後四十数年を経ているだけに、二冊ともホコリ焼けによる黄バミがきたり、あちこちにシミを浮かせたりしていて、古色蒼然《そうぜん》たる観を呈している。……しかし、そういう外見とは対照的に、その中身は優れて今日的だ。まず『農大山岳部報告第二号』。同号は、戦前はもとより戦後でもほとんど目にすることのない北千島の山岳についての総合的研究の成果のまとめを中心に編集されているが、〈編輯後記〉にみる以下の記述は、同号への軍の介入ぶりを生々しく伝えている。

「北千島の諸事情の発表に関しては頓に軍部方面の制限を受けてゐる現状である。本報告に於る北千島の諸報文も総て遺憾なきを期する為、陸軍参謀本部の検閲を受け一部の削除を命ぜられたが国防上重要な位置を占める本土北端の地域のことであり残念ながら止むを得ないことだと思ふ。カムサツカの山を赤外線で撮影したものなどあつたがやはり掲載出来なかつた。」（原文は横書き。旧漢字）。

「一部の削除」とは、北千島の山岳の総数、高度、周辺海域の水深、気象状況などで、本文中の関連個所は、すべて空白になっている。将来の対米英戦、対ソ戦をにらんでの「軍機保持」が口実とされたのはいうまでもない。一大学山岳部の内輪の部報にたいしてすらこの始末（社会人山岳会にも同様の例がある）だから、当時の権力の検閲がいかに苛烈《かれつ》をきわめたか理解できよう。

〝広い宇宙は敵地に通じて……〟

一方の『東京附近・新選健歩路案内』は、東京近郊のハイキングガイドブックだが、編者は「ハイキングとい ふ言葉は……敵国からの外来語である以上、何れは沫殺（ママ）せらるべきものであり、それに代つて『健歩』なる適正語が生るに至つたことは当然である」としたうえで〈戦時下の歩行運動・健歩者（筆者注・ハイカーのこと）の心得〉をいくつかあげている。そのなかでとくに目をひくのは、つぎのくだりである。

「防諜に心すべし。――高い山の上から、彼処はどこそこの飛行場だとか、アレ貯水池が見えるとかいふ不用意な言葉――之も昔はいざ知らず今は絶対に禁物である。土地の人に『自分は大きな工場につとめてゐて……云々』などと得意さうにしやべるのも、もつてのほかである。……奥多摩の造林小屋で（友人が）常住の人夫氏から『あんたも矢張り工場かね、この間来た人は○○工場へ出てゐるとか言つてゐたが、其処はなんでも豪勢なもんだそうだ……』と言ふ様な事を話しかけられビックリしたさうである。若しその友人がスパイであると仮定したら、甚だ穏かならざる結果になる。山の中だから敵はいまいなどと思ふのは大へんな認識不足である。壁に耳ある如く、林にも耳あり、広い宇宙は敵地に通じてゐることを知るべきである。写真撮影なども十分注意しなければならぬ」(原文・旧漢字)。

軍機保持の目的のために、一方は目、耳、口を塞《ふさ》がれ、一方は軍部の尻馬に乗って目、口、耳を塞げと主張する。なんとも皮肉な対をなしているが、当時はこれが当たり前のこととして押しつけられていたのである。

軍機保護法の亡霊を許すな

いずれにしても、わたしたちはこうした歴史的証言を過去のもの扱いして軽くみたり、見過ごしたりせず、その教訓をしっかりとくみとらなければなるまい。自民党がさきの国会に提出し、新自由クラブを抱き込んで次期国会に継続を強行した国家機密法案は、現憲法下で葬りさられた戦前の軍機保護法の亡霊を、より武装を凝《こ》らして復活させ、一挙に戦時体制を確立しようとするものにほかならない。二冊の山岳古書は、こんなファッショそのものの法律をどんなことがあっても許してはならないと教えている。

2 消えた天気予報——そのナゾを追って

周知のように新聞・ラジオなどの気象報道が「軍機保護」の名目のもとに全面禁止されたのは、日本が無謀な太平洋戦争に突入した、一九四一（昭和一六）年一二月八日以降のことだった。しかし、その三年七か月も前の、一九三八（昭和一三）年五月末から六月中旬までの二〇日間にわたって、新聞の天気予報と天気図が突然消えてしまうという「事件」が起きたことについてはあまり知られていない。当の新聞がまったく報道しなかったうえに、中央気象台（現在の気象庁）もいっさい記録を残していないからである〔註1〕。

山岳雑誌『ケルン』が書き残した事実

では、誰が「事件」の〝語り部〟の役割を担ったのか？——それは、意外にも一般にはほとんど馴染みのない山の専門誌『ケルン』（ケルン編輯室刊）〔註2〕だったのである。

同年六月発行された『ケルン』第六〇号の「コラム」〔註3〕は、以下のように書き記している。

《……ネオンなど飾燈のたぐひが消されてゐるので、夜、街を歩いてゐてふと何かしら遠い田舎の町に来てゐるやうな感を抱かせられる。天気図と天気予報が一時発表せられなかつたので、これまで測候所の機能が我々に与へてゐた功徳の大きさをしみじみ思はせられた。それもこれも聖戦のいみじき経験。よくよく噛みしめておかねばならない。》

冒頭の《ネオンなど……のたぐひが消されてゐるので……》の部分は、この年の四月一〇日から施行された「灯火管制規則」〔註4〕にそって、ネオンや飾燈の消灯が開始されたために夜の街が暗くなったことを匂わせる記述とみて差し支えない。

問題はつづく《天気図と天気予報が一時発表せられなかつた云々……》のくだりである。それとない言い回しなので、うっかりすると読み過ごしてしまいそうだが、もしこれが真実なら、これまで伝えられてきた日本の気象史は、重大な欠陥をかかえていることになる。

——以下、この不可解な「消えた天気予報事件」を追跡する。

二〇日間の空白

前述したように、『ケルン』六〇号が出たのは、三八年六月（奥付には二五日印刷、二七日発行とある）である。したがって、新聞紙上から天気図と天気予報が消えたのは、そのせいぜい一カ月前後、そしてこの間に軍↓中央気象台？　をして天気図と天気予報の発表をストップさせるにいたらしめた「なにか」が起こったとみていい。だが、その「なにか」を解明する前に、新聞の天気図と天気予報が本当に消えているのかを、この目で確かめておかなければならない。

＊

「東京朝日新聞」（縮刷版）の四月一日付から検索してみる。朝刊社会面に天気図と天気概況、夕刊社会面に天気図ぬきの天気予報が掲載されている。五月——。二七日まで別段変った様子はない。が、二八日から三一日、さらに六月一日から一六日にかけて、朝刊の天気図と天気概況が消えているではないか。連続二〇日、それも一片の断りもなしにである〔註5〕。一七日から原状に復したものの、明らかに異常だ。「コラム」は編集作業の最終段階に書かれたはずだから、印刷日（六月二五日）から逆算すると、天気図と天気予報が消えた二〇日間のうちの後半と重なり、その記述を裏付ける。

だが、ここであらたな疑問が生じる。夕刊の天気予報が通常どおり掲載されている事実と、朝夕刊ともに天気図と天気予報が消えたとも受けとれる「コラム」の記述とは矛盾することである。しかし、国家権力による言論統制が一段ときびしさを増していた日中戦争下に偽りを書いたりすれば、たちまち当局の手入れを食らうか、〝発禁〟の憂き目をみるのがオチである。「コラム」の筆者がそんな危ない橋を渡るはずはない。であるとするなら、なにを根拠に《天気図と天気予報が一時発表せられなかつた……》などと書いたのか？

考えられることは、当局（軍・気象台）をして掲載不可にしなければならない地域と掲載可としても差し支えない地域とに分けなければならないなんらかの事情が生じ、「コラム」の筆者は前者の地域で発行された朝夕刊（たとえば「大阪朝日新聞」）を目にしていたのではないか、ということである。

ならばどういう事情で掲載不可、掲載可の地域にわけたのか？——。それは九州地方を舞台にして起きた、ある「出来事」と深いかかわりがある。つまり、その「出来事」による影響が大きいとみなされた、関西以西の地域を対象にして発行される新聞は天気図、天気概況、天気予報のすべてを掲載不可とし、さしたる影響はないと判断された関西以東の地域を対象とする新聞は夕刊のみ天気予報の掲載を許可したのである。だから、発行所を大阪市北区堂島上通に構えていた『ケルン』（「コラム」の筆者）が、関西以西をカバーする新聞を購読していたのは明らかで、関西以東で発行される新聞にまで目が届かなかったとしても不思議はないということになる。

関西以東で朝刊の天気図と天気概況がストップされ、夕刊の天気予報だけが掲載されたのはなぜか？　の疑問も残るが、前述のように関西以東は天気予報だけなら掲載を許可しても影響なしと判断されたことと、天気図は各地の気圧、気温、露点、雲量、風向、風力などのデータを解析したうえで、図示する決まりだから特定の地域だけを対象にしたり、しなかったりするというようなやり方は成り立たず、これに対して、天気予報は言葉（文字）で表現されるので、特定の範囲や地域を限定して予報を出したり出さなかったりすることは、いくらでも融通がきく、という仕組みを勘案すれば疑問は氷解する。

〝怪飛行機〟が九州上空で反戦ビラ

では、その「出来事」とはどんなものだったのか？——。「東京朝日新聞」五月二一日付朝刊二面に「支那？怪飛行機　九州に現はる　反戦ビラ撒き遁走」という三段抜きの記事が掲載されているのを見出すことができる。実は、この〝怪飛行機〟による「反戦ビラ撒布事件」こそ、新聞の天気図と天気予報を二〇日間もストップさせた直接の要因だったのである。

記事の全文を引いて見る。

【熊本電話】　二十日午前四時頃、熊本、宮崎両県下上空に国籍不明の飛行機が一台現れ約一時間にして太平洋上に機影を没した。右飛行直後球磨郡四浦、多良木、黒肥地、椎葉山奥ならびに宮崎県富島付近に反戦ビラ多数が撒布せられてあるのを発見したので県特高課では直に隣接各県及西部防衛隊司令部監視廠と連絡をとり大活躍を開始したが、目撃者の談によれば右飛行機は白色ダグラス型にして発見されたビラは『日本労働者諸君に告ぐ』と題して激越なる反戦アジ文句を配せる長文のもので、撒布せる現場を目撃せる者はないがビラの撒布された場所が飛行機のコースと略一致せること、並ビラが樹上にも発見せらること等により右飛行機が撒布したものではないかと推定されてゐる。なほ怪飛行機の正体に付いてはいまだ的確には判明せず撒布されたビラの内容から見て支那飛行機ではないかと見られてゐるが、徐州攻略戦大勝に湧き返る同地方民は児戯にも等しい国内撹乱戦術を一笑に付して何等人心に動揺はない。

記事の末尾に記されているように〝怪飛行機〟が、熊本・宮崎両県上空で反戦ビラをバラ撒いた二〇日には、日本軍が前日の一九日、作戦の要衝である徐州（現在の中国江蘇省北西部）を〝占領〟したというニュースが伝えられ、国を挙げての〝勝った〟〝勝った〟のお祭り騒ぎが現出。事実、同日付の各紙の紙面は〝徐州陥落〟の記事で埋っている。そうした折、こともあろうに、中国籍らしき〝怪飛行機〟が、突然、九州上空に飛来し、悠々と大量の反戦ビラを降らしていったのだから、徐

支那？怪飛行機
九州に現はる
反戦ビラを撒き遁走
南支の人心動揺
徐州陥落の現實に悲觀
必死のデマ放送
李宗仁六安へ？
笑止お祭騒ぎ
漢口では爆竹

反戦ビラを撒布した中国機の九州飛来を報じた「東京朝日新聞」
1938（昭和13）年5月21日付紙面

州占領に気をよくしていた軍部にとっては、まさに〝寝耳に水〟、〝青天の霹靂〟の、衝撃的な出来事だったにちがいない。

「東京朝日新聞」が《……徐州攻略戦大勝に沸き返る同地方民は児戯にも等しい国内撹乱戦術を一笑に付して何等人心に動揺はない》などと能天気にレポートしているのに反して、この出来事以後、軍と気象台が一時的にせよ実質的な気象管制を敷いた事実は、その狼狽ぶりを物語る。中国機の再度の日本上空への侵入を恐れ、その航行に不可欠な気象情報が中国側に漏れるのを防ごうとして手をうった——これが、新聞の天気図と天気予報ストップ事件の真相である。

〝怪飛行機〟は一〇日後の三〇日午後九時頃、日本側の対応を嘲笑うかのように、再び九州付近に飛来したが、ビラを撒いたり爆弾を投下するようなことはなかった（「東京朝日新聞」五月三一日付）。しかし、一時的とはいえ、気象情報から遠ざけられた国民は大いに困惑したにちがいない。

ビラを書いた人物は、中国へ渡った日本人反戦作家・鹿地亘〔註6〕だったことが戦後判明した。

〔註1〕『気象百年史』（気象庁編刊・一九七五年）やその他の気象関連文献に当たってみてもこの「事件」についての記述は一言半句見出すことができない。

〔註2〕戦前の代表的な山岳雑誌の一つ。良質な紙面づくりで高い評価を獲得した。一九三三（昭和八）年六月、東京・朋文堂を発行元に創刊。途中から発行元が「ケルン輯集室」（大阪）に変わった。「事件」を伝えた六〇号（一九三八年六月）を最後にその幕を閉じた。

〔註3〕見開き二ページ。pp.四〇~四一　実質的な編集後記で「ケルン」のタイトルがついている。

〔註4〕 夜間、敵機の襲来に備え、減光・遮光・消灯すること（『広辞苑』）。

〔註5〕 当局の検閲を恐れての措置と思われる。気象情報は一九三七（昭和一二）年七月、「中央気象台秘密文書取扱規定」が制定されて以来、国家機密扱いとなって、「極秘」「台秘」「部外秘」「航空通信系外秘」など五種類の規定が設けられた。この新聞報道ストップも上掲の規定のいずれかが適用されたものと推測される。

〔註6〕 鹿地 亘（かぢ・わたる）（一九〇三〜一九八二） 本名瀬口貢。大分県生まれ。東大文卒。プロレタリア文学運動に加わり、一九三四（昭和九）年、治安維持法違反で検挙、入獄二年の後中国に渡り、抗日陣営に身を投じ、一九三九（昭和一四）年、桂林で日本人民反戦同盟を結成、日本兵の投降工作や捕虜教育を担当。戦後帰国。中国機が撒いたビラは、鹿地が書いたとされ「日本農民大衆に告ぐ」「日本商工業者に告ぐ」「日本人民に告ぐ」など軍閥ファッシスト打倒を訴えるもの（『最新昭和史辞典』・毎日新聞社編・一九八六年、『昭和史全記録一九二六—一九八九』・毎日新聞社・一九八九年）。一九五一（昭和二六）年一一月、GHQ（連合軍総司令部）のキャノン機関に拉致され、翌五二（昭和二七）年一二月までの、ほぼ一年間、監禁されるという謀略事件（「鹿地亘事件」）にまきこまれた。

3 海外登山と「日の丸」

ここ二十年来のわが国登山界の海外への進出ぶりは、まさにすさまじいの一語につきる。ヨーロッパ・アルプスやネパール・ヒマラヤはいうに及ばず、世界のめぼしい山やまに日本隊の足跡がしるされていないところはほとんどない、といってもけっして過言ではなかろう。おおいに結構なことである。

しかし、同時にそうした海外登山のひろがりを、よろこんでばかりもいられぬ事態が現出している事実を指摘しないわけにはいかない。いわゆる海外「遠征」隊の報告書や、商業山岳雑誌にたびたび顔を出す「日の丸」についてである。なかには、登頂のあかしに外国雑誌に載っていた女性のヌード写真をかかげた勇気ある？　隊があったらしいという噂を耳にしたことはあるが、それはともかく、海外登山隊の多くがなんのタメライもなく「日の丸」をベースキャンプに掲揚したり、頂上に持ち上げて得意げに写真に収めたりしているのを見聞きするたびに、恥ずかしさともつかず、不信ともつかず、苛立ちともつかず、いわく名状しがたい思いにかられるのである。

それが、労山（日本勤労者山岳連盟）以外の隊ならなんとかガマンのしようもあるのだが、「平和あってこその登山」を標榜している労山傘下の登山隊となると、もはやいうべき言葉を失って悲しくなる。以前、『山と仲間』（註1）に「日の丸」をかかげた登山隊のグラビアが何度も載ったことがあって、〈これが労山の登山隊か……〉と、嘆息を禁じえなかったおぼえがあるが、まさかと思っていた新生『登山時報』（註2）にも「日の丸登山隊」が登場した（一九八六年五月号、一一月号）のにはガッカリするやら、呆れるやら。思わず　お前もか、ブルータス！　と、口走ってしまった。

〈仲間たちが、激励の気持ちをこめて贈ってくれたからもっていったのだ〉という言い分はまだしも〈「日の丸」はかっこいいじゃないか。頂上でかかげたら感激で涙が出たよ〉だの、〈日本隊であることを明らかにするには「日の丸」が必要じゃないか〉だのといった言には、その見識を疑いたくなってしまう。ましてや、〈「日の丸」を持っていってどこが悪い。われわれには思想・信条、表現の自由が保障されているはずだ!〉などと、憲法まで持ち出して開き直る向きにいたっては、論外の〝脳天気〟というほかない。

「日の丸」――「国旗」と思い込んでいる無知ゆえの誤解（註3）には、百歩も千歩も譲って片目ぐらいはつぶってもいい。しかし、「日の丸」が果たしてきた歴史的役割りにまで両の目をふさぐことは到底できない。アジア・太平洋地域で二千万人もの無辜の生命を奪った、あの無謀な一五年戦争下、「日の丸」は、つねに日本軍の先頭に翻りつづけた。だから、「日の丸」は中国をはじめアジア各国の人民にとってはまさに悪魔のシンボル、恐れと怨嗟の象徴として忌み嫌われたのである。戦後、四〇年以上経過した今日でも、彼らのそういう想いは決して消えはしない。例の「藤尾暴言」（註4）が、韓国や中国の世論に袋叩きの憂き目にあったのは、そのなによりの証左である。

日本の登山者、あるいは登山団体が海外登山――とくに日本が仕掛けた無法な侵略戦争によって、被害をうけた国々でのそれ――に取り組む場合、その国々の人民の右のような想いに対する配慮を欠くべきでないのは自明の理ではないか。たとえ相手の側が黙っていても、である。それが、われわれ労山の矜恃でもあるはずである。われわれには「労山旗」（会旗）という立派なシンボルがある。わざわざ「日の丸」など持っていく必要はないではないか。

［註1］　かつての日本勤労者山岳連盟機関誌。一九六九年五月『全国通信』として創刊。七〇年一一月発行の第一二号から『山と仲間』と改題。一九八六年三月、経営困難に陥り第一九五号で休刊。

［註2］　『山と仲間』休刊後、部内連絡誌だった『登山時報』を一九八六年四月発行の第一三三号から機関誌に格上げし、あらたな体裁でスタートを切った。

［註3］　本稿執筆当時（一九八七年一月）は、法に規定された「国旗」は存在しなかった。「日の丸」（日章旗）が「国旗」として法的に裏づけられたのは一九九九年八月。時の小渕内閣が第一四五通常国会に提案、広範な反対の世論を押し切って制定された「国旗及び国歌に関する法律」によってである。

［註4］　一九八六年九月、中曽根内閣の文部大臣・藤尾正行が日韓併合問題や首相の靖国神社参拝問題、南京大虐殺などについての暴言を繰り返し、韓国・中国から強い抗議をうけたすえ、罷免された事件をさす。

第七章　登山愛好者も核廃絶を要求します

第三四回原爆忌東京俳句大会／記念講演

登山愛好者も核廃絶を要求します

日本勤労者山岳連盟紹介――挨拶にかえて

はじめまして。ご紹介いただきました西本です。よろしくお願いいたします。日本勤労者山岳連盟の「理事長」などという、大層な肩書きを背負ってはいますが、長く山に登りつづけてきただけの、ただの山好きに過ぎません。それに、せっかく、こういう素晴らしい集いでお話させていただく機会を与えられましたのに、私の俳句との付き合いときたら、みなさん方の先輩にあたる山岳俳句の開祖、石橋辰之助の句集や評伝を集めたりして、少しばかり、その人となりや作品に親しんだことがあるのと、後にも先にも――もう五〇年も前のことですが――中学一年生の時の国語の授業の時間に、字余りの幼稚な「俳句」ともいえない代物をたった一つ、つくったことがあるだけなんです。

廊下拭きて凍る寒さが身に沁みる

なんとも、お恥ずかしい次第です。

そんな訳で、これからお話することは、どうしても、ささやかな登山史の研究を通じて私の学んだ戦争の不条理、平和の尊さ、あるいは世界で唯一つの被爆国の山岳団体のひとつである日本勤労者山岳連盟が取り組んできた、核廃絶や今度の米英の無法なイラク攻撃に対する反対運動などの経験が中心になってしまいます。

どうぞ、その点をおふくみの上、お聞き流しいただきたいと思います。

＊

さて、「日本勤労者山岳連盟」と申しましても、ご存じない方がいらっしゃると思いますので、最初に日本勤労者山岳連盟の来歴を、手短に紹介させていただきます。

「日本勤労者山岳連盟」（略称・労山）は、前身を「勤労者山岳会」といいまして、あの安保闘争の大波が全国を呑み込んだころの、一九六〇年五月に結成されました。

安保闘争の空前の盛り上がりがもたらした勤労者の権利意識の高揚、職場の民主化運動の前進、その下での賃上げや待遇改善の実現、健全なレジャーを求める若者の増大、そしてなによりも、五六年五月に日本隊がヒマラヤの未踏峰マナスル（八一六三メートル／世界第八位）に初登頂して以後、「三人寄れば山岳会」なんていう、いささか皮肉っぽいフレーズまで生んだ、登山ブーム（いわゆるマナスルブーム）と、遭難事故の頻発というようなもろもろの社会的な事象を背景にして誕生したんです。見方によっては安保とマナスルの「落とし子」と、いえなくもありません。

まあそれはともかく、創立の発起人には山小屋経営者の伊藤正一、後に衆議院議員におなりになった弁護士の松本善明、黒田寿男、作家の深田久弥、田中澄江、ロシア文学者の袋一平、映画監督の山本薩夫、谷口千吉、植物学者の田辺和雄氏……といった著名な文化人・学者一六人が名を連ねました。

当時、一九〇五年に創立された「日本山岳会」という個人加盟の大きな山岳会や、全国の山岳会の連合体である「日本山岳協会」という登山団体が存在していたんですが、労山はそうした団体が戦前・戦中以来引きずってきたエリート意識であるとか官僚主義、非民主的体質といった点を批判し、勤労大衆の立場にたった登山運動を展開すること、つまり、直接的には既存の山岳団体に対する「アンチ勢力」、ないしは「改革勢力」としてスタートしたわけです。

いま振り返ってみれば、ろくな登山も出来ない新参者のくせに鼻っ柱ばかり強くて、みずからが内包する世間知らず、恐いもの知らず故の、独り善がりで稚拙な論理や行動に走るというような弱点については、あまり気づいていなかったフシがあったように思います。これも歴史のなせる「わざ」で、やむをえなかったかも知れません。記録によれば、創立記念の集いには八〇〇人もの人々が参加し、その場で三〇〇人が入会したということです。

これは余談ですが、私がお隣の練馬区で山岳会をつくって労山の仲間入りしたとき（六四年）発起人の顔触れのほとんどを文化人や学者が占めているのに「勤労者山岳会」とはちょっと妙だなあ、という感じを抱いたことを覚えています。いまでは、様々な社会運動や政治団体同様、登山の世界にも良心的なインテリゲンチャーが、勤労者の側に立場を移したんだと、勝手に解釈しているんですが——。

「勤労者山岳会」は、その後紆余曲折を経て六三年に全国組織である連盟に改組し、以後四〇年間、いろんな困難を乗り越えながら一歩一歩成長をつづけ、現在では七〇〇の山岳会、二万五〇〇〇弱の会員を擁するまでになりました。

国民の登山権の擁護、多様な登山の追求、登山技術の向上、遭難防止、山岳自然の保護、海外の山への挑戦などが、この間の活動の中心でした。とくにここ一〇数年間には、エベレストをはじめとするヒマラヤの高峰の登頂者を多数輩出するといった、登山団体本来の成果も挙げています。

このうち、私たちがとくに誇りにしているのは、核廃絶運動や有事法制反対など平和希求の立場を明確にしてきたことです。これは、他の山岳団体がそっぽを向いてきた事柄なんですが、私たちが戦前・戦中の登山運動への軍部・官僚の介入や、登山団体そのものが戦争に協力した結果、登山と登山団体が、見るも無残に荒廃してしまった歴史的事実から学んだ教訓を、現在の登山運動に生かそうとしてきたからにほかなりません。この点については後ほどお話しいたします。

二〇世紀最大の負の遺産

手短なはずの自己紹介がつい長くなってしまいまして、大変恐縮ですが、本題に入る前に、もう少しだけ寄り道することをお許しください。

私は井上ひさしという作家・劇作家の大ファンです。「病膏肓に入る」、「井上病」が高じて、いつの間にか井上作品に書棚丸々一つ、占領されてしまう始末です。

その井上先生が、去年の一〇月、光文社から『あてになる国のつくり方――フツーの誇りと責任』という単行本をお出しになりました。すでにお読みになった方もいらっしゃると思いますが、先生が主宰されている「生活者大学」という市民講座での講義をまとめたものです。

先生はその本の冒頭で、二〇世紀に人類が果たした画期的な進歩の側面に触れつつ、二一世紀に引き継がれた最大の負の遺産――二一世紀を生きる幾世代もの人々が、否応なく抱え込まされた地球規模の「難問」「ツケ」について、切々と語っておられます。二〇世紀から引き継がれた最大の「難問」「ツケ」とは、いうまでもなく、この地球上に現存する膨大な数の核兵器のことです。もちろん、生物化学兵器や地雷などの残虐兵器、さらには地球環境問題などについても、ちゃんとお述べになっているんですが。

井上先生のおっしゃったことを、私なりに要約するとこうなります。

●世界には広島型原爆の一〇〇万個に相当する約五万発もの核兵器がある。

●これをTNT火薬に換算すると地球上の人間一人あたり三トンの火薬を背負っていることになる。

●広島に落とされた原爆のあだ名は「リトルジョン」、ひどい話だが、アメリカの俗語で「おちんちん」を意味する。そしてその「リトルジョン」は八月六日だけで推定九万人もの広島市民の命を奪った。

●太陽の表面温度は六〇〇〇度。あの原爆は太陽が広島の上空五八〇メートルに、二個浮かんだと同じだけの熱を浴びせた。

●原爆の恐ろしさは悪魔的だ。投下後五〇年以上たった今日でも、二〇〇一年八月から二〇〇二年七月までの一年間に、広島では四九七七人、長崎では二五六四人が原爆症で亡くなっている。累計で広島二二万六八七〇人、長崎一二万九一九三人、総計で三五万六〇六三人が死没している。

●原爆を人間が人間の上に落としたことをどうしても許せない。わたしは、作家として「核兵器をなくしてほしい」という祈りを小説や戯曲に書く。それを上演しつづける。皆さんも核兵器廃絶という大きな理想をもって取り組んでいただきたい。

いかがでしょうか。

きょう、八月三日づけの新聞「赤旗」の報道によりますと、世界各国に蓄積されている核兵器の数は三万発に減ったそうですが、私はこの本を読んで核兵器の恐ろしさをあらためて認識しなおし、井上先生の生き方に勇気づけられました。まだお読みになっていない方は、お暇をつくって、ぜひ一読していただきたいと思います。

なお、井上先生のお話に一つだけ補足させていただきたいことがあります。それは、先ほど飯田マリ子東京被団協副会長がお話しになったように、原爆症に認定されていない多くの被爆者が、被爆後五八年もたったいまでも認定を求めて裁判闘争をたたかっているという現実です。

私は、いつでもゴーサインを出せる核作戦計画を練るかたわら、さらに性能が高くて使いやすい小型核兵器の開発に血道を上げているアメリカの戦争屋たちはもとより、なんだかんだと理屈をこねて、核兵器全廃に背を向けつづけたばかりか、被爆者の切実で正当な願いに耳を貸そうともしなかったこの国の歴代の為政者の冷酷さに怒りを抑えることができません。

私たちは、何故、イラク攻撃に反対したか

本題に入ります。

まず、米・英が仕掛けたイラクへの戦争に私たち日本勤労者山岳連盟が、どういう態度で臨もうとしたかをお話ししたいと思います。

結論から先に申し上げますと、私たちは小泉政権とその与党の加担・協力への抗議をふくめて、この戦争に断固反対しました。米・英が先制攻撃に突入する前の三月一四日、「私たちはアメリカのイラクに対する戦争に反対します」と題する声明を出し、各国の登山団体にも英文に翻訳した同じ内容の文章を送りました。

世界の登山団体中、こうした声明を出したのは私たちだけでしたが、残念ながら声明に対する反応はあまり聞

こえてきませんでした。パキスタン山岳会から「私たちはあなた方とともにある。あなた方の見解に全面的に同意する。私たちは、国連に対して、この戦争をただちに中止させるべく、最善を尽くすように訴える」というメールが寄せられたのが唯一の好意的な反応でした。

しかし、私たちが米・英のイラク攻撃と、それに無批判に追随しようとする小泉内閣とその与党のやり方に反対したのは、なにも特殊な信条や政治的立場に立ってのことではなかったんです。あの戦争が人道に反するばかりか、なによりも登山愛好者の平和的な交流や、海外登山の健全な発展を阻害することになると考えたからです。私たちの危惧は的中しました。海外の観光地では閑古鳥が鳴き、ヒマラヤその他の地域での登山を中止する各国登山隊が続出したんです。いつ何時、トラブルに巻き込まれるかわからないと。

後先になりますが、ここで私たちの声明をかいつまんでご紹介しますと――

①アメリカがイラク攻撃を強行すれば、おびただしい数の罪なき人々が犠牲を強いられ、その結果、あらたな憎悪と報復の連鎖をうみ、アジアと世界の平和を大きくそこねてしまう。そうしたイラク攻撃に日本が支持協力することは許されない

②私たちは過去に繰り返された幾多の戦争が、無辜の人々の生命をどれだけ奪ったか、そして現在もつづいているヒマラヤ各国などでの積年の紛争や戦争が、どれだけ国内・国際登山の健全な発展を阻害したか、そしてどんなに貴重な自然を破壊したかを知っている

③オリンピックをはじめとするさまざまなスポーツとその活動は、国際的利害や政治的対立、宗教や民族の垣根を超えて、世界中の人々を感動と友情につつむ。自由と平和、ヒューマニズムとフェアーな精神を生命とする登山もまた同様の名誉ある役割の一端を担っている

④だから全世界の登山愛好者は、
・アメリカのイラク攻撃は世界平和とイラク問題解決にとって百害あって一利なしの見地に立ち、民族的、宗教的、政治的立場の違いを超えて、そんなイラク攻撃をやめさせよう
・お互いに再び戦場で銃口を向け合うような、愚かな立場に追い込まれないように、各国の戦争政策を拒否しよう
・世界中の登山愛好者は、平和希求の声をすべての山々に谺させようではないか
——という内容です。

私たちが、誰はばかることなく、こういう声明を出すのは先ほども申し上げたように、日本軍国主義が日中戦争突入から太平洋戦争「終結」に至るまでの、あの一五年戦争で二千万人ものアジア太平洋地域の人々の貴い生命を奪い、三百十万人の日本人が死んだこと、そしてあの戦争のために登山がどんなに歪められ、荒廃したか、そして有名・無名の登山者がどれだけ犠牲になったかを、学んだからです。過ちは二度と繰り返してはならないという、痛切な思いを日々の運動の指針にしているからです。

むろん、内外からの逆風や思想攻撃は絶えません。しかし私たちはこうした考え方や、立場を変えるつもりはまったくありません。

戦時下の登山

では、一五年戦争下の登山とは一体どんなものだったのか——。その実態を如実に物語る典型的な例を一つ二

つご紹介しましょう。

この国で近代的な意味での登山（スポーツ登山）が、はじまったのは、いまからほぼ百年前、一九〇〇年代初頭です。そして、それ以後三〇年間くらいは、割合順調に発展します。ところが、一九三〇年代から登山界はおかしな道を歩きだしちゃうんです。あの「満州事変」（三一年）をきっかけに戦争協力に傾斜していくんです。「日本精神に則った登山を」とか、「尽忠報国・堅忍持久の登山をめざせ」「皇国精神に立った登山道を確立せよ」、果ては「欧米渡りのアルピニズムは非国民のやること。断固排撃すべし」というような国家主義的な声が高まり、やがて「御国のために役立つ登山を」「戦力増強に貢献しうる登山を」「登山者は聖戦完遂に挺身せよ」などという掛け声の下に、鉄砲を担いだ歩け歩け運動、つまり「行軍登山」などという、本来の登山とはおよそかけはなれた方向に舵をきっちゃうんです。「国策摘み草ハイク」「傷痍軍人慰問ハイク」なんていう珍無類のハイキングまで登場する始末だったんです。

そして、四一年、当時の登山界の有力者たちは、内閣情報部（後の情報局）や、厚生省、陸軍などの官僚や軍人に尻を叩かれて、「吾等ハ日本登山精神ノ作興ヲ図リ以テ肇国ノ理想ニ邁進センコトヲ期ス」という「綱領」、さらには「……登山者ノ一致団結ニヨリ健全ナル登山道ノ確立ヲ図リ国士ノ認識ヲ深ムルト共ニ国民体力ノ向上ニ努メ以テ高度国防国家建設ノ一翼タランコトヲ期ス」などという「規約」を掲げて「日本山岳聯盟」を結成するんです。

こんな恥ずかしい「綱領」や「規約」を旗印にした大政翼賛会まがいの山岳団体がつくられた例は、世界の登山史上空前絶後です。

しかし、この程度で驚くのはまだ早いんです。翌四二年、東条英機首相・陸相直々の命令で、陸軍が「日本山岳聯盟」を乗っ取って「大日本体育会行軍山岳部会」と称する半軍事組織に変質させてしまうんですから。枢要ポストのすべてを中将、少将といった軍人が握り、申し訳程度に登山界出身者数人を理事に据えるという具合だったんです。

「我等ハ行軍登山ヲ通シテ戦力ノ増強ヲ図リ以テ肇国ノ理想ニ邁進センコトヲ期ス」――。これが、「行軍山岳部会」の「綱領」の全文なんですが、なんともはや、開いた口が塞がりません。

その「行軍山岳部会」がやったことといえば、軍事訓練もどきの「行軍力養成集団錬成登山」や、児戯にも等しい「戦技登山」などという代物だったんです。その年の晩秋には、北アルプスの奥穂高岳に機関銃まで持ち込んで「山岳戦技研究会」なんて銘打った、妙チキリンな訓練登山を大真面目にやっているんです。参加者は、当時の一線級のクライマー一四人、それに陸軍少将や陸軍戸山学校の教官たち。山国日本の陸軍はおかしなことに、山岳部隊をもっていなかったんですが、にわかづくりの素人集団に、その代わりをさせようと考えたのかどうかわかりませんが、いずれにしてもその頭の構造のお粗末さには呆れるばかりです。

こういう状況ですから、まともな登山などできるはずがなかったんです。

もうこのくらいにしておきましょう。ただ一つ――登山の世界に限ったことではありませんが――軍部・官僚の尻馬に乗って、登山と登山団体を侵略戦争の具におとしめた岳界指導者の多くが、戦後なんら反省せず、口をつぐんだままそっくり登山の世界に居座りつづけた事実をつけ加えておきたいと思います。

核廃絶を求める私たちの活動

結論に入ります。私たちが核廃絶運動や、原水爆禁止を求める平和行進に参加するようになったのは、もう、かなり昔のことでした。

戦争はあらゆる種類の暴力のチャンピオン、私たちが大切にしてきた自然に対するもっとも凶暴・凶悪な破壊者であり、とりわけ核兵器こそ人類をはじめとする、すべての生物の生存にとっての恐るべき脅威である——という見地に立ったからです。私たちはこの見地を労山の憲法ともいうべき「趣意書」や各種の文書に「平和なくして登山なし」「平和と自由、民主主義のもとでこそ、登山の真の発展が保障される」と明記しています。

かつて「ヒロシマ・ナガサキからのアピール」を世界各国の登山団体や個人に送って協力を訴えたのも、こうした立場に立ったからでした。一四座あるヒマラヤの八千メートル峰全部を、酸素その他の人工的補助手段を使わずに、自力で登ってしまうという金字塔を打ち立てたイタリアの名クライマー、ラインホルト・メスナーさんから賛同の署名をもらったことなどは、私たちに勇気を与えてくれる大切な力になっています。

私たちは、今後も世界中の登山者や、平和を愛する国内外の広範な人々と肩を組んで核廃絶のたたかいをつづけるつもりです。

おわりに——『ガリヴァー旅行記』を核兵器愛好者に送りつけてやりたい!

最後に、かねがねブッシュや小泉といった世界中の「核兵器愛好者」どもに送りつけてやりたいと思ってきた一冊の本をご紹介して、私の拙いお話を締めくくらせていただきたいと思います。ジョナサン・スウィフトの名作『ガリヴァー旅行記』です。

ガリヴァーは、よくご存じのように小人国――「リリパット」といいます――から脱出したあと、二度目の航海に出るんですが、これまたご存じのとおり、巨人国――「ブロブディンナグ」といいます――に、たった一人置き去りにされてしまうんです。ガリヴァーはその巨人国で様々な出来事に遭遇した末に、巨人国の王様の寵愛をうけることになります。ところが愚かにもガリヴァーは、もっと王様に愛されたいなんていうつまらぬ欲にかられて、ある日、強力な火薬と兵器（大砲）の製法をとくとくと言上に及ぶんです。私のいうことに従えば、王は天下無敵の存在になれるでしょうと――。

が、……王様はガリヴァーの話を聞き終わるや否や、慄然とした表情をあらわにして、こう応えるんです。

「（どうして）そんな非人間的な考え方をもつことができるのか。わたしはただ呆れる他ない。（そんなものを）最初に発明した人間は人類の敵である悪魔に違いない」「わたしは技術の面でも自然の面でも新しい発見を何よりも好む者ではあるが、たとえ自分の王国の半分を失ってもそんな秘密（火薬と兵器の製法）なんか知りたくない。だから、お前も命が惜しければ二度とそういうことを口にしてはならぬ」

ガリヴァーは大恥をかいた挙句、やがて巨人国を去らざるを得なくなります。

架空の物語とはいえ、スウィフトはいまから三百年近く――正確には二七七年――も前に、こういうすぐれた考えを吐露しているんです。驚くべきことではありませんか。

もう、私が何故、ブッシュたちに『ガリヴァー旅行記』を送りつけてやりたいと思ったのか、ご理解いただけたのではないでしょうか。

これで終わります。ご清聴ありがとうございました。

資料編

資料①―1

■京濱山岳團體聯合會聰則

一、本會ハ山岳團體相互ノ聯絡親睦ヲ計リ併セテ斯界ノ向上發展ヲ期スルタメノ協同事業ヲ行フヲ目的トス

一、本會ハ東京横濱地方山岳團體ヲ以テ結成シ、各團體ヨリ選出セル委員ニヨリ會務ヲ處理ス

一、本會參加ノ團體ハ次ノ二種ニ分ツ

加盟團體　直接事業ニ參畫スルモノ

贊助團體　事業ニ贊成協力スルモノ

一、委員會ハ合議ニヨリ委員長、各部擔當委員ヲ選出シ又適宜會長、顧問、其他ヲ推薦スルコトヲ得

會費は加盟團體一年三圓、贊助團體一年一圓。事業として講演會、研究會、映畫會、協同登山、遭難防止の對策、機關誌の發行、其他をする。事務所は東京市神田區小川町一ノ一〇、好日山莊内（電話　神田二三八五番）

●一九四〇（昭和一五）年六月一九日結成

●出典／『山小屋』一〇二号　一九四〇年七月（朋文堂）

資料 ①—2

■西日本登山聯盟綱領

我等ハ國策ニ翼賛シ、登山ヲ通ジテ精神的鍛錬ト綜合的體位ノ向上ニ資シ、以テ眞ノ日本登山道ヲ振興シ、高度國防國家ノ中核タル可キ皇國民ノ錬成ヲ期ス

西日本登山聯盟規約（抜萃）

第二條　本聯盟ハ西日本各府縣聯盟ヲ統制シ綱領ノ達成ヲ期ス

第四條　本聯盟ハ第二條ノ目的達成ノ爲左ノ事業ヲ行フ

一、登山精神並ニ體力ノ向上ニ關スル事項

二、登山道及ビ技術ノ訓練ニ關スル事項

三、登山及山岳スキー指導者ノ養成ニ關スル事項

四、講演會、映畫會等ヲ開催及ビ圖書ノ刊行ニ關スル事項

五、遭難防止ニ關スル事項

六、登山上ノ諸問題ニ就テノ調査研究ニ關スル事項

七、其他本聯盟ノ目的達成上必要ト認ムル事項

第十條　本聯盟ノ經費ハ左ニ掲グルモノヲ以テ支辦ス

一、加盟費

二、寄附金
三、其他ノ收入
第十一條　本聯盟ニ加入スル府縣聯盟ノ負擔額ハ年拾圓トス
●一九四〇（昭和一五）年一二月二三日結成
●出典／『山と高原』二二号　一九四一（昭和一六）年二月（朋文堂）

資料②—1

日本山岳聯盟綱領

吾等ハ日本登山精神ノ作興ヲ圖リ以テ肇國ノ理想ニ邁進センコトヲ期ス

日本山岳聯盟規約

第一條　本聯盟ハ日本山岳聯盟ト稱シ本部及本部事務局ヲ東京ニ置キ事務支局ヲ大阪ニ置ク
第二條　本聯盟ハ登山者ノ一致團結ニヨリ健全ナル登山道ノ確立ヲ圖リ國土ノ認識ヲ深ムルト共ニ國民體力ノ向上ニ努メ以テ高度國防國家建設ノ一翼タランコトヲ期ス
第三條　本聯盟ハ各道、府、縣（樺太、朝鮮、臺灣ヲ含ム）山岳聯合會（以下聯合會ト稱ス）ヲ以テ構成シ之ヲ統轄ス
各聯合會ハ當該地域内ノ登山團體ヲ以テ組織ス
本聯盟ノ加入團體員ハ滿十五歳以上ノ者タルコトヲ要ス

第四條　本聯盟ハ第二條ノ目的達成ノタメ左ノ事業ヲ行フ
一、登山界ノ統制　二、登山ノ奬勵並ニ登山者ノ指導訓練　三、指導者ノ養成　四、遭難ノ防止並ニ救難　五、施設ノ改善並ニ擴充　六、資材ノ合理的活用並ニ用具ノ統一規正　七、交通機關トノ連絡　八、登山關係業者トノ連絡　九、海外遠征　十、其他必要ナル事業

第五條　本聯盟ニ左ノ役員ヲ置ク
會長一名　副會長三名以內　理事長一名　理事若干名（內若干名ヲ常務理事トス）監事二名　參事若干名　評議員若干名
會長ハ本聯盟ヲ代表シ會務ヲ總攬ス　副會長ハ會長ヲ補佐シ會長事故アルトキハ其ノ職務ヲ代理ス
理事長ハ理事ヲ統率シ聯盟事務ヲ掌理シ會長、副會長事故アルトキハ其ノ職務ヲ代行ス　理事ハ理事會ヲ組織シ聯盟ノ事務ヲ執行ス　監事ハ聯盟ノ事務ヲ監査ス　參事並ニ評議員ハ聯盟ノ諮問機關トス

第六條　本聯盟ハ顧問、參與並ニ專門委員ヲ置クコトヲ得

第七條　本聯盟事務局及ビ其ノ支局ハ理事長之ヲ統轄シ常務理事ノ補佐ニヨリ事務ヲ執行ス

第八條　本聯盟ハ前條ノ事務執行ニ必要ナル委員及ビ職員ヲ置ク

第九條　本聯盟ノ會長ハ總會ニ於テ之ヲ推擧ス
本聯盟ノ役員及ビ委員ハ會長之ヲ委囑シ職員ハ會長之ヲ任命ス

第十條　役員ノ任期ハ一ケ年トス但シ重任ヲ妨ゲズ
補缺ニヨリ就任シタルモノノ任期ハ前任者ノ殘任期間トス
役員ハ任期滿了後ト雖モ後任者ノ就任迄其ノ職務ヲ行フモノトス

第十一條　本聯盟ハ毎年一回總會ヲ開催シ會長必要ト認メタル場合ハ臨時總會ヲ招集ス
總會ハ役員及各聯合會代表者（但シ一名トス）ヲ以テ組織ス
總會ハ之ヲ組織スル者ノ三分ノ一以上出席スルニ非レバ成立セズ但シ書面ニヨル委任ハ出席ト看倣ス
總會ノ決議ハ出席者ノ過半數ヲ以テシ賛否等シキトキハ會長之ヲ決ス
總會ニ於テハ左記事項ヲ議決ス
　収支決算及豫算　　事業報告及計畫
　其ノ他會長ニ於テ必要ト認メタル事項

第十二條　本聯盟ノ經費ハ左ニ掲グルモノヲ以テ之ニ充ツ
　一、各聯合會負擔金　　二、寄附金及ビ補助金　　三、其ノ他ノ收入

第十三條　各聯合會ノ負擔金ハ之ニ所屬スル團體ノ會員一名ニ付月額金一錢トス但シ團體ノ性質上特別ノ事情アル場合ハ理事會ノ議ヲ經テ其ノ負擔金額ヲ別ニ定ムルコトヲ得

第十四條　聯合會ノ規約ハ各聯合會ニ於テ之ヲ定ムルモノトス但シ實施ニ當リテハ豫メ聯盟本部ノ承認ヲ受クルコトヲ要ス

第十五條　本聯盟ノ事業及ビ會計年度ハ四月一日ヨリ翌年三月三十一日迄トス

第十六條　本聯盟加入團體員ハ本聯盟所定ノ登山手帳並ニ徽章ヲ所持スルモノトス

第一七條　本聯盟規約ノ變更ハ總會ノ決議ニヨル

附則

一、本規約ニ於テ登山團體ト稱スルハ高岳低山其ノ他野外山地ニ於テ大自然ト融和シ身心鍛錬ヲナスヲ以テ目的

トスル團體ニシテ聯盟結成ノ趣旨ニ賛同セルモノヲ謂フ
二、創立當時ノ役員ハ實行委員會之ヲ決ス
三、登山手帳並ニ徽章ハ各聯合會ヲ通ジ當分ノ間希望者ニ實費ヲ以テ之ヲ頒布ス

資料　②――2

日本山岳聯盟昭和一六年事業計畫

一、事務所の設置
二、各道府縣聯合會の組織促進
三、登山手帳竝に登山徽章の制定
四、會報竝に年報の發行
五、登山教範の制定
六、各府縣聯合會竝に其の所屬團體をして左の事業の實行を勸奬し之を指導すること
（1）講演會講習會等を開催せしむること（本部より講師を派遣す）
（2）實地指導を行はしむること（實地指導委員を選定し特定の任務を定め現地に於ける指導を擔當せしむ）
七、時宣に應じ必要なる指令を發し報道部をして新聞、ラヂオ、街頭、雜誌を通じ國民全般に傳達せしむること
八、各道府縣聯合會と連絡して左の事業を行ふこと
（1）一般に推奬すべき「コース」の選定
（2）主要コースに指導標設置

（3）緊急設置を要すべき施設の調査
（イ）山小屋、避難小屋等の建設必要地
（ロ）指導標の建設必要地
（4）救難施設の整備
（イ）救難施設の急置必要箇所の調査
（ロ）救難施設の方策の決定及實施
（5）資材用具の調査
（6）輸送關係調査
山小屋經營者に對する宿泊料金、經營方法の統制
山案內及人夫料金の統制

九、山岳聯盟の歌の作製
（1）岳聯の歌
（2）野外行進の歌

●「日本山岳聯盟」（日本岳聯）は、日中戦争の長期ドロ沼化、そして、太平洋戦争突入直前の緊迫した情勢下の一九四一（昭和一六）年一月二八日結成された。「綱領」と「規約」第二条に注目されたい。発起人二三八人と役員は別項のとおり。
●出典／『山と高原』二三号／一九四一年三月

資料 ②—3

日本山岳聯盟発起人名簿

青木　昇
足立源一郎
阿部　一美
安齋　徹
赤沼　千尋
荒巻　廣政
荒井道太郎
淺井　東一
石部　幸弌
石原　憲治
石黑　清藏
石川　欣一
石西　主一
今西　錦司
今井　雄二
井上　司朗
岩崎京二郎
岩永　仁雄
茨木猪之吉
家本　爲一
伊澤　信平
伊藤直三郎
伊藤秀五郎
入江　保太
浦松佐美太郎
海野　治良
梅津　猛
植草彦次郎
榎谷　徹藏
小笠原勇八
小野崎良三
小野　幸
小畔　震三
小川正十郎
大島　靜重
大津　新一
大澤伊三郎
大平　晟
大坪　高憲
大木千枝子
織內　信彦
岡田　龍雄
岡田　喜一
岡島庄次郎
尾關　廣
尾崎　喜八
忍足　博
奥野　綱重
冠　松次郎
加藤　誠平
加藤　太郎
加納　一郎
金山　淳二
川喜田壯太郎
川崎　吉藏
川森　時子
河田　楨
河村　徹
兼松　學
交野　武一
勝見　勝
嘉治　直三
影山　寅造
岸田日出男
木村　鑛吉
木藤精一郎
木下　友敬
君野　秀三
北田　正三
北川淳一郎
北尾鐐之助
北浦庄太郎
黑田　正夫
黑田　米子
桑原　武夫
倉方　武雄
倉林　新六
國里　勇吉
木暮理太郎
小竹　實
小島　榮
小島　六郎
小島　久太
小林　義正
小西　民治
小屋　忠子
後藤　正彦
後藤　幹次
近藤　恒雄
齋藤清太郎
齋藤　幸吉
齋川　喜平
坂倉　敬三
坂上　勝一
坂部　護郎
笹谷　良造
佐々　保雄
佐藤テルコ
城谷　寅一
志馬　寬
島田　巽
島田眞之介
島野ひろ代
白井　正福
篠田　軍治

篠井　金吾
千家　哲麿
高橋　正二
高須　茂
引地　武
塚本　閤治
中村　直男
中澤　秋雄
西堀榮三郎
橋本　三八
平田佐太郎
藤島源太郎
槇　有恒
增山清太郎
南大路謙一
森本　次男
山根　雅男
米澤　牛歩

下村　雅司
田中　薫
高橋　健治
立岩　巖
千種　弘之
月原　俊二
中村左衛門太郎
中田　篤郎
二宮　三郎
橋本　春治
深田　久彌
逸見　眞雄
松方　三郎
三木　高岑
村尾　金二
望月　達夫
矢島　市郎
米田　國雄

杉本　光作
田中　菅雄
高橋文太郎
田部　重治
角田　吉夫
出口林次郎
中村　勝郎
中村善之助
西岡　一雄
菱川　元
舟田　三郎
別宮　貞俊
松井久之助
三砂　秀一
村瀬　圭
山田　午郎
山口季次郎
吉川已之助

杉山　將
田中　信夫
高橋　英次
田邊　和雄
津田　周二
遠山豐三郎
中村　勳
中川　孫一
額田　敏
廣瀬　潔
袋　一平
北條　理一
松木喜之七
三浦　圭三
兩角　政人
山田　多市
山口　清秀
吉田　濟

杉山　眞作
高頭仁兵衛
高橋　照
竹中　要
辻　荘一
鳥山　悌成
中村　貞治
內藤　八郎
野口　末延
平尾　彰助
藤木　九三
穂刈三壽雄
牧野平五郎
三田　幸夫
茂木　愼雄
山田　利一
山下　一夫
吉田　元

杉浦　明
高勢　養
高橋　定昌
武田　久吉
辻村　太郎
戸村　愛子
中村清太郎
長島　春雄
長谷川孝一
平賀　文男
藤原　正男
星野　重
前田　光雄
宮崎　武夫
百瀬愼太郎
山本　敏三
八木　貞助
吉田　竹志

瀬名　貞利
高橋　安彦
高久甚之助
武內　重雄
塚本　繁松
中司　文夫
中村　謙
直木重一郎
早川　義郎
平林　武夫
藤島　敏雄
本多　月光
町田　立穗
水野祥太郎
森　彦兵衛
矢澤米三郎
四谷　龍胤
吉田　團輔

吉澤　庄作　吉澤　一郎　和多田豊次郎　和田正三郎　和田　豊種　渡邊　德逸　渡邊　公平

（計　二三八人）

●出典：『山と渓谷』六六号・一九四一（昭和一六）年三月「全日本山岳聯盟の結成」

資料　②―4

日本山岳聯盟役員

○理事長　冠　松次郎

○常務理事

・企畫部第一部長　小野崎良三

第二部長　井上　司朗

・指導部第一部長　小笠原勇八

第二部長　出口林次郎

・事業部第一部長　志馬　寛

第二部長　尾關　廣

・組織部第一部長　角田　吉夫

第二部長　中村　謙

・情報文化部長　吉澤　一郎

・財政部長　中司　文夫
・無任所部長　藤木　九三　四谷　龍胤　津田　周二

○理事
青木　昇　石原　憲治　今西　錦司　入江　保太　小川正十郎
岡島庄次郎　加藤　誠平　木村　正二　黑田　正夫　小島　榮
塚本　閤治　前田　光雄　山下　一夫

○監事
石部　幸弌

●出典／『登山とスキー』一九四一年三月号

資料③
大日本體育會行軍山岳部會綱領・部則

綱　領

我等ハ行軍登山ヲ通シテ戰力ノ增强ヲ圖リ以テ肇國ノ理想ニ邁進センコトヲ期ス

部　則

總則　本部會ハ財團法人大日本體育會行軍山岳部會ト稱シ本會會長ノ指揮監督ヲ受ケ本會事業中步行行軍登山ニ關スル部門ヲ實施ス

目的及事業

第二條　本部會ハ行軍登山道ノ普及徹底ヲ期シ皇國民ノ錬成、戰力ノ增强ヲ圖ルヲ以テ目的トス　本部會ハ隨時他ノ部會ト提携シ綜合訓錬ヲ實施ス

第三條　本部會ハ前條ノ目的ヲ達成スル爲左ノ事業ヲ行フ

一、　敬神思想ノ昂揚
二、　行軍登山ノ奬勵並ニ指導錬成
三、　雪艇行軍登山ノ指導普及
四、　嶮難沼澤地突破ノ指導錬成
五、　行軍登山並ニ探檢ニ關スル科學的研究
六、　探檢調査隊ノ派遣
七、　指導者ノ養成及檢定
八、　國民體力章行軍檢定ノ實施
九、　登山界ノ指導
十、　啓發宣傳並ニ機關誌ノ發行
十一、　錬成講習會ノ開催
十二、　指導講師ノ派遣
十三、　遭難防止並ニ救難ノ對策
十四、　施設ノ改善並ニ擴充
十五、　調査並ニ記錄情報ノ蒐集

十六、資材用具ノ統一規正並ニ配給統制
十七、交通機關ニ對スル協力
十八、關係業者ニ對スル指導
十九、其ノ他必要ナル事業
●出典／『山と高原』五五号（朋文堂　一九四三年一一月　竹田高俊「生産工場に於ける行軍山岳部の組織と経過」）
●行軍山岳部は一九四二年一二月八日〝発足〟したことになっている。

資料④

誓明書

昭和十六年十二月八日黎明畏クモ對米英宣戰布告ノ大詔ハ渙發セラレ今ヤ忍苦百年ノ歴史ハ一擲セラル。暴戻ナル米英ニ對スル膺懲ノ鐵槌ハ玆ニ斷乎トシテ打チ下サレ、我忠勇ナル陸海軍將兵ノ勇戰奮闘ニヨリ緒戰既ニ全世界ヲ驚倒セシムル大戰果ハ擧リ一億國民ハタダ深キ感銘ニ心震フ許リナリ。然レドモ大東亞戰爭ガ長期戰タルハ明白ノ理ニシテ亦豫メ覺悟セザルベカラザル處ナリ。吾等銃後國民ノ盡ス可キ道ハ唯一ツ、鐵石ノ團結ノ下ニ必勝ノ信念ヲ以テコノ聖戰ヲ勝ツテ勝ツテ勝チ拔カンコトノミ。之ガ爲ニハ畏クモ宣戰ノ大詔ニ明示セラレタル如ク、國民各自ノ職域ニ於テソノ本分ヲ盡スニ在リ。實ニ今次ノ國家總力戰ニ於ケル完勝ノ鍵ハ戰陣ノ勇戰ト共ニ銃後ノ士氣昂揚、一億皆勤勞ニ存ス。而モコノ原動力トナルモノハ日本精神ニ則リ錬成セラレタル精神竝ニ肉體ノ力ニ外ナラズ。心身ノ錬成ノ必要今日程熾烈ナルハ無シ。我カ山岳聯盟ハ山地竝ニ野外ニ於ケル廣汎ノ實踐錬成ヲ通ジテ日本精神ノ昂揚ト國民體力ノ增强トヲ期シ以テ聖戰完遂ニ挺身シ來レルモノナリ。

由來吾等ノ登山ヲ以テ單ニ一身ノ趣味乃至娯樂トノミ追究セズ眞ニ皇國ニ傳統スル日本登山道ノ本義ニ則リ皇民ワレノ登山、スキー。日本ノ爲メノ登山、スキー。大東亞共榮圈確立ノ原動力タル登山、スキー。トシテ把握シ、忍苦ノ實踐ヲ積ミ來リキ。今コソ日頃鍊磨セル眞ノ登山精神ヲ昂揚シ大東亞戰爭完遂ノ國民鐵石ノ團結ノ中核トナリ以テ皇威ヲ中外ニ宣揚セズンバ已マサル秋ナリ、全國ノ岳人達ヨ、今ゾ奮起セヨ、イザ殉忠ノ精神ト强靭ナル體力トノ育成ヲ目指シ、鍊成登山、國防スキーニ邁進セヨ。斯クテ鍊成シタル心身ヲ擧ゲテ長期建設戰ニ打込ミ、炸烈セシメヨ。是、日本山岳聯盟ノ指導精神ナルト共ニ戰時體育行政ヲ貫ク根本方針ナリト信ズ。

而シテ之レガ實行ニ當リテハ決戰下新春ヲ迎ヘ次ノ三原則ヲ遵守スルコトヲ全國ノ岳人ト共ニ誓明ス

一、終始一貫登山報國ノ信念ヲ堅持スルコト

一、個人主義的、享樂的登山ヲ排シ、皇國民タル精神竝ニ肉體ノ鍊成ヲ目的トスル登山ニ挺身シ、特ニ協同精神ノ養成ヲ主眼トスル集團的鍊成登山ヲ勵行スルコト

一、輸送關係ニ協力シ規律統制アル集團旅行ノ眞髓ヲ發揮スルコト

昭和十七年一月

日本山岳聯盟

會　長　湯澤三千男

●出典〔山と高原〕第三四号　一九四二年二月

資料⑤——1

新潟鐵工所産報協力會登山とスキー部々則　昭和十七年五月十五日制定

第一條　新潟鐵工所新潟工場產業報國會協力會厚生部登山とスキー部ト稱シ體育ノ指導錬成ノ一部門ヲ擔當シ會社ノ機構ニ協力シ職分奉公ノ完璧ヲ期スヲ目的トス

第二條　事業ヲ登山健歩スキーノ三班ニ分轄實行シ委員長及ビ委員ハ各部工場ヨリ二名以上宛產報協力會長委囑ス任期ヲ二ケ年トス

第三條　委員長ハ毎月各班委員ヲ招集シ事業ノ計畫實行ヲ擔當セシメソノ發表セル事業ニハ新潟工場產業報國會全會員ノ參加協力ヲ求ム

第四條　事業經費ハ產報協力會ノ補助金ソノ他ノ收入ヲ以テ充テ會計年度ハ毎年四月一日ニ始リ翌年三月三十一日ニ終ル

第五條　各班擔當委員ハ毎年三月十五日迄ニ決算報告書事業報告書用具及ビ圖書調査書ヲ委員長へ提出ス

附　則

第一條　體育會所屬當時ヨリノ部員制度ハ之ヲ存置シ部ノ組織行動ノ基本タル團結心ヲ涵養シ身心錬成遭難防止ニ邁進ス

第二條　部員ハ部費トシテ年二圓ヲ六月及ビ十二月ニ納入ス部費ハ部報發行其他ノ費用ニ充ツ用具圖書ノ優先使用ヲ認ム

資料⑤—2

登山とスキー部行事實施要綱　昭和十八年六月六日制定

一　登山とスキー部ハ產報豫算ヲ各部工場ニ分與ス　分與ノ基準算定ハ前年度部員數ニ比例スルヲ原則トス

二　各部委員ハ左ノ要綱ニ基キ登山班　健步班行事ヲ各部單位ニ實施ス　スキー大會ハ綜合事業トシ委員會カ決定ス

イ　各部委員ハ部員ノ指導計畫ヲ立案シ　尠クトモ十日前ニ委員長ヘ通告シ許可ヲ受ケ　內容ヲ各部委員ヘ通告ス

ロ　目的ヲ身心鍛錬ニ置キ團體行動　規律肅正　遭難防止等ノ責任ニ委員カ當リ　指導者ヲ必ス明確ニナスヲ要ス

ハ　行事擧行ニハ全新潟工場產報會員ノ參加ヲ求ム　豫算モ必要ニ應シ他部トノ相互融通ヲ委員長ニ於テ裁量ス

ニ　行事參加者及ヒ指導者ノ產報補助費ハ登山班　健步班　スキー大會　指導者講習會等ニ依リ委員長裁決ス

ホ　行事終了後指導者ハ直チニ參加人員　所屬部　氏名　行程　時間　費用等詳細ニ委員長ヘ報告ス

三　**登山班行事實施要綱**　登山班ノ行事ヲ左ノ如ク區分シテ補助費ヲ給與ス

イ　スキー一日往復登山　殘雪期ニ至ルスキー登山ニシテ小單位ノ班ニ分レルモ可　定時間勤務後ノ前夜宿

泊ヲ認ム

ロ　無雪期一日往復登山　積雪期以外ノ登山ニシテ指導者ニ従ヒ團體行動ヲトルヲ原則トシ前夜又ハ當日ノ幕營ヲ認ム

ハ　連休日二日間登山　季節ヲ問ハサルモ「新潟の山三十座」ノ中級山岳ノ開拓登山又ハ講習會參加等ヲ認ム

ニ　登山調査費　通信連絡費　參考圖書地圖費及ヒ必要アラハ案内人人夫ヲ雇傭スル等ノ費用ヲ認ム

四　健歩班行事實施要綱　健歩班ノ行事ヲ左ノ如ク區分シテ補助費ヲ給與ス

イ　健歩　四十粁以下ノ近郷ヲ徒歩往復又ハ巡廻スル初心者並ニ女子向キ　個人申込ミ　團體引率トス　賞品授與セス

ロ　競歩　健歩ニ準シ距離及ヒ時間ニ一定制限ヲ付シ　負荷ハ八粁以内トス　個人申込ミ　個人競歩　賞品授與ス

ハ　强歩　距離百粁以内四人一組申込ミ　團體引率トス　規定時間内ニ到達セル組ノ多キ部ニ賞品授與ス

ニ　路面距離調査費　消耗諸雜費　途中休憩謝禮　必要アラハ乗車賃　自轉車借用謝禮等モ認ム

五　スキー班行事實施要綱　スキー班ノ行事ヲ左ノ如ク區分シテ補助費ヲ給與ス

イ　スキー大會　綜合事業トシテ毎年開催ス　準備諸雜費　準備委員ノ宿泊料ヲ認ム　競技優勝者ニ賞品授與ス

ロ　スキー講習會　綜合事業トシテ講師及ヒ地元謝禮等ノ諸費用ヲ認ム　雪洞實驗ヲ行フ場合ハ右ニ準シテ認ム

●出典／『登山とスキー』第八号（新潟鐵工所産業報國會協力會厚生部登山とスキー部　一九四五・昭和二〇年四月）

1

15年戦争下の主要登山記録

●参考文献：『日本登山史年表』（山と渓谷社　２００５年）

★1931年：昭和6年

1.1	北ア・槍ヶ岳積雪期女性初登頂	黒田正夫、黒田初子（日本山岳会）
1.1〜4	越後三山・八海山八ツ峰積雪期第2登	金山淳二、大河原喜作、山尾敏郎（慶応大学山岳部）
1.4	北ア・白馬岳〜清水岳〜不帰岳〜百貫山〜不帰谷下降〜新鐘釣温泉	堀田弥一、斯波悌一郎、小原勝郎、小林丘（立教大学山岳部）
1930.12.30〜1931.1.8	北ア・薬師岳〜三俣蓮華岳〜水晶岳〜烏帽子岳積雪期初縦走・積雪期単独初縦走	加藤文太郎（RCC）
2.11	北ア・鹿島槍ヶ岳西俣〜南峰積雪期単独初登頂	加藤文太郎（RCC）
3.11〜20	日高山脈・カムイエクウチカウシ山、エサオマントッタベツ岳、札内岳積雪期初登頂	徳永正雄、佐藤友吉、村山林冶郎、安田一次（北海道大学山岳部）
3.29〜31	北ア・槍ヶ岳〜奥穂高岳積雪期初縦走	長野清一、渡辺英次郎、岸英一、（慶応大学山岳部）、中島作之進、松葉菊造（ポーター）
3.30〜31	北ア・黒部川東谷〜牛首尾根支稜〜鹿島槍ヶ岳東谷本谷〜五竜岳	堀田弥一、小原勝郎（立教大学山岳部）、佐々木市次郎、山本竹次郎（案内人）
3.31	北ア・鑓ヶ岳東面南稜初登・積雪期初登	田口一郎、西村雄二〈格也？〉（甲南高等学校山岳部）
3.31	北ア・白馬岳東面主稜初登・積雪期初登	田中伸三（神戸商科大学山岳部）、秋山岩人（関西学院大学山岳部）、丸山静男（案内人）
3.28〜4.2	越後三山・阿寺山〜八海山・大日岳積雪期初登頂？〜中ノ岳積雪期初登頂？〜兎岳積雪期初登頂？〜灰ノ又山積雪期初登頂？	山尾敏郎、金山淳二（慶応大学山岳部）、種村義輝（ポーター）
3.29〜4.3	北ア、唐松岳〜五竜岳〜鹿島槍ヶ岳積雪期初縦走	伊藤愿、工楽英司（京都大学山岳部）、長谷川清三郎（第三高等学校山岳部）
4.2〜3	中ア・空木岳中田切川本谷積雪期初登	小池文雄（日本山岳会）、唐沢金十郎（猟師）
4.4	北ア・天狗のコル〜西穂高岳積雪期初縦走	出牛陽太郎、五十嵐俊治（早稲田大学山岳部）、湯口孝夫、田口二郎（甲南高等学校山岳部）
5.3	上越・谷川岳一ノ倉沢一ノ沢〜東尾根残雪期初登？	寺田直次郎、田村正男、河原憲治、町田欣二郎（早稲田大学山岳部）
5.14〜15	北ア・鹿島槍ヶ岳東尾根	田口一郎（東京大学スキー山岳部）、西村雄二〈格也？〉（甲南高等学校山岳部）
5.23	伯耆大山・北壁滝沢初登？	池田滋、馬場正義（第六高等学校山岳部）
5.25	伯耆大山・北壁元谷沢初登？	池田滋、馬場正義（第六高等学校山岳部）
5.	北ア・槍ヶ岳北鎌尾根千丈沢側A稜初登？	石戸宏（京都府立医科大学旅行部）、小瀬紋次郎（案内人）
5.下旬	伯耆大山・北壁別山尾根初登	池田滋、馬場正義（第六高等学校山岳部）
7.16	南ア・北岳バットレスbガリー大滝〜cガリー〜第3尾根〜マッチ箱のコル〜第4尾根上部初登	古谷博、勝二明（岐阜高等農林学校山岳部）、平吉功（同OB・京都大学山岳部）
7.19頃	北ア・北穂高岳滝谷・第2尾根初踏破・初下降	谷博他（京都府立医科大学旅行部）
7.24〜25	上越・谷川岳幽ノ沢左俣2ルンゼ初登〜一ノ倉岳	小川登喜男、田名部繁、桝田定司（東北大学山岳部OB）
7.27〜28	上越・谷川岳幽ノ沢右俣右俣リンネ初登	小川登喜男、田名部繁、桝田定司（東北大学山岳部OB）
7.29	上越・谷川岳マチガ沢オキノ耳東南稜初登	小川登喜男、田名部繁、桝田定司（東北大学山岳部OB）
7.29	北ア・明神岳下又白谷〜東稜初登？・単独初登	谷博（京都府立医科大学旅行部）
7.29	北ア・北穂高岳滝谷第2尾根下降第2踏破〜北山稜初登	田口二郎、関集三、佐山好弘、伊藤新一（甲南高等学校山岳部）
7.30	北ア・前穂高岳北尾根3峰フェース・ＲＣＣルート初登	水野祥太郎、山埜三郎、中村勝郎（ＲＣＣ）
8.2	北ア、北穂高岳滝谷第2尾根下降〜北山稜水野クラック	水野祥太郎、山埜三郎（ＲＣＣ）
8.6〜7	北ア・錫杖岳烏帽子岩前衛フェース1ルンゼ初登	坂井馨、富川清太郎（神戸高等商業学校山岳部）
8.7	北ア・北穂高岳滝谷第3尾根初下降・初登	田口二郎、伊藤新一（甲南高等学校山岳部）
8.6〜14	北ア・黒部川黒薙川柳又谷下ノ廊下初遡行〜ナル谷〜白馬岳	塚本繁松（日本山岳会）、此川新作、瀧林耕平（案内人）
8.14	北ア・前穂高岳屏風岩2ルンゼ初登	小川登喜男、三輪武五郎、桑田英次（東京大学スキー山岳部）
8.21	北ア・前穂高岳、屏風岩・1ルンゼ初登	小川登喜男、熊沢誠義（東京大学スキー山岳部）、小川猛男（早稲田大学山岳部）
8.	北ア・前穂高岳東壁ＣＢＡフェース？初登	国塩研二郎、内山秋人、沼野洋一、数井保太郎、寺島寛（松本高等学校山岳部ＯＢ）

10.16 ～ 17	北ア・鹿島槍ヶ岳北壁主稜初登	伊藤愿、藤田喜衛、平吉功（京都大学山岳部）
10.17 ～ 18	上越・谷川岳一ノ倉沢４ルンゼ～4ルンゼ５ルンゼ中間稜初登	小島隼太郎、大倉寛、井上文雄（青山学院大学山岳部）
10.18 ～ 19	上越・谷川岳一ノ倉沢４ルンゼダイレクト初登	小川登喜男、桑田英次（東京大学スキー山岳部）
10.19	阿蘇山・高岳赤ガレ谷初登	加藤数功、梅本茂喜、林田迪夫、月原俊二（筑紫山岳会）
秋	上越・谷川岳一ノ倉沢３ルンゼ	小川登喜男（東京大学スキー山岳部）、小川猛男（早稲田大学山岳部）
11.1～2	上越・谷川岳一ノ倉沢コップ状岩壁右岩壁右岩稜付近初登～一ノ倉尾根下降～γルンゼ付近？下降	小川登喜男、田名部繁、桝田定司（東北大学山岳部ＯＢ）、小川猛男（早稲田大学山岳部）、他
12.30 ～ 31	北ア・奥穂高岳南稜積雪期初登	国塩研二郎、鷲尾英治（東京大学スキー山岳部）、内山秋人（東北大学山岳部）、中村譲次、沢本孝久（松本高等学校山岳部）
12.31	北ア・前穂高岳・北尾根積雪期単独初登	今井友之助（早稲田大学山岳部）

★1932年：昭和7年

1931.12.22 ～ 1932.1.1	北ア・槍ヶ岳～奥穂高岳ジャンダルム厳冬期初縦走	堀田弥一、沢本辰雄（立教大学山岳部）、今田由勝（案内人）
1.3	北ア・笠ヶ岳笠谷雷鳥尾根～笠ヶ岳厳冬期初登頂？	島田武時、高橋栄一郎（法政大学山岳部）、大倉辯次郎、大倉吉次（案内人）
1.5	北ア、奥穂高岳、岳沢・コブ尾根積雪期初登	小川登喜男（東京大学スキー山岳部）、田名部繁（東北大学山岳部ＯＢ）
1931.12.24 ～ 1932.1.6	北ア・槍ヶ岳～北穂高岳～西穂高岳積雪期初縦走	加藤泰安（学習院輔仁会山岳部）、中畠政太郎（案内人）
1.7～8	北ア・前穂高岳北尾根涸沢側１峰２峰間リンネ初登・積雪期初登	小川登喜男、三輪俊一、三輪武五郎、桑田英次（東京大学スキー山岳部）
2.10～11	北ア・槍ヶ岳～双六岳～笠ヶ岳積雪期初縦走・積雪期単独初縦走	加藤文太郎（ＲＣＣ）
2.13～14	上越・谷川岳一ノ倉沢一ノ沢～東尾根積雪期初登～一ノ倉尾根積雪期初踏破・積雪期初下降～γルンゼ下降積雪期初踏破・積雪期初下降	国塩研二郎、小川登喜男、田口一郎、清田清（東京大学スキー山岳部）、田名部繁（東北大学山岳部ＯＢ）
3.24？	北ア・前穂高岳奥又白谷松高ルンゼ～Ａ沢積雪期初登	中村譲次、菅能膺一、橋本文彦（松本高等学校山岳部）
3.26	北ア・北穂高岳滝谷Ａ沢～大キレット積雪期初登	出牛陽太郎、折井健一（早稲田大学山岳部）
3.18～31	北ア、大日岳・大日尾根積雪期初登～剱岳	児島勘次、杉本一郎（同志社大学山岳部）
4.2	北ア・剱岳八ツ峰１峰東面１稜～5・6のコル初登・積雪期初登・単独初登・積雪期単独初登	小川登喜男（東京大学スキー山岳部）
4.2	北ア・剱岳八ツ峰２・３のコル～1・２のコル往復～4・5のコル～5峰往復積雪期初登	今井友之助、池野信一（早稲田大学山岳部）
4.3	北ア・槍ヶ岳北鎌尾根独標積雪期初登頂・積雪期単独初登頂	清田清（東京大学スキー山岳部）
4.3～4	北ア・剱岳八ツ峰上半積雪期初登～八ツ峰下半下降	金山淳二、谷口現吉（慶応大学山岳部）
4.4	北ア・槍ヶ岳硫黄尾根赤岳積雪期初登頂？	清田清（東京大学スキー山岳部）、他
4.9	北ア・剱岳源次郎尾根積雪期初踏破・初下降・単独初踏破	小川登喜男（東京大学スキー山岳部）
4.8～18	南ア・北岳～仙丈ヶ岳～塩見岳	児島勘次（同志社大学山岳部）、竹沢長衛（案内人）
5.29	上越・谷川岳鷹ノ巣Ａ沢初登・単独初登	馬渡務（ファガスクラブ）
5.30～31	北ア・鹿島槍ヶ岳東尾根～天狗尾根下降初踏破・初下降	児島勘次（同志社大学山岳部）、桜井一雄（案内人）
6.11～13	北ア・鹿島槍ヶ岳天狗尾根初登・単独初登	谷博（京都府立医科大学旅行部）
6.13	上越・谷川岳一ノ倉沢一ノ沢～東尾根単独初登	山口清秀（無所属）
6.15	上越・谷川岳一ノ倉・3 ルンゼ左岸リッジ？初登・単独初登	山口清秀（無所属）
6.19	上越・谷川岳一ノ倉沢二ノ沢左俣単独初登	山口清秀（無所属）
7.10	上越・谷川岳オジカ沢初登	上田哲農（徹雄）、八木鉄一、稲葉充（日本登高会）
7.13	北ア・剱岳チンネ北面三ツ穴のチムニールート	北条理一、宇野光一（ＯＫＴ）

7.21	北ア・剱岳チンネ北面中央チムニー初登	北条理一、平栗万次郎（OKT）
7.21	北ア・北穂高岳滝谷第４尾根初登	今井友之助、小川猛男（早稲田大学山岳部）
7.21	北ア・前穂高岳北尾根４峰正面壁甲南ルート初登	近藤実、山口良夫（甲南高等学校山岳部）
7.23	北ア・鹿島槍ヶ岳、北壁扇形残雪ルンゼ初登	伊藤新一、関集三（甲南高等学校山岳部）
7.26〜27	上越・谷川岳一ノ倉沢中央奥壁・本庄山の会ルート付近〜3ルンゼとの境界リッジ初登〜マチガ沢初下降	高木正孝、渡辺兵力（成蹊高等学校旅行部）
7.28	北ア・涸沢槍東稜左リッジ初登〜北穂高岳、滝谷涸沢岳北面フランケ初登	北上四郎、岸田二郎、三田雄司、谷博（京都府立医科大学旅行部）
7.30	北ア・錫杖岳烏帽子岩西肩ルート初登	北条理一（OKT）
7.31	北ア・明神岳５峰東壁中央リンネ〜中央リッペ初登	小川登喜男、桑田英次、国塩研二郎、三輪俊一（東京大学スキー山岳部）
7.31	北ア・明神岳５峰東壁中央ルンゼ〜東北稜初登・単独初登	谷博（京都府立医科大学旅行部）
7.	北ア・奥穂高岳ジャンダルム飛騨尾根T1 フランケ右ルート？初登	伊藤新一、伊藤収二（甲南高等学校山岳部）
7下旬	北ア・北穂高岳滝谷クラック尾根初登？	出牛陽太郎、折井健一（早稲田大学山岳部）
8.2	北ア・北穂高岳滝谷第３尾根下降〜ドーム中央稜初登	今井友之助、小川猛男（早稲田大学山岳部）
8.2	北ア・前穂高岳中又白谷初登〜松高ルンゼ下降	桑田英次、国塩研二郎、小川登喜男（東京大学スキー山岳部）
8.9	北ア・北穂高岳滝谷第１尾根Ｂフェース初登〜Ａフェース	伊藤新一、伊藤収二（甲南高等学校山岳部）
8.13	北ア・前穂高岳東壁北壁初登〜Ａフェース	伊藤新一、伊藤収二（甲南高等学校山岳部）
8.19〜23	上越・谷川連峰赤谷川・本谷初登	新谷茂（東京文理科大学ＯＢ）、池田太郎（東京文理科大学山岳部）、山柴信太郎、小林錬平（案内人）
12.15 〜 19	南ア・聖岳遠山川〜聖岳〜兎岳〜大沢岳〜小渋川下降	村井栄一、草刈良知（明治大学山岳部）、森上金光（案内人）
12.19	上越・谷川岳堅炭沢K3峰右稜？初登・積雪期初登	長嶋辰郎、橋本鐵郎、中屋健弌、米山幸男、立見辰雄、三枝守雄、渡辺兵力、今村知雄（成蹊高等学校旅行部）
12.24	上越・谷川岳堅炭沢K3 峰左稜〜γルンゼ？初登・積雪期初登	渡辺兵力、立見辰雄、三枝守雄、長嶋辰郎、橋本鐵郎（成蹊高等学校旅行部）
12.26	北ア・北穂高岳滝谷第２尾根積雪期初登〜Ｃ沢・左俣下降	中村喜平、今井友之助（早稲田大学山岳部）
12.31	北ア・前穂高岳屏風岩２ルンゼ積雪期初登	中村譲次、橋本文彦（松本高等学校山岳部）

★1933年：昭和８年

1.2〜3	北ア・北穂高岳積雪期女性初登頂〜奥穂高岳積雪期女性初登頂	沢智子（声楽家）、中畠政太郎
1.2〜3	北ア・槍ヶ岳北鎌尾根積雪期初踏破・積雪期初下降	清田清、池田滋、堀龍雄（第六高等学校山岳部ＯＢ）
1.3〜4	北ア・北穂高岳槍平〜滝谷第３尾根積雪期初登	今井友之助、小川猛男（早稲田大学山岳部）
1.3〜4	北ア・北穂高岳滝谷第２尾根積雪期第３登	谷博（京都府立医科大学旅行部），竹内進（第八高等学校）
3.15〜16	北ア・槍ヶ岳〜北穂高岳〜前穂高岳積雪期単独初縦走	加藤文太郎（ＲＣＣ）
3.20	北ア・北穂高岳槍平〜滝谷第２尾根北山稜積雪期初登	今井友之助、石沢五男（早稲田大学山岳部）
3.22	北ア・剱岳早月尾根積雪期初登	児島勘次、入江保太（同志社大学山岳部）
3.25	上越・谷川岳一ノ倉沢４ルンゼ積雪期初登	長嶋辰郎、高木正孝、渡辺兵力（成蹊高等学校旅行部）
3.25	北ア・鹿島槍ヶ岳天狗尾根積雪期初登	小原勝郎、湯浅巌（立教大学山岳部）、他
3.25	北ア・不帰２峰東面甲南ルンゼ初登・積雪期初登	伊藤新一（甲南高等学校山岳部）、田口一郎（東京大学スキー山岳部）
4.1	北ア・毛勝山南又谷猫又谷〜猫又山積雪期第２登〜毛勝山積雪期初登頂	奥平昌英、須賀幹夫、榎本忠亮（立教大学山岳部）
4.2〜3	北ア・鹿島槍ヶ岳東尾根積雪期初登	田口二郎、近藤実、伊藤新一（甲南高等学校山岳部）
6.4	上越・谷川岳一ノ倉沢６ルンゼ右俣初登・単独初登〜烏帽子岩頂上単独初登	山口清秀（無所属）
7.19	北ア・剱岳チンネ北面中央チムニー第２登？〜中央バンド〜右寄りを直上初登〜チンネの頭	伊藤収二、比企能（甲南高等学校山岳部）
7.19〜20	北ア・剱岳池ノ谷左俣R3付近〜剱尾根・ドーム〜剱尾根上半初登〜チンネ北面初下降	角口想蔵、笈田正雄（OKT）
7.20〜21	上越・谷川岳一ノ倉沢 2 ルンゼ初登〜ザッテル〜滝沢・C・Dルンゼ中間リッジ初登	岡野正憲、高木文一（東京慈恵会医科大学山岳部）
7.25	上越・谷川岳一ノ倉沢２ルンゼ左岸〜ザッテル〜滝沢Bルンゼ初登	渡辺兵力、高木正孝（成蹊高等学校旅行部）

4

7.28	上越・谷川岳幽ノ沢、左俣・滝沢初登	高木正孝、渡辺兵力（成蹊高等学校旅行部）
8.7	北ア・前穂高岳北尾根３峰フェース日本登高会ルート初登	海野治良、萩原寛（日本登高会）
8.20	北ア・前穂高岳北尾根４峰正面壁北条＝後藤ルート初登	北条理一、後藤武四郎（ＯＫＴ）
9.22～23	上越・谷川岳一ノ倉、衝立岩中央稜初登～一ノ倉尾根下降～γルンゼ下降	小川登喜男（東京大学スキー山岳部）、田名部繁（東北大学山岳部ＯＢ）
9.23	上越・谷川岳一ノ倉沢４ルンゼ単独初登～4ルンゼ奥壁初登・単独初登	山口清秀（登歩渓流会）
10.22	上越・谷川岳幽ノ沢左俣１ルンゼ初登	杉本光作、中村治夫（登歩渓流会）
10.28～29	谷川岳一ノ倉沢烏帽子岩南稜初登～一ノ倉尾根下降～幽ノ沢下降	小川登喜男（東京大学スキー山岳部）、小川猛男（早稲田大学山岳部）
10.	上越・谷川岳一ノ倉沢４・５ルンゼ中間稜単独初登	山口幸吉（登歩渓流会）
12.28	南ア・北岳バットレス第５尾根初登・積雪期初登	入江保太（同志社大学山岳部）、山県一雄（立教大学山岳部）、竹沢藤太郎（案内人）
12.28～29	上越・谷川岳一ノ倉・２ルンゼ～滝沢Ｄルン・右稜積雪期初登～一ノ倉岳～幽ノ沢左俣・滝沢下降	高木正孝、渡辺兵力（成蹊高等学校旅行部）
12.30	北ア・奥穂高岳ジャンダルム・飛騨尾根積雪期初登	小川猛男、池野信一（早稲田大学山岳部）

★1934年：昭和９年

4.3	上越・谷川岳幽ノ沢左俣滝沢積雪期初登	杉本光作、中村治夫（登歩渓流会）
4.5	北ア・北穂高岳滝谷第４尾根積雪期初登	折井健一、石沢五男、赤松速雄（早稲田大学山岳部）
4.9	北ア・剱岳池ノ谷左俣積雪期初登・積雪期初下降	広田賢治、鈴木克己（日本大学山岳部）
5.27	上越・谷川岳一ノ倉沢γルンゼ～一ノ倉尾根単独初登	山口清秀（登歩渓流会）
7.15	上越・谷川岳一ノ倉沢５ルンゼ初登	中村治夫、宮本體夫、石毛實（登歩渓流会）
7.15	北ア・剱岳チンネ北面左稜線下半分初登、上半分第２登	北条理一、笈田正雄（ＯＫＴ）
7.25	北ア・鹿島槍ヶ岳北壁右ルンゼ初登	寺田操、大村光晴（東京歯科医学専門学校山岳部）
8.6	上越・谷川岳一ノ倉沢２ルンゼ～ザッテル～滝沢Ａルンゼ初登	高木文一（東京慈恵会医科大学山岳部）、渡辺兵力（東京大学スキー山岳部）
8.19	上越・谷川岳一ノ倉沢中央奥壁右ルート初登	内田博、木本七郎、高橋重吉（登歩渓流会）
8.19	上越・谷川岳一ノ倉沢二ノ沢本谷初登	中村治夫、杉本光作（登歩渓流会）
8.20	北ア・剱岳池ノ谷右俣奥壁右岩稜？初登～剱尾根ノ頭	湯浅巌、浜野正男、山本正成（立教大学山岳部）
9.15	上越・谷川岳一ノ倉沢２ルンゼ～ザッテル～滝沢Ａルンゼ第２登	山口幸吉、中村治夫、杉本光作（登歩渓流会）
10.31	南ア・北岳バットレス第４尾根初登	湯浅巌、榎本忠亮（立教大学山岳部）
11.3	北ア・槍ヶ岳東稜	谷博、堀江正義、尾花茂（京都府立医科大学旅行部）
12.19～21	北ア・鹿島槍ヶ岳東尾根厳冬期初登・末端からの積雪期初登	湯浅巌、山本正成、中島雷二（立教大学山岳部）
12.24～25	北ア・剱岳早月尾根厳冬期初登	須賀幹夫（立教大学山岳部）、佐伯栄造（案内人）、竹節作太（早稲田大学スキー部ＯＢ、大阪毎日新聞社）
12.27	南ア・北岳バットレス東北尾根積雪期初登	浜野正男、榎本忠亮（立教大学山岳部）

★1935年：昭和10年

1934.12.31～1935.1.6	北ア・黒部横断、立山～ザラ峠～平～針ノ木峠積雪期単独初踏破	加藤文太郎（ＲＣＣ）
1.4～11	南ア・聖岳大井川聖沢積雪期初登～聖岳～遠山川下降	浜野正男、榎本忠亮（立教大学山岳部）、野牧福長（案内人）
1.6～14	中ア・木曾駒ヶ岳～南駒ヶ岳厳冬期初縦走	織田明、田中太郎（東京大学スキー山岳部・第八高等学校山岳部ＯＢ）
3.21	北ア・鹿島槍ヶ岳北壁右ルンゼ積雪期初登	中村英石、今西寿雄（浪速高等学校山岳部）
3.23～24	北ア・剱岳小窓尾根積雪期初登～クレオパトラニードル積雪期初登頂？・積雪期単独初登頂	須賀幹夫、鈴木正彦（立教大学山岳部）、赤松速雄、石沢五男（早稲田大学山岳部）
3.31	北ア・前穂高岳下又白谷下降積雪期初踏破・初下降・積雪期初下降	高木文一、堀井弘一、猿田春彦（東京慈恵会医科大学山岳部）
4.3～4	北ア・剱岳東大谷中俣本谷初登・積雪期初登	山本正成、榎本忠亮（立教大学山岳部）
4.4	北ア・剱岳池ノ谷右俣積雪期初登	浜野正男、中山隆三（立教大学山岳部）
4.4	北ア・五竜岳東面Ｇ2初登・積雪期初登	前田光雄、端山（大阪薬学専門学校山岳部）
4.4	北ア・西穂高岳北西尾根積雪期初登	田中民部、反町愼一（東京農業大学山岳部）

4.8〜9	北ア・奥穂高岳ジャンダルム飛騨尾根末端からの初登・末端からの積雪期初登〜オオザコ谷下降積雪期初踏破	飯田輝英、麓長（東京農業大学山岳部）
4.29	富士山・不浄沢〜太郎坊頂上からスキー初滑降	勝田甫、広瀬潔
4.29	●上越・谷川岳一ノ倉、一ノ沢・二ノ沢中間稜残雪期初登〜東尾根〜一ノ倉岳登頂後遭難	福田一雄、山口敏彦（東京慈恵会医科大学山岳部）
6.2	上越・谷川岳一ノ倉沢二ノ沢右俣初登・単独初登	杉本光作（登歩渓流会）
6.8	北ア・鹿島槍ヶ岳北壁右ルンゼ単独初登	小谷部全助（東京商科大学山岳部）
6.16	上越・谷川岳一ノ倉沢衝立岩北稜初登	杉本光作、村上定雄、内田博、岩田武志、山口清秀（登歩渓流会）
7.15	上越・谷川岳一ノ倉・αルンゼ初登	山口清秀、村上定雄（登歩渓流会）
7.16	上越・谷川岳一ノ倉沢一ノ沢無雪期初登	山口清秀、前田弥五郎（登歩渓流会）
7.19	北ア・鹿島槍ヶ岳北壁正面尾根初登	喜多豊治、植田（甲南高等学校山岳部）
7.20	北ア・剱岳池ノ谷右俣奥壁右岩稜第２登？	奥山正雄、山口雅也（甲南高等学校山岳部）
7.20	北ア・剱岳八ツ峰６峰長次郎谷側Ｃフェース剣稜会ルート初登	小森宮章正、井形健一、山本雄一郎（慶応大学山岳部）
7.23	北ア・鹿島槍ヶ岳荒沢奥壁南壁初登	今西寿雄、木村三郎（浪速高等学校山岳部）
10.20	阿蘇山・鷲ヶ峰北壁中央ルンゼルート初登	折元秀穂、中根稔、山口健次（門鉄小倉工場山岳部）
10.30	南・ア北岳バットレ・第４尾根マッチ箱の初登	村尾金二、望月達夫、小林重吉（東京商科大学山岳部）
12.13	南ア・北岳バットレスｄガリー大滝〜ｃガリー〜第３尾根積雪期初登	小谷部全助、鷹野雄一、小林重吉（東京商科大学山岳部）
12.29	北ア・西穂高岳北西尾根厳冬期初登	喜多豊治、奥山正雄、島良之（甲南高等学校山岳部）、中畠政太郎（案内人）

★1936年：昭和11年

1.2	北ア・鹿島槍ヶ岳北壁主稜積雪期初登	村田愿、小西宗明（早稲田大学山岳部）
1.3	●北ア・槍ヶ岳・北鎌尾根遭難死亡	吉田登美久（関西徒歩会）、加藤文太郎（ＲＣＣ）
1935.12.22〜1936.1.5	北ア・鹿島槍ヶ岳天狗尾根厳冬期初登、北壁・ピークリッジ積雪期初登	山県一雄、湯浅巌、浜野正男、中島雷二、山本正成、榎本忠亮、須賀幹夫、鈴木正彦、大沢邦男、中山隆三、豊泉進、薄井脩助（立教大学山岳部）
3.17	北ア・剱岳池ノ谷剱尾根下半分初登・積雪期初登	青木茂雄、西山寛（早稲田大学山岳部）
3.24	北ア・剱岳池ノ谷剱尾根上半分積雪期初登	中島啓四郎、金尾実、佐藤一夫、青木茂雄（早稲田大学山岳部）
3.29	北ア・前穂高岳東壁左端カンテ初登・積雪期初登	古屋惟七郎、大久保広（東京慈恵会医科大学山岳部）
3.29	北ア・錫杖岳北面〜烏帽子岩積雪期初登頂・東肩ルート積雪期初登	周布光兼、千坂録雄（学習院輔仁会山岳部）
4.2	北ア・前穂高岳中又白谷右俣初登・積雪期初登	高木文一、永瀬一雄（東京慈恵会医科大学山岳部）
4.6	上越・谷川岳一ノ倉沢４ルンゼ積雪期第３登	山口清秀、杉本光作（登歩渓流会）
4.6	北ア・剱岳チンネ北面左方ルンゼ積雪期初登	塩津正英、鷲池雅也（関西学院大学山岳部）
5.10	上越・谷川岳幽ノ沢左俣３ルンゼ初登	山口清秀、杉本光作、竹越作治、内田博、野口茂（登歩渓流会）
7.22	北ア・鹿島槍ヶ岳北壁中央ルンゼ初登	岡田文夫、東仲龍一、大橋三郎（関西学院大学山岳部）
7.	上越・谷川岳一ノ倉沢二ノ沢左俣女性初登	笹淵奈美子、竹越利治、その他（登歩渓流会）
8.1	北ア・剱岳池ノ谷右俣γルンゼ初登〜剱尾根下半分核心部の初登	福田泰次、関暢四（甲南高等学校山岳部）
8.1	北ア・剱岳池ノ谷剱尾根下半分核心部初登	戸塚暢之、福田昌三、近藤栄（大阪商科大学山岳部）
8.19	北ア・前穂高岳北尾根４峰東南面明大ルート初登	人見卯八郎、小国達雄（明治大学山岳部）
8.20	北ア・前穂高岳北尾根４峰東南面明大ルート第２登・女性初登	海野治良、川森時子（左智子）、泉田実（日本登高会）
9.8	南ア・北岳バットレス第１尾根初登	小谷部全助、森川眞三郎（東京商科大学山岳部）
10.5	インド・ガルワールヒマラヤ、ナンダコット（6867㍍）初登頂	堀田弥一、山県一雄、湯浅巌、浜野正男（立教大学山岳部）、竹節作太（毎日新聞社）、アンツェリン（シェルパ）
11.10〜11	北ア・前穂高岳北尾根４峰東南面明大ルート積雪期初登	人見卯八郎、小国達雄（明治大学山岳部）
12.16	北ア・明神岳東稜〜主稜積雪期初登	竹本省三、反町槇一（東京農業大学山学部）

★1937年：昭和12年

1.2	南ア・北岳バットレス第１尾根積雪期初登	小谷部全助、森川眞三郎（東京商科大学山岳部）
1936.12.	北ア・スバリ岳西尾根主稜上部積雪期初下降・積雪期	榎本忠亮、磯野新一郎（立教大学山岳部）

29　　～ 1937.1.5	初登	
1.5	南ア・北岳バットレス第４尾根積雪期初登	小谷部全助、森川眞三郎（東京商科大学山岳部）
1.5	伯耆大山・北壁滝沢積雪期初登	勝間健之助、他（下関山岳会）
3.15～17	北ア・前穂高岳中又白谷積雪期初登	武藤晃、大久保広（東京慈恵会医科大学山岳部）
3.23	北ア・杓子岳東壁D尾根初登・積雪期初登	山口雅也、福田泰次（甲南高等学校山岳部）
3.23	北ア・鑓ヶ岳東面北稜初登・積雪期初登	喜多豊治、武田六郎（甲南高等学校山岳部）
3.28～29	北ア・鹿島槍ヶ岳荒沢奥壁北稜積雪期初登	小谷部全助、森川眞三郎（東京商科大学山岳部）
3.28～4.2	南ア・聖岳～兎岳～上河内岳～易老岳積雪期初登頂？	山崎徳郎（静岡高等学校山岳部）、野牧福長、有賀実、他（案内人）
6.20	上越・谷川岳幽ノ沢右俣右俣リンネ女性初登	杉本光作、内田博、川上晃良、山口清秀、鈴木義三、亀井一郎、笹淵奈美子（登歩渓流会）
7.7	上越・谷川岳幽ノ沢中尾根初登・女性初登	石川健二郎、佐藤公正、笹淵奈美子（登歩渓流会）
7.12	南ア・北岳バットレス第２尾根初登	山崎徳郎、垣内政彦（静岡高等学校山岳部）
8.	北ア・剱岳チンネ北面北条＝新村ルート初登？	北条理一、新村正一（大阪管見社登山部）

★1938 年：昭和 13 年

1.18	北ア・前穂高岳北尾根４峰東南面明大ルート？厳冬期初登	永井憲治（中央大学山岳部）、上條孫人（案内人）
3.13	富士山積雪期女性登頂	蒲生政雄、佐藤公正、丹羽正吉、笹淵奈美子（登歩渓流会）
3.17	北ア・前穂高岳東壁北壁積雪期初登	森川眞三郎、船本文治（東京商科大学山岳部）
4.28	北ア・不帰１峰東北壁大阪薬専ルート初登・残雪期初登	野口栄一（大阪薬学専門学校山岳部）、前田光雄（大阪薬学専門学校山岳部ＯＢ）
7.24	上越・谷川岳一ノ倉沢４ルンゼ女性初登	松濤明、江尻乾次、笹淵奈美子、重岡早見（登歩渓流会）
8.8	上越・谷川岳一ノ倉沢２ルンゼ～滝沢・Cルンゼ単独	小池武男（登歩渓流会）
8.24	北ア・北穂高岳滝谷第４尾根単独初登？	松濤明（登歩渓流会）
10.2	上越・谷川岳一ノ倉沢一ノ沢無雪期女性初登	重岡早見、笹淵奈美子（登歩渓流会）
10.6	北ア・前穂高岳北尾根４峰正面壁松高ルート初登	山崎次夫、松森富夫（松本高等学校山岳部）
10.9	上越・谷川岳一ノ倉沢２ルンゼ～滝沢Aルンゼ単独初登	松濤明（登歩渓流会）
10.19	上越・谷川岳一ノ倉沢２ルンゼ～滝沢Dルンゼ無雪期初登・単独初登	山口清秀（登歩渓流会）

★1939 年：昭和 14 年

1.4	越美山地・荒島岳北西稜	北条理一、笈田正雄（ＯＫＴ）
3.28～29	北ア・奥穂高岳ジャンダルム正面フェース積雪期初登	岩本七郎、石沢六郎（早稲田大学山岳部）
3.29	北ア・杓子岳東壁A尾根初登・積雪期初登～鑓ヶ岳東面・北稜下降	浅野広三、小倉績、永野寛（関西学院大学山岳部）
3.14～4.7	北ア・黒部横断、唐松岳～五竜岳～東谷尾根下降～仙人谷～仙人池～別山乗越	西村正己、三島義彦（大阪商科大学山岳部）
7.16	上越・谷川岳一ノ倉沢滝沢Bルンゼ左俣～マッターホルン状岩峰初登	杉本光作、荒川一郎、丹羽正吉（登歩渓流会）
7.19	北ア・前穂高岳東壁右岩稜左カンテ下部初登～Cフェース・コンタクトルート上部初登	山崎次夫、恩地裕（松本高等学校山岳部）
7.22	北ア・前穂高岳北尾根５峰正面壁初登	恩地裕、大島郁彦（松本高等学校山岳部）
7.29	北ア・北穂高岳滝谷第１尾根Cフェース初登	大島郁彦（松本高等学校山岳部）、松濤明（登歩渓流会）
8.15	北ア・錫杖岳錫杖沢北沢～烏帽子岩東肩ルート単独初登～笠ヶ岳	山口清秀（登歩渓流会）
9.27	上越・谷川岳一ノ倉沢滝沢下部トラバースルート初登～本谷初登～Bルンゼ	平田恭介（慶応大学モルゲンロート・コール）、浅川勇夫（案内人）
10.8	上越・谷川岳一ノ倉沢２ルンゼ～滝沢Aルンゼ女性初登	杉本光作、川上晃良、笹淵奈美子、小林充（登歩渓流会）
10.8	上越・谷川岳オジカ沢幕岩Bルンゼ初登	小林隆康、金井英一郎（昭和山岳会）
10.	北ア・北穂高岳滝谷第１尾根Cフェースノーマルルート初登	松濤明（登歩渓流会）、上條孫人（案内人）
12.23	北ア・北穂高岳滝谷第１尾根積雪期初登	松濤明（登歩渓流会）、上條孫人（案内人）
12.23	北ア・硫黄尾根～赤岳厳冬期初登頂	江上久三郎、中村史朗（法政大学山岳部）、近藤一雄（案内人）
12.24	北ア・硫黄岳厳冬期初登頂	中村史朗、石原博和（法政大学山岳部）、近藤一雄（案内人）

12.25	北ア・剱岳八ツ峰下降〜1 峰厳冬期初踏破・厳冬期初下降	大森敏男、大洞陽一、山本明（慶応大学山岳部）
12.26	北ア・剱岳源次郎尾根下降 2 峰まで往復厳冬期初踏破・厳冬期初登	山本雄一郎、酒井和雄（慶応大学山岳部）
12.27 〜 28	伯耆大山・北壁屏風中ノ沢積雪期初登	石橋省三（九州大学旅行部）、加藤秀木、田中丸吉三郎（福岡高等商業学校生徒）、小野庸（九州医学専門学校山岳部）

★1940 年：昭和 15 年

1.2	八ヶ岳・天狗岳東壁初登・積雪期初登	高須茂、岡本滋（東京山旅倶楽部）
1939.12. 〜 1940.1.	八ヶ岳・赤岳西北峰リッジ初登・積雪期初登	宮下元治、海野治良、渡辺卯、森幸治、竹田隆昌、山崎、青木通、布施昇（明峰山岳会）
2.8〜11	南ア・甲斐駒ヶ岳〜大岩山〜日向山積雪期初縦走・積雪期単独初縦走	松濤明（登歩渓流会）
2.18〜20	八ヶ岳・立場川嚢滝沢右俣積雪期初登	川上晃良、松濤明（登歩渓流会）
3.6〜16	中ア・宝剣岳太田切川中御所谷本谷積雪期初登	鈴木登、服部耕三、その他 2 名（名古屋高等商業学校山岳部）
3.21	●北ア・前穂高岳東壁・C フェース積雪期初登・遭難死	折井寛、北村正治（松本高等学校山岳部）
3.25〜4.1	南ア・遠山川〜易老岳〜仁田岳積雪期初登頂？〜聖岳〜赤石岳〜東岳積雪期単独初縦走	松濤明（登歩渓流会）
4.1	北ア・不帰 2 峰東面正面壁大阪ルート初登・積雪期初登	中条徹（中島徹？）、島雄昭美（大阪大学山岳部）
5.2〜3	北ア・不帰 2 峰東北・日大ルート初登	佐藤耕三、石田勝巳、神保琢磨、平野数雄（日本大学山岳部）
5.12	●上越・谷川岳一ノ倉沢 5 ルンゼ一ノ倉尾根上部より墜落	平田恭助（慶応大学モルゲンロート・コール・登歩渓流会）、藤田器三郎（清水組）
5.12	上越・谷川岳オジカ沢幕岩 B フェース南壁・中央ルート初登	小林隆康、金井英一郎、倉林新六（昭和山岳会）
6.15	●上越・谷川岳一ノ倉沢衝立沢ブロック崩壊で墜死、二重遭難	岡野武雄（登歩渓流会）、薬師菊雄、大塚良治（慶応大学モルゲンロート・コール）
7.9	上越・谷川岳一ノ倉沢コップ状岩壁ルンゼルート初登	金井英一郎、小林隆康（昭和山岳会）
7.16	上越・谷川岳一ノ倉沢烏帽子奥壁正面ルンゼ初登	川上晃良、丹羽正吉（登歩渓流会）
7.18	南ア・甲斐駒ヶ岳摩利支天中央壁右ルート付近〜東京聖峰会ルート付近？初登・単独初登	小林隆康（昭和山岳会）
7.21	谷川岳一ノ倉沢烏帽子沢奥壁・正面ルンゼ第 2 登	小林隆康、森竜（昭和山岳会）
8 中旬	谷川岳一ノ倉沢滝沢第 3 スラブ〜第 2 スラブ付近初登	小林隆康、森竜（昭和山岳会）
12.30 〜 31	伯耆大山・北壁元谷沢〜剣ヶ峰〜槍尾根下降〜鳥越峠	加藤秀木、田中丸吉三郎（福岡高等商業学校生徒）、小野庸（九州医学専門学校山岳部）

★1941 年：昭和 16 年

1.26〜29	八ヶ岳・地獄谷カゲ沢〜天狗尾根積雪期初登？	小林充、川上晃良（登歩渓流会）
3.26	北ア・鹿島槍ヶ岳荒沢奥壁・南稜積雪期初登	佐谷健吉、伊藤文三（東京大学スキー山岳部）
3.16〜28	南ア・光岳寸又川椹沢右岸尾根〜上河内岳〜仁田岳〜光岳積雪期初登頂	堀春生、澄川豊、斎藤俊彦、芹沢喬（静岡高等学校山岳部）
4.1	北ア・不帰 1 峰尾根上部積雪期初登	伊藤新一、小川守正（甲南高等学校山岳部）
3.25〜4.8	日高山脈・ルベツネ岳積雪期初登頂	朝比奈英三、橋本誠二（北海道大学山岳部）
6.22	●上越・谷川岳一ノ倉沢、二ノ沢右俣・右壁墜死	三宅文次郎、上村公一郎（東京農業大学山岳部）
7.27	八ヶ岳・立場川狼火場沢右俣初登	松濤明、丹羽正吉、山田耕一（登歩渓流会）
8.5	上越・谷川岳一ノ倉沢 β ルンゼ〜γ ルンゼ下降〜2 ルンゼ〜滝沢・B ルンゼ単独	松濤明（登歩渓流会）
8.	上越・谷川岳一ノ倉沢 6 ルンゼ左俣初登？	森竜、小林隆康（昭和山岳会）
9.	八ヶ岳地獄谷権現沢左俣初登？単独初登	川上晃良（登歩渓流会）
10.10	北ア・前穂高岳北尾根 4 峰正面壁北条＝新村ルート初登	新村正一（関西登高会）、入江康行（大阪商科大学山岳部）
10.12	八ヶ岳・阿弥陀岳南稜立場川側側稜初登・単独初登	川上晃良（登歩渓流会）

★1942 年：昭和 17 年

3.17〜18	北ア・前穂高岳屏風岩 1 ルンゼ積雪期初登	新村正一、梶本徳次郎
3.21〜22	八ヶ岳地獄谷権現沢右俣ナメ滝ルンゼ？積雪期初登	川上晃良、村井武夫、宮野元幸（登歩渓流会）
6.7	八ヶ岳、広河原沢本谷・3 ルンゼ〜左岸の支稜初登〜	川上晃良、小林充、江尻乾次、村越二郎、鈴木基次郎（登歩

	南稜	渓流会)
6.21	八ヶ岳立場川狼火場沢右俣初登	川上晃良、鈴木義三、山口清秀（登歩渓流会）
6.28	八ヶ岳権現沢右俣三ツ滝ルンゼ～右俣中央稜初登	川上晃良、小林充、村越二郎（登歩渓流会）
7.25	南ア・北岳バットレス中央稜初登	松濤明（登歩渓流会）、鈴木健二（東京農業大学山岳部）
8.2	八ヶ岳・広河原沢本谷２ルンゼ初登	荒川一郎、川上晃良、山口清秀、小室寿太郎（登歩渓流会）
8.2	八ヶ岳・広河原沢本谷３ルンゼ初登	松濤明、鈴木基次郎（登歩渓流会）
8.23	八ヶ岳・広河原沢本谷１ルンゼ初登	川上晃良、大谷仁、村井武夫（登歩渓流会）
12.24	伯耆大山・剣ヶ峰地獄谷三本槍谷１ルンゼ積雪期初登	小野庸（九州医学専門学校山岳部）、佐藤慎作
12.12 ～ 31	北ア・槍ヶ岳北鎌尾根末端からの積雪期初登	伊藤康介、山田二郎、その他（慶応大学山岳部）

★1943 年：昭和 18 年

1942.12.31 ～ 1943.1.10	日高山脈・コイカクシュ札内岳～ペテガリ岳積雪期初登頂	今村昌耕、佐藤弘、渡辺良一、荘田幹夫、上杉壽彦（北海道大学山岳部）
1.29～2.3	南ア・農鳥岳積雪期単独初登頂？	原全教（日本山岳会）
3.13～25	中ア・空木岳太田切川本谷積雪期初登	熊沢康吉、その他（名古屋高等商業学校山岳部）
3.12～29	北ア・鹿島槍ヶ岳信州側トラバース	井上奨、浅野喜雄、小山正衛、細井二郎、永井努（関西学院大学山岳部）
3.31～4.1	北ア・剱岳東大谷左俣～左尾根積雪期初登	戸塚武彦、その他（日本医科歯科大学山岳部）
4.5	上越・谷川岳一ノ倉沢一ノ沢・二ノ沢中間稜積雪期単独初登～一ノ沢下降	寺田新吉（東京緑山岳会）
3.29～4.6	南ア・白峰三山～塩見岳積雪期単独初縦走	芹沢喬（東京大学スキー山岳部）
4.3～11	北ア・硫黄尾根～槍ヶ岳積雪期初縦走・積雪期単独初縦走	松濤明（登歩渓流会、東京農業大学山岳部）
7.15～16	越後三山・駒ヶ岳水無川北沢無雪期初登	山口清秀、佐藤公正（登歩渓流会）
7.28	北ア・剱岳池ノ谷右俣本峰北西バットレス初登	井上奨、植田陽三（関西学院大学山岳部）
8 中旬	上越・谷川岳一ノ倉沢３ルンゼ単独	長越茂雄（日本山嶺倶楽部）
9.	上越・谷川岳オジカ沢幕岩Ｂルンゼ単独初登	榊原菊治（川崎山岳会）

★1944 年：昭和 19 年

6.	上越・谷川岳オジカ幕岩Ｃフェース洞穴ルート初登	福田、鈴木（点標巡礼会）
7.15	上越・谷川岳一ノ倉沢滝沢下部トラバースルート第７登	神保一男（鵬翔山岳会）、碓井徳蔵（雪稜会）、今井実（河鹿岳友会）
7.15	上越・谷川岳オジカ沢幕岩Ｃフェースクーロワールルート？初登	森田達雄、小川芳之助（鵬翔山岳会）
8 上旬	上越・谷川岳一ノ倉沢滝沢第３スラブ付近？	村井半之助、中村仙吉、長越茂雄（日本山嶺倶楽部）
10.5～6	北ア・前穂高岳屏風岩北壁初登	伊藤洋平、大野嶺夫（山稜会）
10.8	上越・谷川岳オジカ沢幕岩Ａフェース正面ルンゼ状壁初登	長越茂雄（日本山嶺倶楽部）、小川太一（河鹿岳友会）
10.15	上越・谷川岳オジカ沢幕岩Ａフェース南稜初登	森田達雄、中野満（鵬翔山岳会）

初出一覧

○「戦時下の登山の実相」
日本勤労者山岳連盟機関誌『登山時報』二五三号（一九九六年三月）〜二六二号（一九九六年一二月）までの一〇回連載「戦時下の登山の実相と敗戦後の登山」（日本勤労者山岳連盟主催・第一四回登山研究集会基調講演）に加筆・訂正

○「かくてアルピニズムは蹂躙された」
日本共産党理論誌『前衛』六六二号（一九九五年八月）所載「かくてアルピニズムは蹂躙された」に加筆

○「戦火に散った岳人たち」
平和と登山のあり方懇話会会誌『平和と登山会誌』第一号（一九八四年一〇月）所載「一五年戦争下の戦没岳人ノート——わだつみのこえを無にしないために」
日本勤労者山岳連盟機関誌『登山時報』一九七号（一九九一年八月）所載「戦火に散った岳人たち」
『山と渓谷』七二一号（山と渓谷社　一九九五年八月）所載「戦火に散った岳人たち」
の三つの論考に加筆・訂正し、一本にまとめた

○「戦没岳人・人名録」
平和と登山のあり方懇話会会誌『平和と登山会誌』第一号（前掲）所載「一五年戦争下の戦没岳人ノート」を増補・加筆

○「十五年戦争と女性登山家の戦争責任」

日本婦人団体連合会機関誌『婦人通信』第四〇一号（一九九二年一二月）
○「数奇な過去を背負わされた名著」
浦松佐美太郎著『たった一人の山』（平凡社ライブラリー二四〇・一九九八年）の解説に加筆
○「山の発禁本をめぐって」
日本勤労者山岳連盟機関誌『山と仲間』一二八号（一九八〇年八月）〜一三〇号（一九八〇年一〇月）までの三回連載「山の発禁本研究ノート」
日本山岳文化学会機関誌『山岳文化』第七号（二〇〇七年七月）、第八号（二〇〇八年三月）、第九号（二〇〇八年一〇月）三回連載「山の発禁本をめぐって」
日本山岳文化学会理論誌『日本山岳文化学会論集』第六号収載「山の発禁本をめぐって」
の三つの論考に加筆・訂正し、一本にまとめた
○「山岳書と国家機密法」
日本共産党機関紙『赤旗』一九八五年七月二〇日付「文化欄」
○「消えた天気予報のナゾを追って」
書き下ろし
○「海外登山と日の丸」
日本勤労者山岳連盟機関誌『登山時報』第一四二号（一九八七年一月）所載「海外登山と日の丸――なぜ、労山隊まで」
に加筆
○「登山者も核廃絶を要求します」

新俳句人連盟機関誌『俳句人』第五一〇号（二〇〇三年一〇月）所載「登山者も核廃絶を要求します」（第三四回原爆忌東京俳句大会記念講演）に加筆・訂正

あとがき

本書は、折にふれて商業山岳雑誌や山岳団体の機関誌などに発表した論考に加筆・補正をほどこして一本にまとめたものです（初出は別項のとおり）。

戦後六五年――。一五年戦争下の登山を体系的に解明しようと試みる研究者や、登山史家はついに出現しませんでした。いま、私たちが目にすることのできる登山史書や登山史関連文献のほとんどが、戦争と深くかかわった、あの時代の登山にまったく目を背けるか、ほんの申し訳程度に触れることでお茶を濁してしまっているのは、そのなによりの証左といえましょう。

本書が、そうした登山史書や文献類の空白部ないしは〝穴〟を埋るうえでの捨石の一つにでもなれば……と願うばかりですが、果たしてどうでしょうか。

最後に、目の不自由な私にかわって原稿の整理やデータづくりを手助けしてくれた親友・M君、そして本書の出版をこころよく引き受けて下さった本の泉社の比留川洋さん、森真平さんに、深く感謝申し上げるしだいです。

二〇一〇年　七月

著者

著者紹介

西本武志（にしもと　たけし）

・1940年　東京生まれ

・日本勤労者山岳連盟理事長、副会長

・日本山岳文化学会創立会員・副会長

・現在　日本勤労者山岳連盟会長

・登山史関連論考多数

十五年戦争下《じゅうごねんせんそうか》の登山《とざん》

——研究《けんきゅう》ノート

発行日　2010年 8 月15日　初版第 1 刷発行

2010年 12 月 8 日　第 2 刷発行

著　者　西本武志《にしもとたけし》

発行者　比留川　洋

発行所　株式会社　本の泉社

〒113-0033　東京都文京区本郷 2-25-6

TEL.03-5800-8494　FAX.03-5800-5353

e-mail : mail@honnoizumi.co.jp

http//www.honnoizumi.co.jp/

印刷　株式会社　エーヴィスシステムズ

製本　株式会社　難波製本

乱丁本・落丁本はお取り替えいたします。

ISBN978-4-7807-0470-9